本书出版受哈尔滨师范大学外国语言文学一级学科资助，同时为以下项目研究成果：

2018年度黑龙江省高等教育教学改革研究一般项目"高校俄语师范专业认证指标体系建构与实践研究"（项目编号：SJGY20180263）

教育部首批新文科研究与改革实践项目"新文科视域下斯拉夫学微专业人才培养创新与实践"（项目编号：2021100031）

中央财政支持地方高校发展专项资金项目"'一带一路'视域下斯拉夫国家语言文化及发展战略研究团队"

2020年度哈尔滨师范大学研究生教育教学改革项目"基于'过程'的MTI俄语笔译'工作坊'课程设计与实践研究"

俄语活动课程
研究与教学设计

RUSSIAN
ACTIVITY
CURRICULUM
RESEARCH AND INSTRUCTIONAL DESIGN

常 丽 / 著

社会科学文献出版社
SOCIAL SCIENCES ACADEMIC PRESS (CHINA)

目 录

导 论 ………………………………………………………… 1
第一章 国内外活动理论相关研究综述 ………………………… 26
 一 俄罗斯关于活动理论的相关研究 ………………… 26
 二 西方关于活动教育思想的相关研究 ……………… 32
 三 我国学者关于活动理论的相关研究 ……………… 37
 四 各国或地区外语学习目标的参考框架 …………… 42
第二章 俄语活动课程的理论基础 ……………………………… 50
 一 哲学认识论思想基础 ……………………………… 50
 二 建构主义学习理论基础 …………………………… 53
 三 人文主义教育理论基础 …………………………… 57
 四 言语活动理论基础 ………………………………… 62
 五 外语学习理论基础 ………………………………… 65
第三章 言语活动的概念内涵及生成机制 ……………………… 71
 一 概念阐释 …………………………………………… 71
 二 内涵和意义 ………………………………………… 76
 三 发生过程 …………………………………………… 81
 四 生成机制 …………………………………………… 87

第四章　俄语活动课程的内涵及基本特征 ················ 94
　　一　俄语活动课程的概念界定 ······················· 94
　　二　俄语活动课程的理念与内涵 ····················· 97
　　三　俄语活动课程的基本特征 ······················ 102

第五章　俄罗斯外语活动课程体系及案例研究 ············ 109
　　一　俄罗斯基础教育传统课程范式的现代化发展 ······· 109
　　二　俄罗斯现代基础教育外语活动课程体系 ··········· 115
　　三　俄罗斯现代基础教育外语活动课程案例研究 ······· 127

第六章　中学俄语活动课程实施情况的调查研究 ·········· 147
　　一　问卷调查 ··································· 147
　　二　课堂观察 ··································· 172
　　三　课堂实录 ··································· 184
　　四　研究结论 ··································· 191

第七章　中学俄语活动教学设计 ······················· 198
　　一　活动教学设计的基本原则 ······················ 198
　　二　活动教学设计的目标维度 ······················ 205
　　三　活动教学内容的主题化设计 ···················· 215
　　四　活动教学实施的系统化设计 ···················· 224
　　五　活动教学评价的多元化设计 ···················· 231

第八章　俄语活动课程研究与教学实践的启示 ············ 241
　　一　加强课程基础理论研究 ························ 242
　　二　推进活动课程实践探索 ························ 244
　　三　关注学生人文素养教育 ························ 245
　　四　强化学生积极情感体验 ························ 246

五　努力完善学生知识结构 ·················· 248
　　六　完善课程质量保障体系 ·················· 249
　　七　实施优质课程资源开发 ·················· 250

参考文献 ···························· 253
附　录 ····························· 262
　　附录一　中学俄语活动课程实施情况调查问卷 ········ 262
　　附录二　《外语课堂教学系统观察量表》 ··········· 267

后　记 ····························· 269

导 论

俄语活动课程研究缘于马克思主义哲学中辩证唯物主义的实践认识论，其核心观点：实践是人特有的存在方式，也是认识产生和发展的基础。建构主义的相互作用论对实践活动在人的认识中的作用问题也做了详细的论证，认为活动是人的主体性生成和发展的重要机制。作为一种特殊的实践活动，言语活动通过主体和客体以及主客体之间的双向建构，使人的言语发展得以实现。然而，由于我国俄语教育研究长期受到传统知识观念的影响，活动教育的思想没有得到应有的重视，活动课程的价值和活动课程实施中促进人发展的内在机制没有得到科学的阐释。基础教育中学俄语课程实施中，灌输式教学和机械性操练成为课堂教学的主要形式，俄语课堂教学中还存在许多亟待解决的问题。

人类社会发展到21世纪的今天，科学技术迅猛发展，网络新媒体广泛普及，人们生活、学习、工作方式不断改变，儿童青少年成长环境也发生了深刻变化，对教育的可持续发展提出了前所未有的挑战。世界各国兴起了一场新的教育改革浪潮，人才培养面临一系列新挑战，我国基础教育也面临着诸多新的考验，要优先发展教育事业，就必须深化教育改革，加快推进教育现代化。党的十八大以来，以习近平同志为核心的党中央坚定不移实施科教兴国和人才强国战略，大力推进教育领域综合改革，加速推进教育现代化。党的十九大明确提出建设教育强国是中华民族伟大复兴的基础工程，必须把教育事业放在优先位置，深化教育改革。

2018年全国教育大会上，习近平总书记和李克强总理发出了加快教育现代化的动员令，为办好人民满意的教育做出全面部署。为深入贯彻党的十九大精神和全国教育大会部署，深化教育教学改革，2019 年中共中央、国务院颁布了《关于深化教育教学改革全面提高义务教育质量的意见》（以下简称《意见》）。《意见》提出了深化教育改革的基本要求：树立科学的教育质量观，构建德智体美劳全面培养的教育体系；健全立德树人落实机制，着力在坚定理想信念、厚植爱国主义情怀、加强品德修养、增强综合素质上下功夫；坚持全面发展，为学生终身发展奠基，让学生成为生活和学习的主人。《意见》还特别提出提高课堂教学质量的实施办法：优化教学方式，积极引导学生主动思考、积极提问、自主探究，探索基于学科的课程综合化教学，开展研究型、项目化、合作式学习等。

党的十八大报告指出，落实立德树人根本任务，要努力办好人民满意的教育，培养德智体美劳全面发展的社会主义建设者和接班人。贯彻党的教育方针，全面实施素质教育，深化教育领域综合改革，着力提高教育质量，培养学生社会责任感、创新精神和实践能力是新一轮教学改革的使命和任务。努力加快建设学习型社会，大力提高国民素质，改革为我国教育事业的发展指明了方向。党和国家的教育发展方针明确了加快推进教育现代化的指导思想，为基础教育课程改革提出了发展方向和育人理念：以德育为先，全面发展，关注素质教育，培养学生实践能力。由此可见，坚持科学发展观，关注课程的育人价值，深化育人方式改革已经成为时代发展的需要。《义务教育俄语课程标准（2022 年版）》（以下简称《2022 版课标》）的修订完成，标志着我国基础教育为适应发展新需要，改革工作重心已由规模发展转向内涵发展。

一 研究背景

任何一种新的教育思想与理念，都有其得以生长的社会土壤和历史条件。随着人类对自身本质、价值以及发展前景的深刻认识和反思，人文主义教育思想受到越来越多的关注。进入 21 世纪，针对传统教育中存在的弊端，教育理论界不断提出发展学生主体性的重要价值和意义，活动课程就是在这种情况下应时代的要求产生的。活动课程思想是 20

世纪 70 年代随着世界教育改革运动的兴起而逐步发展起来的主流课程教育思想，其核心观点是发展学生的主动精神和创新能力。建构科学、合理和有效的活动课程已经成为教育界的共识，然而，作为一种开放和发展的课程理论，它必须在不断的实践、反思、总结、批判和提升中实现自我超越，从而保持其旺盛的生命力。中俄两国政治、经济及文化领域合作水平的不断提升，对我国外语教育中俄语人才的培养质量也提出了新的要求。俄语活动课程在我国基础教育中学课程改革不断深入的今天，已显示出强大的生命力，活动课程思想逐渐发展为我国基础教育中学课程研究和实践领域的重要内容，并深深地影响着我国基础教育中学俄语课程的研究、设计与实施。

俄罗斯心理语言学是目前世界上公认的最具影响力的心理语言学流派之一，在世界心理语言学的发展史上占有极其重要的地位。俄罗斯心理语言学中的重要理论——言语活动理论，以其独特的哲学方法论视角、系统的理论建构，以及理论联系外语教学实践的可操作性研究，为我们进行基础教育中学俄语活动课程的研究提供了强有力的支撑。基于言语活动理论的俄语活动课程与传统课程相比更能体现青少年学生的特点，是能够满足学生个体差异需要的发展性课程。活动课程是在教师引导下，基于学生的经验积累，强调由学生自主完成，系统的综合性学习活动。俄语活动课程更加重视学生的直接经验，以学生的兴趣和需要为课程组织的中心。活动课程重视以学生的心理发展顺序来组织课程，引导学生从问题和情境出发，以自主、合作、体验、探究的方式去发现解决问题的办法与思路。俄语活动课程强调以主题化的内容设计为核心，有效培养学生的言语实践能力，并发展学生的创新精神以及与他人合作的能力。作为基本的课程形态，活动课程尤其关注学生多样化的学习方式，主张转变过去以知识传授为基本方式和以知识结果的获得为直接目的的传统教学活动。然而，我们还应该看到，虽然基础教育中学课程改革过程中研究者做了许多有益的尝试，课程改革也取得了一定成效，但是目前我国学校教育中仍然存在很多问题。受应试教育的制约，活动课程的研究和实施一直是研究者较少涉足的领域。反过来审视十几年的课程改革历程，存在的问题既有课程理论研究薄弱带来的理论指导不足，也有传统教育教学观念带来的种种误区，以及国家考试制度滞后对课程开发与实施的制约等，从而导致活动课程的实施效果并不理想。

（一）学习化社会的客观要求

学习化社会是近年国际社会出现的新教育理念。20 世纪 70 年代，面对科学技术革命与社会经济发展新形势向教育提出的挑战，联合国教科文组织总干事富尔向联合国教科文组织提供了一份报告《学会生存》，该报告认为传统的教育方式、教育手段、教育内容和教育目的已经不能适应未来社会发展的需要和应对科技发展带来的挑战。报告还着重论述了当今世界教育面临的挑战与主要倾向，指出了实现教育革新的策略和途径，以及最终将走向学习化社会的道路，由此提出了教育的四大支柱：学会认知、学会共同生活、学会做事和学会生存。[①] 由此可见，唯有全面的终身教育才能培养完善的人，人们获取知识后不能一劳永逸，而需要终身学习，去建立一个不断完善的知识体系。成功的教育应扩展到一个人的整个一生，学习是一个人生活中不可或缺的组成部分，教育应把社会的发展和人的潜能的充分发挥作为目的。教育应帮助人们解决他们今天所面临的各种问题，帮助每一个人发挥他的潜能和创造力。

联合国教科文组织国际 21 世纪教育委员会向联合国教科文组织提交的报告《教育——财富蕴藏其中》提出：人的教育不能只局限于人生的某一个时期，每个人都应该终身接受教育，至少自我学习、自我控制和自我完善的使命要持续一生。委员会的观点体现了学习化社会的核心思想和教育理念，也就是说，学习化社会更加强调学习的终身性，突出学习的自主性，强调变被动接受教育为主动学习的重要性。学习化社会的最终目标定位是人的发展和社会发展的需要。无论是人的发展，还是社会的发展，从严格意义上说，都属于活动过程。根据维果茨基的"最近发展区"理论，人的发展永远没有终极性目标，所以教育应该在学生

---

① 联合国教科文组编《教育——财富蕴藏其中》，联合国教科文组织总部中文科译，教育科学出版社，2014，第 63~64 页。

原有水平的基础上努力实现其发展的最大化,也就是实现不断的发展。由此可见,教育的目标是为了人与社会更好地向前发展。要实现人与社会的不断发展,就需要教育提供持续且连贯的支撑,为这种不断的发展提供动力,而这种动力正是源自教育自身的力量。时代呼唤一种全新的教育模式,一种充满生机的活动课程模式,让儿童和青少年阶段的学习活动成为促进其个体发展的真正动力和源泉。

学习化社会对基础教育阶段俄语学习提出了更高的要求,它要求学习者不仅要掌握基本的言语技能,还要掌握必要的俄语学习策略及方法。学习化社会是一个以学习者为中心的社会形态,对学习者主体地位的强调就成了学习化社会的重要前提。所以,俄语学习不再是一种外在的被动式学习,而是从学习者自身需要出发的一种主动的、自愿的学习活动,在此意义上,要求充分体现学习者积极参与活动的主动精神。这种主体性特征所延伸出来的就是学习化社会和终身学习中学习方式的个性化,即不同的主体在学习方式的选择上具有符合自己实际的个性特点。这在一定程度上能够弥补传统教育由于强调统一和共性而对个性的忽视。当然,对个性化的强调也并非否认学习化社会和终身学习的理念。事实上,学习化社会和终身学习同样具有系统性和整体性的特征。教育其实是一个整体,外语学习则是整个社会教育体系中的一个有机组成部分,由此可见,俄语活动课程符合学习化社会对外语教育提出的客观要求。

(二)主体性发展的教育理念

俄罗斯言语活动理论研究的逻辑起点是马克思主义哲学中辩证唯物主义的实践认识论,根据实践认识论的观点,人类的全部活动可以分为实践活动和认识活动,而在每一种类型的活动中,主体和客体的关系又具有两个方面,即实践关系和认识关系。根据实践主体哲学思想,依据主体活动的逻辑顺序,人的主体性通常可以分为实践主体性、认知主体性、评价主体性和决策主体性,而这些主体性的表现形式都在相应的活动中体现出来。① 通过分析发现，只有在实践活动中，人的主体性才能得到最大发展，这是因为认知主体性是在实践主体性的基础上最早发生和发展的，认知主体性就是主体在认识客体时表现出来的主观能动性，而评价主体性和决策主体性通常是在对前面实践活动与认知活动的检验及修正中表现出来的能动性和自主性。主体性发展与人类主体意识的觉醒和进化有着密切的关系，主体意识的每一次觉醒和进化都反过来推动社会的发展，促进人类的进步，因而学生的主体性发展问题不仅是单纯的教育理论问题，也是与当代社会发展密切相关的重大现实问题。随着我国社会转型和基础教育改革的进一步深化，学生的主体性发展问题逐渐凸显出来。

社会的发展、科技的进步，体现了人在社会活动中主体性发展与发挥的重要性。社会发展与主体意识的进步是同一过程的两个方面，两者互为因果，每一方都可以作为另一方发展的量度。② 在当今时代，作为第一生产力的科学技术呈现加速发展的态势，知识经济对人的要求越来越高，社会竞争更加激烈，国际交往合作日益频繁，社会信息化程度越来越高。在社会现代化进程不断加快的同时，"以人为本"已经成为世界众多国家教育的基本原则。人是社会发展的决定因素，社会的发展，归根结底是人的发展问题。对于正处在飞速发展中的中国，提高以主体性发展为核心的素质教育是应该优先考虑的问题。教育要适应社会快速发展的迫切需求，就必须自觉地更新培养目标，重视对人的自主性、能动性和创造性等主体素质的培养，把受教育者培养成具有强烈主体意识、敢于创新、不断追求新知识且能独立思考的社会人。1999年6月，《关于深化教育改革全面推进素质教育的决定》指出了创新精神和合作实践能力的培养是时代发展和社会进步的需要，并提出了当前我国实施素质教育的重点是大力培养和发展学生的创新精神和合作实践能力。

俄语活动课程强调要尊重学生的主体性，强调学生的主体地位，注重学生的情感体验，帮助学生生成具备主体性的第二语言素养，并使学

---

① 李为善、刘奔主编《主体性和哲学基本问题》，中央文献出版社，2002，第25页。
② 张天宝：《主体性教育》，教育科学出版社，2001，第6页。

生成为主动参与学习、热爱学习的人，主体性教育的终极目标是培养具有主体性的全面发展的人。俄语活动课程的目标是增强学生对俄语学习的主体意识，激发学生学习俄语的兴趣，培养跨文化交际能力等基本素养。培养学生自主获取知识的能力，让学生在俄语课堂自主合作的实践体验中实现语言能力的发展。20世纪90年代以来，随着知识经济时代的到来，知识创新将成为未来整个社会的基础和核心。主体性教育已经成为占主导地位的教育思想，这一思想背景必然要求21世纪的俄语课程以追求主体性为价值导向。基础教育至关重要的任务是紧紧把握时代精神和社会对教育提出的客观要求，以全面实施素质教育为核心，重点发展学生的创新精神和实践能力。要达到教育的这一目标，就必须改变传统的俄语教育观念，实现从传统知识教育观向现代教育观念的转变，努力建构以培养和发展学生创新精神与实践能力为核心的活动课程。因此，强调学生主动参与的俄语活动课程建构已经成为基础教育阶段俄语课程改革的重要内容。

（三）对我国传统教育的深刻反思

长期以来，我国教育由于受传统教育思想的束缚，对人的价值和人的发展问题不够重视，尤其是在教育中仅仅把学生看作教育的对象和客体，而忽视了对学生自主性与能动性的培养，教育中学生受到了太多束缚和限制。主要表现在以下几个方面。

第一，传统俄语课程实施中主体性教育的严重缺失。由于受传统知识传授观念的影响，我国的基础教育外语课程设计偏重于学科体系的建立。在这种课程观念的引领下，人们把目光聚焦在了认知领域，以保证学科知识的完整性。这种教学方式不仅弱化了课程的基本功能，使课程脱离实际生活，课程设计本身也未完全遵循学生的身心发展特点和认知规律。为了进一步提高综合国力，应对新世纪的社会需要和科技竞争，我国于21世纪初启动了基础教育课程改革。这场课程改革既是世界范围内课程改革的重要组成部分，也是对20世纪80年代以来世界各国课程改革浪潮的回应。课程改革虽然取得了局部的成效，然而，我们同时也发现，在许多地区和学校，俄语教育仍然把知识传授视作课程唯一目标，俄语课堂教学仍然沿用旧的教学形式。传统课堂教学没有给学生留下多少自主发挥的余地，这种教育必然使学生的个性发展受到很大的影响，主体发展自然也就成了空话。学生的学习不是为了实现自己的发展，而是为了应付成人的各种要求。在研究人员进行调研的学校里，学生课堂上一味地听讲和记忆而毫无探究和主动参与活动的现象仍然存在。这种静态的传统教育本质上是一种脱离现实的、抽象的灌输式教育，传统应试教育体制下课堂教学中的教师是知识的拥有者，学生只有在激烈的考试竞争中完全接受教师的指令，拼命地取得高分，才是最大的成功。这种被动接受式的学习带来的后果只能是学生主体性的严重缺失，学生参与学习活动缺乏主动性和热情。

第二，我国俄语课堂教学中学生经验知识的严重缺失。传统俄语课程体系信奉客观主义的知识观，视知识为普遍的外在于生命的客观真理，认为知识外在于学生丰富的现实生活，当然，在这种观念的影响下，教育中个性化和人性化的成分被从知识获得过程中清除。我们都知道，学校中的教育存在许多隐性内容。在常规的教学过程中，人们往往更多地去关注那些看得见和摸得着的显性知识成分，而另外一些在教育过程中不易被人发现，但却实实在在存在的隐性内容往往容易被人忽略。经过研究，人们发现个人知识的获得过程中，起主要作用的往往正是这些隐性的知识成分，获得它们的途径也只能是学习者的亲身体验和实践。但是，在传统的灌输式教育中，学生始终很难将知识转变为个人的智慧力量，因此常常无法从根本上转向对知识的发现与创新。学生在教学过程中始终处于被动地位，学生个人经验知识的缺失对其成长造成了很大的影响。传统基础教育课程体系目标单一，内容死板，过程僵化，这一切严重影响了学生身心的健康发展。新的课程改革顺应时代的要求，努力构建能够促进学生全面、和谐发展的活动课程体系，以达到提高学生自主性、能动性和创新性的目的。

第三，我国基础教育俄语课程中多元评价体系的缺失。长期以来，人们把俄语课堂教学限定为教师的教学活动，学习内容是经过选择和加工后形成的最基本的知识，学生在课堂上扮演着配合教师的角色。在这种观念的影响下，形成了以教师为中心，以教师单向知识传授和学生绝对服从为主要内容的俄语课堂教学模式。这种教学模式下形成的评价方式自然是单一的，往往不是为了教学而评价，而是为了评价而教学。评价的方式往往只是单纯以外语记忆和理解为中心，以纸笔测验的分数为依据，这就必然颠倒了教育目的与评价手段之间的关系，这种课堂极大地压抑了学生的主动性与创造性。评价的结果被视为学生的价值体现，这种评价方式在很大程度上限制了学生的身心发展。苏联著名教育家苏霍姆林斯基（Сухомлинский В.А.）曾经说过：对于某些孩子来说，那些在课堂上一分钟也不能丢的教育信条是完全无法承受的，这种被"加速"的教育，即使对于完全健康的孩子来讲也是难以承受和有害的。[①]苏霍姆林斯基的教育理论正是针对传统教育弊端提出的，反映了传统教育中那些落后和不科学的做法。

由此可见，在传统课程模式的影响下，俄语课堂上师生之间的教学交往活动实际上成了教师的"独白"，缺乏真正意义上的交往与互动的课堂教学不仅没有确立学生的主体地位，也忽视了学生的自主性和能动性，影响了学生的全面发展。俄罗斯言语活动理论建立在哲学、心理学与语言学的研究基础之上，以科学的方法论作为指导，是研究中学俄语活动课程设计与建构的重要理论和实践依据。基于前面的分析，根据学生的身心发展规律和社会发展的时代需求，建立新型的俄语活动课程多元评价体系成为基础教育俄语课程改革中最迫切的任务。

（四）我国基础教育课程改革的核心思想

进入21世纪以来，我国基础教育发展的重心发生了转移，开始更多地注重提高教育的内涵和质量。全国范围内开始推行和实施素质教育，而素质教育的真正实现在很大程度上依赖课程的变革。《基础教育课程改革纲要（试行）》从课程目标、内容等方面提出了改革的着眼点和最终目标是"为了中华民族的复兴，为了每位学生的发展"，这一基本的

---

① 苏霍姆林斯基：《给教师的建议》，周蕖等译，申强校，长江文艺出版社，2014，第61页。

价值取向预示着我国基础教育课程体系的价值转型。① 课程改革的另一个重要内容就是倡导综合实践活动课程的建构与实施，不少研究者基于活动理论的研究与认知，主张"活动课程不应该仅仅局限于某一门课程，而应当成为一种活动教育理念，广泛渗透于各个学科教学中"。根据我国《基础教育课程改革纲要（试行）》的精神，反对基础教育实施过程中过于强调接受学习、死记硬背、机械训练的现状，倡导自主、合作和探究的学习方式，使学生在教师的指导下主动和创造性地参与学习活动，建构活动课程成了基础教育各学科的重要研究方向和领域。活动课程以促进受教育者身心发展为宗旨，这种特殊的认知活动是主体之间借助各种中介进行的对象性的学习实践活动，通过情感、态度以及动机等多方面的人际合作与相互作用实现活动的既定目标。

根据《基础教育课程改革纲要（试行）》的精神，2001年我国出台了《全日制义务教育俄语课程标准（实验稿）》，2011年《义务教育俄语课程标准》（以下简称《2011版课标》）正式颁布并实施。《2011版课标》中规定，俄语课程的教学设计要以学生的发展为取向，关注课堂中愉快和谐的群体生活和积极向上的学习环境，让学生成为活动的主体。此次课程改革旨在改变原有教学模式过于注重知识传授的倾向，把"过程与方法"作为同"知识与技能""情感与价值观"一样重要的目标维度，注重在过程中将知识融入个体的整体经验，积极倡导学生主动参与学习活动。由此可见，俄语活动课程设计不再视知识的传授为独立于认知者之外的一个目标，而是将课程作为一种探索的行动和活动的过程。课程标准把改变学生的学习方式作为着眼点，强调俄语教学中"互动合作学习"的重要意义，以及要尊重学生学习方式的独特性和个性化。

《2011版课标》中规定了义务教育阶段俄语课程的三级目标，每个级别包括语言知识、语言技能、情感态度、学习策略以及文化素养五个方面。语言知识与语言技能是语言运用能力形成的基础；文化素养是得体运用语言的重要保障，在俄语教学内容中，俄语语言文化素养的培养

---

① 《教育部关于印发〈基础教育课程改革纲要（试行）〉的通知》，教育部网站，2001年6月8日，http://www.moe.gov.cn/srcsite/A26/jcj_kcjcgh/200106/t20010608_167343.html。

尤为重要；情感态度是影响学生学习和发展的重要因素；学习策略是提高学生学习效率、发展自主学习能力的必备条件。《2011版课标》中关于语言学习的具体规定充分体现了我国课程改革的核心思想，俄语学习过程中的五个要素共同促进综合语言运用能力的形成与发展。俄语课程是通过学生之间或师生之间的共同活动，使学生逐步掌握俄语知识和技能的学习过程，同时又是在俄语学习实践中磨砺意志、发展思维、形成个性、开阔国际视野和提高人文素养的过程，强调通过学生的主体参与发展自我反思能力，促进个体发展，保障知识生成方式的个性化。至此，我国义务教育课程实现了由"双基目标"向"三维目标"的转变，在课程改革历史上是一次质的飞跃。

2017年12月，《普通高中俄语课程标准》（以下简称《2017版课标》）经过三年的研制正式颁布。《2017版课标》体现了全面发展的育人要求，反映国际外语教育研究的最新发展趋势。《2017版课标》中规定：高中俄语课程是一门基础性、实践性、综合性课程，对形成学生的语言能力、文化意识、思维品质和学习能力具有重要作用。通过该课程的学习，学生能够运用俄语语言知识和言语技能完成交际任务，加深对祖国文化和所学语言国家文化的认识，形成开阔的国际视野、开放的文化心态、批判与创新的思维习惯，为个性全面发展和终身学习奠定基础。

与以往相比，《2017版课标》更加强调活动教学，倡导通过活动的方式，围绕主题创设真实的交际情境，来开展教学活动和言语活动，激发学生的学习兴趣，培养学生自主学习、合作学习、探究学习和创新思维的能力，促进学习方式的变革。在活动教学中，倡导运用现代信息技术丰富课程资源、拓宽学习渠道。此外，《2017版课标》特别强调了普通高中俄语课程建立科学完善的学业质量评价体系的重要意义。《2017版课标》指出：注重形成性评价与终结性评价相结合、定性评价与定量评价相结合，以促进学生个性的全面发展。学业质量评价体系应具有多维度评价目标、多样性评价方法、情境性评价任务、多元性评价主体和动态性反馈机制。在评价学生的语言能力和跨文化交际能力的同时，关注学生思维品质和学习能力的表现，把对知识的单一评价转变为对俄语学科核心素养的综合评价。

《2022 版课标》实现了课程核心素养的引领作用，旨在全面落实立德树人根本任务，以发展核心素养为目标，充分体现课程的育人功能和价值，引导学生在掌握语言知识、获得言语技能的过程中发展语言能力，培养文化意识，形成思维品质，提高学习能力，成为具有文化自信、国际视野和跨文化交际能力的社会主义建设者和接班人。《2022 版课标》强调课程设计应符合核心素养的内在逻辑，遵循学生身心发展规律，体现"以学生为中心"的理念，倡导课程设计彰显课程内容结构及价值取向，培养学生综合语言运用能力。

《2022 版课标》旨在推动俄语课程"教与学"方式的改革，倡导活动教学，培养学生自主学习能力。从发展核心素养出发，围绕主题创设真实言语交际情境，开展多样化教学活动，激发学生的学习兴趣，提高学生的主体意识；提倡合作与探究式学习，鼓励学生在活动中自主选择学习方法，探索个性化学习策略；提倡运用各种信息技术手段，丰富课程资源，拓宽学生的学习渠道，提升学生的学习能力；强调在掌握语言知识的基础上，发展学生的听、说、读、写等言语技能，形成初步的俄语交际能力。俄语课程有利于学生了解不同文化的差异与共性，开阔国际视野，增强家国情怀，树立正确的世界观、人生观和价值观，促进思维发展，培养创新意识，为之后的俄语学习和终身发展奠定基础。

综上所述，随着课程改革的不断深入，活动课程理念已成为现代学校外语教育的核心观念，并得以大力推行。然而，目前我国的俄语课程改革还存在这样或那样的问题。究其原因，课程标准作为国家指令性文件下发到各级教育行政部门，由这些部门督促各地基础教育机构遵照执行，本身并不能解决有关活动课程的所有理论和实践问题。但国家教育委员会还未颁发相应的俄语活动课程指导纲领，有关文件或指导性说明也没有进一步对活动的来源、内涵、功能、实施过程等予以相关阐释。所以，到目前为止，人们对俄语活动课程的理论知之甚少，研究也没有实质性的进展，而教学实践又迫切需要一个系统的活动课程理论来提供参考。俄语活动课程研究就是在这种背景下应时代和课程改革需要而进行的基础理论和实践应用领域的研究。本项研究在科学的言语活动理论指导下，根据我国基础教育课程改革的基本精神，尝试建构一套科学合理的俄语活动课程理论体系和俄语教学实践应用标准，希望为外语基础教育提供有益的参考和借鉴。

二 研究问题及内容

进入21世纪以来，我国基础教育课程改革不断深化，强调以"学生"为中心的课程改革已经成为基础教育课程改革的重要内容，发展学生创新精神和实践能力的活动教学理念越来越受到人们的关注。本项研究基于俄罗斯言语活动理论的基本理念，在系统活动观方法论的指导下，从言语活动的本体论和结构论出发，探讨了俄罗斯言语活动理论的内涵及言语活动的生成机制。在此基础上，结合我国基础教育中学俄语课程实施现状和俄罗斯丰富的活动教学实施经验，进行了俄语活动课程研究与教学设计。作为现代新课程观念与方法论体系的综合，活动课程研究更加关注学生的学习过程，同时强调学生俄语学习的情感体验以及动机激发等内部因素，主张教学必须以学生的发展水平和特点为依据，遵循个体发展规律，更好地促进学生的全面发展。从宏观层面讲，活动课程体现了人文主义精神的"活动教育"思想，强调学生的主体地位，注重引导学生的学习动机，激发学生的俄语学习兴趣；从微观层面讲，活动课程主要体现为课堂"活动教学"形式。因此，本项研究基于言语活动理论以及一系列实证研究，完成了基础教育初中阶段俄语活动课程内容主题化、过程系统化及评价多元化的设计实践研究。在上述研究中运用了基础理论分析的思辨、最新外语课堂观察的量化研究以及国内外活动课程设计的案例分析等。研究过程注重理论与实践相结合，充分体现了基础教育俄语活动课程的基本理念以及教学设计的系统性与发展性原则。

（一）研究问题

研究的主要问题包括言语活动的内涵要素及生成机制、俄语活动课程的基本理念及结构要素、基于言语活动理论的俄语活动课程设计及评价、俄罗斯及我国外语活动课程案例等相关问题。作为现代新课程观念与方法论体系的综合，本项研究更加关注学生俄语学习的过程，同时强调学生的情感体验以及动机激发等内部因素，主张外语教学必须以学生的发展水平和特点为依据，遵循个体发展规律，更好地促进学生的全面发展。本项研究强调活动课程的"系统活动观"的方法论原则。系统活动观是对以辩证唯物主义实践认识论为指导的俄罗斯言语活动理论的本质认识，是外语活动课程研究的方法论原则。从教育理念层面讲，活动课程体现了人文主义精神的"活动教育"思想，强调学生的主体地位，注重引导学生的学习动机，激发学生的外语学习兴趣。此外，俄语活动课程的具体实施过程中，体现了本项研究围绕俄语活动课程基本理念进行的课程内容主题化、实施过程系统化和课程评价多元化的活动教育思想。

（二）研究内容

本项研究运用了基础理论分析的思辨方法、最新外语课堂观察的量化研究以及国内外活动课程设计的案例分析等方法。研究中注重理论与实践相结合，充分体现了俄语活动课程的基本理念以及课程设计的系统性和发展性原则。随着中俄两国政治、经济与文化等领域合作的不断加深，俄语作为一种获取信息和对外交往的重要工具，其重要性日益凸显。基础教育阶段的俄语学习对于学习者来说至关重要，青少年阶段是学习外语的最佳时期，学生的智力活动和情感活动都处于质的转变阶段。本项研究基于俄罗斯言语活动理论，探讨以学生个体发展为取向的俄语活动课程的基础理论与实践路径。本项研究的主要内容包括俄语活动课程的目标体系建构、语言能力培养的内容标准、活动课程实施过程的系统化设计以及活动课程激励和自我调节机制的建构。本项研究旨在建构以学生个体发展为核心的俄语活动课程，培养学生的自主精神和主动参与实践活动的能力。在课程实施中通过主体和客体以及个体和群体的双向建构，实现青少年的和谐发展，具体研究内容分为以下几个方面。

第一，进行俄语活动课程的理论基础分析。运用哲学思辨和历史比较的方法，探讨活动课程的哲学、心理学、语言学以及教育学理论渊源，主要包括以下三个方面的内容。首先，活动课程的哲学理论基础。辩证唯物主义的实践认识论作为哲学中的精华是活动课程首先要遵循的核心理念。任何一种课程形态，要发展为系统的理论体系，必须要有坚实的理论支撑。马克思主义的认识论和方法论为研究学生的学习过程奠定了良好的哲学基础，辩证统一和相互作用论直到今天都是进行科学研究工作的指南和依据。其次，言语活动理论的心理学语言学理论基础。言语活动理论是俄罗斯以维果茨基和列昂捷夫为代表的文化历史发展理论的重要组成部分。早在20世纪20年代，维果茨基就把活动的概念运用到心理学中，认识到了意识与活动的统一性，提出了"人的心理过程的变化与实践活动过程的变化是同样的"理论假设。作为中学俄语活动课程研究的理论基础，言语活动理论中的系统活动观是进行研究的重要理论支撑。最后，活动课程的教育学理论基础。现代教育学注重对人的主体的认识和研究，活动课程作为一种成功的课程理论体系，充实并发展了素质教育的理论宝库。活动课程的形成和发展，以及活动课程的设计研究，主要借助了人本主义、进步主义教育思想以及多元智力理论、元认知理论和行为科学理论。

第二，探讨言语活动的发生过程及其生成机制。从言语活动的方法论和本体论出发，分析并界定活动、言语活动及其相关概念，总结和概括言语活动的基本特征。研究共分为以下三个方面。首先，言语活动的内涵及各要素之间相互关系研究。根据俄罗斯活动理论的心理学观点，"活动"（деятельность）是"以心理反应为中介的生活单位"，因此，活动及其结构的内化始终是教育学和心理学研究的中心环节。其次，言语活动的特征研究。俄语活动课程离不开课堂活动的设计，言语活动在促进人的言语及其思维发展过程中表现出来的特征是进行俄语活动课程研究的重要理论依据，其内部发展特征是进行活动设计的重要参考和理论指导。最后，言语活动的产生机制研究。言语活动产生机制包括言语活动的定向机制、概念形成机制以及内部言语与外部言语的转换机制等。

第三，确立俄语活动课程建构的基本理念。这部分内容包括活动课程的内涵以及活动课程各要素结构的研究。在活动课程中，根据社会发展的需要和教育现代化的要求，教育者通过启发、引导受教育者内在的教育需求，创设和谐、宽松、民主的教育环境，有目的、有计划地设计和组织各种教育活动，简单地说，活动课程是一种培育和发展受教育者主体性的实践活动。中学俄语活动课程坚持课程性的原则，不排除课堂教学这个主阵地。其实，作为言语活动理论开拓者的著名心理学家维果茨基和列昂捷夫等研究的教育活动观（деятельностный подход），又何时放弃过课堂教学呢？所以俄语活动课程倡导的"以活动课程为中心"指的是课程方法和实施过程的改革，而不是活动场所的转移。俄语活动课程指在教师的指导下，学生通过活动方式，自主、能动和创造性地进行俄语认知与实践活动。俄语活动课程是以促进学生全面发展为宗旨，以学生在学习活动中主动参与为特征，以小组合作学习为基础，以营造开放、和谐的课堂气氛为前提，让不同层次的学生都能积极、主动、愉悦地参与学习活动的一种课程体系。

第四，分析俄罗斯中学外语活动课程体系及教学案例。俄罗斯基础教育活动课程在世界各国的活动课程研究与实践中一直处于领先地位。俄罗斯外语活动课程体系建立在对言语活动理论的研究与实践探索的基础上，在活动内容及主题设计过程中充分考虑了学生心理发展规律和个性特征。由于外语活动课程的设计与实施是一个十分复杂的过程，加之在课程实施中存在许多不确定因素，因此，对俄罗斯外语活动课程体系的探究及案例分析在本项研究中显得非常重要。为了进一步探讨俄罗斯外语活动课程的实施情况，以便为我国俄语活动课程寻找到一条科学的可行之路，笔者在俄罗斯工作期间先后走访了多所俄罗斯国际语言学校和中小学外语课堂，实地考察并记录了基础教育中外语活动课程实施的状况，并留下了大量宝贵的课堂观察音像资料。本项案例研究将立足于俄罗斯言语活动理论，探讨俄罗斯外语活动课程体系，并对俄罗斯外语活动课程的典型案例进行分析，旨在为我国基础教育俄语活动课程研究提供理论的指导与实践的借鉴。

第五，进行我国中学俄语活动课程实施的实证研究。本项研究采用定量研究和定性研究相结合的实证方法，研究我国活动课程实施的现状和存在的问题。以黑龙江省绥芬河市、黑河市和哈尔滨市以及山东省与河南省的500多名初、高中学生为研究对象，通过调查问卷和课堂观察的形式，分析研究我国目前俄语课程实施中活动缺失的现状和存在的其他问题，根据调查的结果，运用因素分析的方法研究影响我国活动课程实施的主要因素。俄语课程实施中活动的普遍缺失是造成学生发展过程中自主性、能动性和创新能力匮乏的主要原因，而"活动"本身在基础教育中的缺失更多是人们的思想背离了现代的教育理念所致，或者说由于人们长期受到传统教育思想的禁锢。俄语活动课程实施的课堂观察研究是本项实证研究的重要环节。研究者走进绥芬河第二中学和哈尔滨市嵩山中学的自主－合作课堂进行课堂观察研究，利用最新的外语课堂观察量表以及课堂实录的形式，分析研究课程实施中活动缺失的根本因素。在数据整理与分析中利用了 SPSS 17.0 统计分析软件，对问卷的效度和信度以及数据结果进行了严谨的分析，并得出较为科学的结论。在前面调查研究和课堂观察研究的基础上，运用了课堂实录的方法对课堂中发生的真实情境给予详细的描述和研究，以便发现俄语活动课程课堂评价中存在的问题，并给出解决方案。

第六，进行我国中学俄语活动课程实践设计。美国后现代课程理论特别强调课程研究中要关注学生的学习经验和活动的系统化设计。以小威廉姆·多尔（W. Doll）为代表的后现代课程理论学派关于课程设计的理念之一就是超越既定学习材料的思维限制，走向学生的经验与体验，从而实现课程真正促进学生发展的目的。《2022版课标》深入贯彻新发展理念，以培养学生核心素养为目标，充分体现课程的育人功能和价值。引导学生在掌握语言知识、获得言语技能的过程中发展语言能力、培养文化意识、形成思维品质、提高学习能力，成为具有文化自信、国际视野和跨文化交际能力的社会主义建设者和接班人。本项研究运用系统分析的方法，依据言语活动理论，借鉴先进的课程设计理念，遵从课程设计的整体性、系统性原则，结合《2022版课标》的基本要求，进行中学俄语活动课程实践设计研究，并就实践过程中存在的问题提出发展性建议。首先，本项研究重点关注课程设计的内在结构特征，合理论证并设计俄语活动课程的目标维度、内容体系及评价方式。其次，本项研究从实践层面进行俄语活动课程内容的主题化设计以及活动课程实施过程的系统化设计研究，旨在为俄语活动课程设计和实施提供一种新的思路与建构设想。最后，由于我国现行的落后评价制度极大地制约了俄语活动课程的实施水平和效果，因此本项研究将从有效教学评价论出发，分析并提出中学俄语活动课程多元评价体系建构的设想，指出评价要关注学生主体性发展水平的个体差异，活动课程要着眼于学生的未来发展。活动课程与传统课程不同，它强调遵照"以活动促发展"的教育指导思想，主张学生在学习活动中要亲历亲知。活动课程倡导教育者以"活动"的方式，围绕社会生活各个领域精心组织设计，并让学生通过直接参与活动来获得经验的积累。因此，对课堂的评价不能完全按照传统课程量化评价的方式进行，要采取不同的理念和评价方法，不仅要关注学生获得的具体语言知识和言语技能，还要对学生的学习活动过程以及在学习活动中表现出来的情感态度、学习兴趣以及进步程度等进行综合评定。

第七，探讨我国中学俄语活动课程的未来发展及规划。活动课程是一种可持续发展的课程形态，因此针对活动课程的研究必须考虑其实践应用与未来的发展规划，需经历从粗略构思到系统筹划的一系列过程。教育作为一种特殊的培养人的实践活动，通过主体与客体以及个体与群体的双向建构实现主体性发展。学生主体性的发展受到教育过程和各种教育规律的制约，其中最重要的是课程与教学，人的主体性发展离不开课程与教学，离不开积极参与的活动课程。未来的活动课程发展研究可以依据第三代活动理论的基本观点，以建构"学习者共同体"和"高级学习网络"为目标，以相互作用的多种活动系统为分析单位进行相关研究，旨在推进活动系统之间建立可对话、可合作的实践研究，从而开拓活动课程理论和实践研究的新天地。本项研究注重理论联系实际，把理论研究的成果应用于日常俄语教学实践，通过对已有课程模式的分析解读，找到有利于学生和谐发展的俄语活动课程模式。活动课程设计从课程目标的制定到课程方案的选择，再到课程实施结果的评价，不仅要充分体现活动课程设计建构的系统性原则，还要反映先进的课程理念。尤其是在当代媒体和网络技术高度发达的时期，建立基于互联网教育背景的俄语"学习者共同体"和"高级学习网络"，是俄语教育工作者和研究人员义不容辞的责任和义务。

此外，在进行活动课程发展研究时，还应该考虑基础教育各阶段俄语活动课程一体化建设方案。基础教育俄语活动课程规划应建立在理论研究和实践应用相结合的基础上，重点在于建构基础教育各阶段相互衔接的俄语活动课程体系。在管理上，活动课程的实施应实行一体化管理模式，积极建构以国家、地方与学校为主体的三级保障机制及评估方案。

三 研究目的及意义

教育理论与实践相结合一直是教育研究的宗旨和目标，俄语活动课程的研究目的同样也在于此。俄语活动课程强调教育者应围绕社会生活各个领域精心组织课内外活动，并通过让学生直接参与活动帮助其获得经验的积累。而单一的知识本位的传统课程与现代人文主义教育理念相比，越来越远离学生的实际生活，极大地制约了学生创新精神和实践能力的发展。20世纪90年代以来，世界各国陆续进行了新课程改革，其共同发展趋势是回归学生的经验和生活世界，如美国的"设计学习"研究、英国的"研究性课程"设计以及俄罗斯的"通用学习行为"培养计划等。我国基础教育由于长期以单一的课程结构为主，新课程改革即使已进行十几年的尝试，活动课程理念仍难以较好地实现。活动课程理念作为一种全新的教育理念，对我国当前外语基础教育具有较强的理论和实践指导意义。

（一）研究目的

活动课程作为一种全新的课程体系，是我国基础教育课程理论和实践体系的重要组成部分，它以马克思主义关于人的发展实践观和教育人性化、个性化理论为指导，同时吸收了国内外各种先进教育思想和活动理念。第一，本项研究旨在为我国的基础教育活动理论研究提供借鉴，活动课程的产生既是对我国教育实践研究的提炼与升华，也是对活动课程理论研究的反思和探索。活动课程的目的是培养学生的主动性和积极探索精神，人的主动性和探索精神不是与生俱来的，而是通过人的自觉能动的活动获得的。第二，活动课程研究不仅可以为教育理论研究提供一定的借鉴，同时也可以为我国外语活动课程设计提供可操作的参考框架。针对目前我国基础教育中存在的活动课程缺失的现状，本项研究的重点是中学俄语活动课程设计以及实施规划。

中学生正处在身心发展的高峰期，学校教育应该抓住学生发展的黄金时期，教师更应该采取多种多样的教育方式与教学手段，调动学生积极主动参与活动的兴趣，引导学生形成正确的动机。系统的活动课程建构尊重学生发展的个性化要求，是发展学生主体性的重要途径。教师可以通过活动课程设计与实施的各个环节向学生渗透个性化和主体性教育的理念，并通过学校、社会以及家庭的共同努力，促进学生自主性和创新能力的提高。活动课程是人文主义教育思想和理念的重要组成部分，是现代化课程实施的重要途径。

学习是一种心理活动过程，现代课程理念要求教育者注重学生的活动性体验，强调理性认识与非理性认识的统一。只有通过积极主动的实践活动，作为外部经验的教学内容才能转化为内部经验，丰富学生已有的知识结构和体系。

（二）研究意义

我国当前基础教育阶段中学俄语课程体现为一种学生主体性缺失的教育。在许多学校的俄语课堂上，传统的应试教育方式仍然占据主要位置。有些地方，课堂教学中活动的方法只是起到装饰和公开课"表演"的作用，教师在平时的教学中仍然沿用过时的、不符合教育规律的教学方式和方法。在教学研究方面，不少学者虽然也进行过活动教育研究，但是由于研究缺乏系统性，取得的成效甚微。活动课程理论探索不足与教学实践的缺失，使研究者进一步认识到活动课程系统研究的重要意义。

第一，从理论层面来讲，在俄罗斯言语活动理论的系统活动观方法论的指导下，本项研究针对活动课程以及相关概念内涵展开探讨，并阐述了中学生活动课程的特征以及活动课程实施的基本原则。目前，我国有关活动课程基础理论的研究相对于西方国家来说还比较落后，尤其是学科的活动课程研究更是少之又少。因此，本项研究有助于建构和完善中学俄语学科活动课程以目标制定与规划、课程实施以及课程评价为主的基础理论体系。本项研究从俄罗斯言语活动理论出发，深入探索了活动的内在结构系统及各要素之间的关系，明确了学生主体之间的个性差异，提出了"主体的实践活动是从一定的需要出发"的重要理论。按照俄罗斯言语活动理论的观点，动机是主体活动的原动力，人的情感意志系统对主体能力的发展起到重要的控制和调节作用，这些研究促使人们从活动课程的角度去建构新的教育理论，拓宽了活动教育理论的研究视域。

第二，从实践层面来讲，本项研究从三个方面进行了中学俄语活动课程的应用研究：俄罗斯外语活动课程体系及案例研究；我国中学俄语活动课程实施的实证研究；我国中学俄语活动课程设计构想。这些研究有助于理论联系实际，把理论研究的成果应用于日常课堂教学实践中。根据活动课程的理念，在学校教育中教师应根据学科特点与中学生身心发展规律，建构有效的活动课程实施模式。中学俄语活动课程强调学生是学习的主体，以培养学生的自主学习能力和实践能力为重点，发挥学生的潜能，让学生学会与他人交往合作。在整个教学过程中，体现了教师的主导作用和学生的学习主动性。中学俄语活动课程突出以人的发展为本位的教育思想，根据中学生的心理、年龄特点，按照《2022版课标》的要求，为学生创造愉快与和谐的学习气氛，为学生提供成功的机会，培养学生兴趣，调动学生学习的积极性。本项研究对中学俄语活动课程进行了有益的教育实践探索，并为广大教育工作者实施主体发展教育提供了较为有效的实践参考。从20世纪以来世界各国关于学校课程的研究成果来看，应该说，我国在课程领域的研究与教学实践同先进国家相比还有很大的差距。在全球化快速发展的今天，如何在世界范围的教育改革浪潮中认识和反思我国活动课程已有的研究成果，并在反思的基础上开拓创新，成为教学研究和实践中一个既有重要理论意义又兼具实践价值的研究课题。

四　研究方法

第一，文献法。本项研究的前期工作主要通过文献分析的方法，基于言语活动理论的视角，分析研究了国内外言语活动理论及活动课程发展的哲学、心理学、教育学、语言学等方面的文献，目的是厘清前人研究的脉络和学者研究的发展趋势，最后找到本研究的出发点。

第二，调查研究。本项研究主要通过问卷调查和对教师、学生进行访谈的方式了解我国中学俄语课程发展的现状，这有助于增强研究的针对性，为中学俄语活动课程的开发研究提供一定的论据材料。本项研究还利用课堂观察量表进行课堂观察，然后借助 SPSS 17.0 进行统计分析，通过科学的方法考察教师与学生在课堂教学过程中真实的话语与行为表现，反思传统教育观念对现代教育的影响，进一步分析导致中学俄语活动课程中活动缺失的主要因素。

第三，行动研究。本项研究采用行动研究方法，在基层学校运用解释学中的教育学研究范式，将定量分析与定性分析相结合，对俄语活动课程实施中的现象进行分析，然后得出结论。作为一种教育学研究范式，行动研究可以有效填补理论和实践之间的裂痕，目前，行动研究已经成为世界范围内教育研究的重要方法，它偏重"质"的研究，强调研究中对教育现象的反思。

第四，比较研究。本项研究对课堂教学中教师和学生的话语与行为特征进行比较分析，探讨我国中学俄语课程实施中"课堂架构"与学生"知识结构"之间存在的问题，以及导致问题出现的主要原因。此外，利用活动课程案例分析、调查研究和课堂观察中所获得的信息资料，研究俄罗斯中学外语活动课程实施与我国中学俄语活动课程实施过程中存在的差异以及形成原因，试图找到我国中学俄语活动课程设计与建构的合理途径。

五　创新点

第一，全新的系统活动观的方法论视角。系统活动观作为活动课程设计的首要方法论原则，它的目标指向是儿童的个体发展。本项研究中系统活动观方法论的核心思想建立在俄罗斯著名心理学家维果茨基、列昂捷夫、艾利康宁、加里培林等对言语活动理论的研究基础之上，有益于开拓我国基础教育课程领域的研究视角，丰富课程理论研究成果。

第二，深入的言语活动理论研究。作为活动课程研究的重要心理学理论依据，俄罗斯言语活动理论依据辩证唯物主义的实践认识论，从社会与人、社会性和个体性、言语与思维、言语活动与语言意识相互统一的辩证角度来理解言语与思维的关系，并基于上述内容提出言语活动的动机性、目的性、意识性、文化性以及可操作性。在儿童个体发展过程中，活动是发展的动力因素，个体的动机系统在活动中发挥着非常重要的调节作用。

第三，先进的课堂观察量化研究。本项研究利用西方国家外语课堂教学研究的最新成果——课堂观察量表进行课堂观察，然后进行统计学分析，通过科学的方法考察教师与学生在课堂教学过程中真正的话语与行为表现，反思传统教育观念对现代教育的影响，进一步分析中学俄语活动课程缺失的主导因素。本项研究建立在先进的科学研究方法基础上，论据充分，结论可靠。

第四，系统的中学俄语活动课程设计建构。本项研究注重理论联系实际，将理论研究的成果应用于日常课程教学实践，通过对已有课程模式的分析解读，试图找到有利于中学生个体和谐发展的活动课程教学模式。活动课程设计从课程目标的制定到课程方法的选择，再到课程实施过程的建构，充分体现了系统性的原则。

六　基本思路

本项研究从言语活动理论出发，结合我国中学俄语课程实施现状，对现代中学俄语活动课程的基本理念及内涵进行深入探索，并进一步对中学俄语活动教学实践设计进行研究。本项研究的理论视角可以分为以下三个层面。宏观层面：活动课程研究的方法论视角包括辩证唯物主义的实践认识论和建构主义的相互作用论，能够为活动课程理论研究和教学实践设计提供科学的方法论指导。中观层面：包括言语活动的概念内涵、言语活动的发生过程和生成机制，从心理语言学角度出发，分析了言语发生的心理过程和心理机制，站在心理学和语言学契合处，为研究中学俄语活动课程提供直接的理论支持。微观层面：包括对俄语学习理论的详细分析以及对中学俄语活动课程内涵的重新审视。图 0-1 是本项研究的基本研究框架和思路。

言语活动理论是进行俄语活动课程研究的既定理论视角，基于言语活动理论的核心思想，本项研究中关于活动课程的理解分为以下三个层面。首先，活动课程体现了"系统活动观"的方法论原则。系统活动观是对以辩证唯物主义实践认识论为指导的俄罗斯言语活动理论的本质认识，是本项活动课程研究与设计的指导思想。其次，从教育理念层面讲，活动课程体现了人文主义精神的"活动教育"思想，强调学生的主体地位，注重引导学生的学习动机，激发学生的学习兴趣。最后，活动课程不仅是一种课程理念，它还体现为一种"活动教学"的实践形式，对活动课程的这三种理解贯穿在研究的整个过程中。在接下来的活动教学实践设计中，本项研究基于《2022版课标》对学生核心素养的基本要求，围绕俄语教学四个目标维度进行了内容主题化、过程系统化和评价多元化的教学设计。

俄语活动课程是现代课程理念与俄语实践教学相结合的研究成果，本项研究希望在充实我国基础教育俄语活动课程理论的同时，通过理论联系实际，指导俄语活动课程的实践设计与实施。本项研究从理论研究到实践探索，基本完成了一项完整的俄语活动课程的实施。然而，由于本项研究包含的内容丰富，涉及的范围较广，以研究者浅薄的力量在短时间内很难做到完美，局部研究难免会有一些不够深入和不够细致之处，本项研究探索权且作为我国俄语活动课程研究的探路之石，为基础教育俄语新课程改革尽一份微薄之力。

导 论

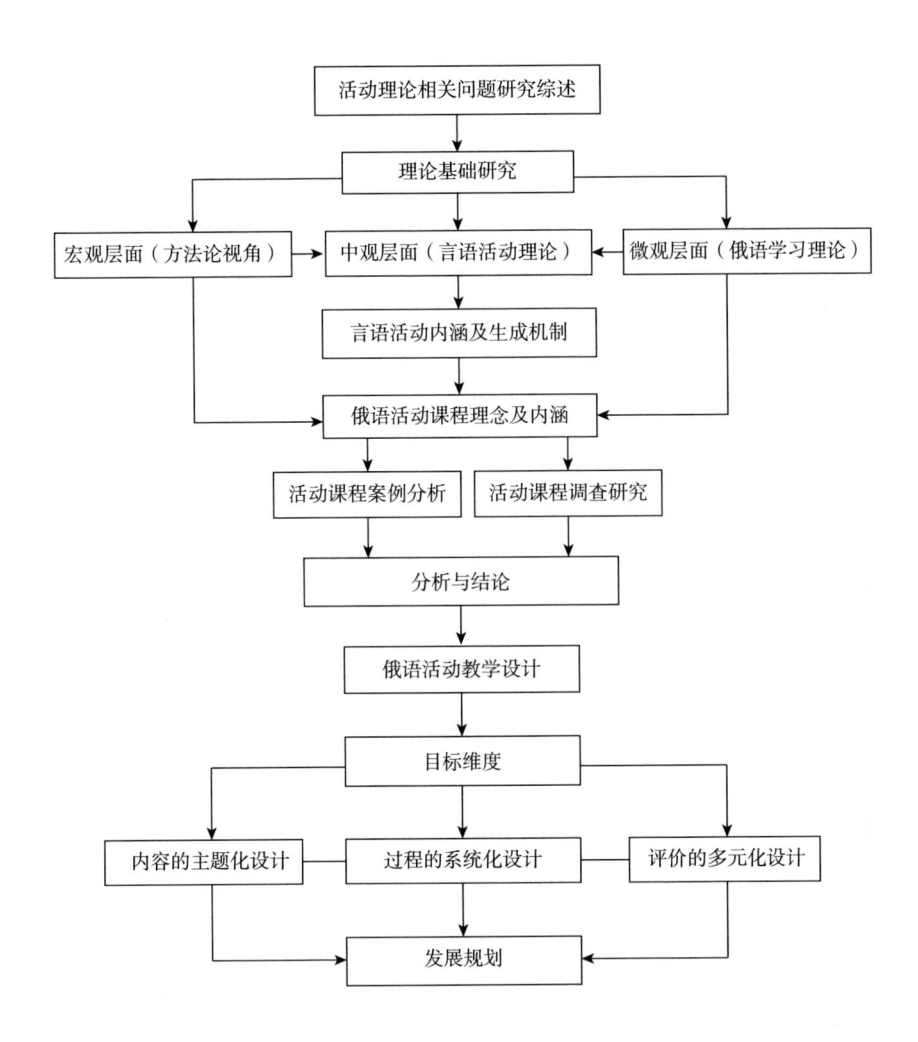

```
                    ┌─────────────────────────┐
                    │ 活动理论相关问题研究综述 │
                    └───────────┬─────────────┘
                                │
                    ┌───────────▼─────────────┐
            ┌───────│      理论基础研究       │───────┐
            │       └───────────┬─────────────┘       │
            │                   │                     │
┌───────────▼──────┐ ┌──────────▼──────────┐ ┌────────▼─────────┐
│宏观层面(方法论视角)│ │中观层面(言语活动理论)│ │微观层面(俄语学习理论)│
└───────────┬──────┘ └──────────┬──────────┘ └────────┬─────────┘
            │                   │                     │
            │       ┌───────────▼─────────────┐       │
            │       │  言语活动内涵及生成机制 │       │
            │       └───────────┬─────────────┘       │
            │                   │                     │
            │       ┌───────────▼─────────────┐       │
            └──────►│  俄语活动课程理念及内涵 │◄──────┘
                    └───────────┬─────────────┘
                                │
                ┌───────────────┴───────────────┐
                ▼                               ▼
     ┌──────────────────┐            ┌──────────────────┐
     │ 活动课程案例分析 │            │ 活动课程调查研究 │
     └──────────┬───────┘            └───────┬──────────┘
                │                            │
                └─────────────┬──────────────┘
                              ▼
                    ┌──────────────────┐
                    │    分析与结论    │
                    └─────────┬────────┘
                              ▼
                    ┌──────────────────┐
                    │  俄语活动教学设计│
                    └─────────┬────────┘
                              ▼
                    ┌──────────────────┐
              ┌─────│     目标维度     │─────┐
              │     └─────────┬────────┘     │
              ▼               ▼              ▼
     ┌────────────────┐ ┌────────────┐ ┌────────────────┐
     │内容的主题化设计│ │过程的系统化│ │评价的多元化设计│
     │                │ │    设计    │ │                │
     └────────┬───────┘ └──────┬─────┘ └────────┬───────┘
              │                │                │
              └────────────────┼────────────────┘
                               ▼
                     ┌──────────────────┐
                     │    发展规划      │
                     └──────────────────┘
```

图 0-1 本研究的基本框架和思路

第一章 国内外活动理论相关研究综述

任何一种新的理论总是在传统的思想中萌生,活动理论同样如此。研究活动课程不仅要从教育实践出发,还要详细把握活动理论的整个发展历程。否则的话,就难以揭示活动课程的整体特征,得出的结论也难免片面。从活动理论的缘起到今天中学俄语活动课程的建设,活动理论曾经以不同的形态出现在人们的视野里。对活动理论的发展历史进行系统的梳理,可以让研究者从中得到启迪,发现我国基础教育中学俄语活动课程研究中存在的问题,对于建构适合我国中学生的俄语活动课程实施体系、促进中学生个体和谐发展具有十分重要的意义。

一 俄罗斯关于活动理论的相关研究

俄罗斯言语活动理论的研究源于俄罗斯心理学领域关于"活动"的研究。按照俄罗斯心理学观点,所谓的"活动"就是主体与客观世界交互作用的过程,在这一过程中,人类通过能动地作用于外部世界来改变自己。[1] 随着人们对"活动"研究的不断深入,关于"活动"的研究领域逐渐拓展到生理学、语言学、社会学以及教育学。作为俄罗斯心理语言学的重要组成部分,言语活动理论的形成和发展同世界心理语言学发展进程有着十分密切的关系。由于言语活动理论的历史渊源、发展背景和理论基础等方面的特点,俄罗斯言语活动理论成为世界心理语言学研

---

① А. А. Леонтьев, Язык и речевая деятельность в общей и педагогической психологии. Воронеж: НПО МОДЭК, 2001, с.30-31.

究中一个独特的流派。①

（一）活动理论的早期心理学研究

俄罗斯活动理论（Теория деятельности）核心观点是用"活动"的概念来解释人类的行为、意识与发展过程，正如西方心理学用"行为"来解释人类认知发展规律一样。俄罗斯心理学中"活动"这一概念来源于辩证唯物主义的实践认识论，是马克思主义哲学研究的重要对象。根据实践认识论，"活动"是主体与客体、主体与主体之间相互作用得以实现的中介，它是人类进步、历史演变和社会发展的原动力。② 著名哲学家、心理学家鲁宾斯坦（Рубинштейн С. Л.）作为俄罗斯哲学心理学活动理论的奠基人，在20世纪初开创性地提出了"主体–活动"概念（Субъектно-деятельностная концепция）。鲁宾斯坦在对黑格尔活动哲学理论（философская теория деятельности）进行研究的基础上进一步发展了这一思想，指出了哲学和心理学之间第三条路径存在的可能性，这就是主体发展的辩证唯物主义思想。鲁宾斯坦于1922年在《创造性的自我活动原则》（《Принцип творческой самодеятельности》）一书中对自己的理论进行了系统的论述，他指出："主体存在于活动中，在创造性的自我活动中主体不仅可以被发现，还可以生成和发展。"③ 20世纪二三十年代鲁宾斯坦接触到了马克思早期哲学手稿中关于主体活动特征的论述，他开始认识到马克思主义哲学的实践主体论与自己的主体活动论的相似之处。鲁宾斯坦从此开始接受马克思主义哲学的实践主体论，并把自己的理论重心定位于研究人的主体个性问题上。

20世纪五六十年代，鲁宾斯坦在自己的著作中表达了这样的思想："外部因素通过对事物发展起绝对作用的内部中介对主体施以影响，也就是说，内部条件在人的发展中不仅是因素，也是重要的基础，外因只有通过内因才能起作用。"他的这一理论与加里培林（Гальперин П.Я.）

---

① A.P. 卢利亚：《神经语言学》，赵吉生、卫志强译，北京大学出版社，1987，第74页。
② 李为善、刘奔主编《主体性和哲学基本问题》，中央文献出版社，2002，第25页。
③ С. Л. Рубинштейн, Основы общей психологии 2-е изд, СПб: Питер, 2002, с.449-450.

和列昂捷夫（Леонтьев А.Н.）关于活动的理论不同，加里培林和列昂捷夫关于活动的研究更加注重外因对人的直接影响，而非间接影响。在接下来的研究中，鲁宾斯坦和他的继承者阿诺辛（Анохин П.К.）、阿斯拉疆（Асратян Э.А.）、别尔什丹（Бернштейн）等对活动在人心理发展过程中的作用进行了大量的实验研究，在此基础上提出了主体的心理结构要素问题，并指出了动机（мотивация）在人的心理结构要素中处于至关重要的位置。① 鲁宾斯坦在活动理论研究中的另一个重要贡献是提出了主体自我调节（Детерминация）理论，他指出自我调节本身是一个过程，而不是结果，在自我调节过程中主体的自主性和能动性能够得到最大限度的发展。鲁宾斯坦关于活动促进人的主体发展理论以及活动中自我调节过程的研究成果对当下的活动课程研究具有重要的理论意义。

（二）活动理论的心理语言学研究

俄罗斯活动理论的奠基者、20世纪世界著名心理学家维果茨基（Выготский Л.С.）的系列理论为活动理论在心理语言学领域的研究打开了大门。维果茨基依据辩证唯物主义的实践认识论，从社会文化历史观（Культурно- историческая концепция）出发，提出了活动中社会与人、社会性与个性、活动与意识相互作用，促进主体发展的辩证唯物主义观点。在他看来，人的活动通常可以分为实践活动、认识活动和交际活动，并依据这一思想提出了活动的动机性、目的性、意识性、文化性以及可操作性等特征。他认为活动不能在没有意识的情况下发生，意识也不能存在于活动之外。② 维果茨基特别强调人的思维活动中言语的重要意义，并精确地论述了言语与思维相互依存、相互促进的关系。维果茨基撰写的《Мышление и речь》、《История развития высших психических функций》等著作科学地阐释了上述观点，为后来的言语

---

① Рубинштейн С. Л. Основы общей психологии 2-е изд. СПб：Питер，2002，с.449-450.
② Леонтьев А.А. Язык и речевая деятельность в общей и педагогической психологии. Воронеж: НПО МОДЭК, 2001, с.30-31.

活动理论奠定了心理学和方法论基础。活动理论的创始人、心理学家列昂捷夫（Леонтьев А.Н.）为心理学"活动理论"向心理语言学"言语活动理论"的过渡做出了卓越的贡献。他在继承维果茨基理论观点的基础之上进一步完善了"活动理论"体系，在其出版的《Проблемы развития психики》、《Деятельность. Сознание. Личность》等著作中将"活动"这一概念上升至俄罗斯心理学的基本概念范畴。[①] 在此基础上，列昂捷夫又依据马克思主义关于人的主体思想，剖析了人的外部实践活动和内部精神活动所具有的共同特征，提出了活动中主体的物质活动和精神活动在发生与机能上的相互联系及相互转化等观点。列昂捷夫的发现为活动理论在言语应用系统的研究，即言语活动的形成做出了重要贡献。俄罗斯著名神经语言学家、历史-文化心理学派重要代表人物卢利亚（Лурия А.Р.）对言语障碍和大脑受损导致的其他病理现象进行了大量的临床研究，提出了"人的高级心理机能随着人类文化历史的发展而不断发展"的观点，如言语思维、逻辑记忆和唤醒注意等高级心理机能的发展。卢利亚和维果茨基一起从事儿童心理发展的问题研究，特别是关于情感过程研究的心理生理方法。卢利亚早期研究的重要成果是与维果茨基和列昂捷夫共同提出了心理发展的"历史-文化理论"。该理论主张心理学研究过程中要关注人的语言与意识的研究。维果茨基、卢利亚和他们的追随者关于高级心理机能以及语言与意识的研究，为俄罗斯言语活动理论的产生奠定了心理学和生理学的理论基础。

俄罗斯著名心理学家列昂捷夫（Леонтьев А.А.）创建的言语活动理论（Теория речевой деятельности）是外语教学研究的重要理论基础。其父是苏联时期老一辈心理学家、"活动理论"的创建者列昂捷夫（Леонтьев А.Н.），因此他从小就受到了良好的心理科学的教育。列昂捷夫（Леонтьев А.А.）从20世纪60年代开始投身于俄罗斯心理语言学的创建工作，他在继承维果茨基的高级心理机能理论的基础上创建并完善了著名的"言语活动理论"，使之成为俄罗斯心理语言学的核心理

---

① Степанова Е.Н. Личностно-ориентированный подход в работе педагога: разработка и использование. М.: Творческий Центр Сфера, 2010, с.128-132.

论。他的奠基之作《Слово в речевой деятельности》的问世，宣告了言语活动理论作为一门独立学科基础理论的诞生，同时也标志着俄罗斯心理语言学派的形成。卢利亚关于神经语言学的研究在俄罗斯言语活动理论的形成与发展中同样功不可没。他从神经系统和言语机制相互联系的角度撰写的《Мозг и психические процессы》、《Язык и сознание》等著作为言语活动理论提供了神经心理学和神经语言学的理论支持，为言语活动中听话者和说话者的话语理解与生成提供了强大的科学依据。[①] 在接下来的研究中，俄罗斯著名学者艾利康宁（Эльконин Д.Б.）、加里培林（Гальперин П.Я.）、任金（Жикин Н.И.）、阿尔焦莫夫（Артемов В.А.）等的研究成果不断丰富着言语活动理论。俄罗斯老一辈心理学家关于言语活动理论的探索是研究中学俄语活动课程最直接的理论根基，其中有关言语与思维的关系以及内部言语与外部言语转换机制等方面的研究，是制定活动课程的重要参考依据。

（三）活动理论的外语教育研究

俄罗斯外语教育研究的第一个高峰出现在20世纪60年代，苏联部长会议（Совет Министров，СССР）发布了关于强化外语学习的规定后，国内随即开展了针对儿童外语学习心理学的大规模实验研究。言语活动理论的研究对俄罗斯外语教育理论和实践体系的建立做出了很大的贡献。20世纪60年代，苏联开始在外语教育领域大力提倡自觉实践法（Сознательно-практический метод）。自觉实践法参考借鉴了欧美国家的听说法和试听法，吸收了俄罗斯语言学和心理学的研究成果，坚持外语教学的交际性原则，强调以功能为主，以情境为纲。[②] 自觉实践法建立在言语活动理论研究的基础之上，强调外语教学中社会实践的重要意义。自觉实践法的诞生同样基于维果茨基、列昂捷夫、卢利亚以及加里培林等对儿童心理学和教育学的研究。心理学家和教育家艾利康

---

① Богуславский М.В.Преемственность и новаторство в развитии основных направлений современной педагогической науки России. М.: Академия, 2012, с.128-130.

② А.Р. 卢利亚：《神经语言学》，赵吉生、卫志强译，北京大学出版社，1987，第74页。

宁、达维多夫（Давыдов В.В.）、鲍若维奇（Божович Л.И.）、塔雷金娜（Талызина Р.Ф.）等的研究主要涉及儿童外语学习的有效年龄、儿童的学习动机与兴趣以及儿童外语学习内容的选择等方面。到了20世纪80年代中期，随着苏联与其他各国关系的好转，人们对外语的学习兴趣进一步增强，于是出现了第二次外语教学与研究热潮。1985年在莫斯科召开的世界俄语教师大会（МАПРЯЛ）明确指出了语言学习在儿童认知与交际能力形成中的重要作用，此外，这次大会还确立了外语学习中语言文化以及交际活动的重要方法原则。到了20世纪90年代初期，随着国际合作的不断加强以及社会对外语人才需求的增加，人们越来越关注青少年的外语学习问题，高等院校也相应地开设了专门针对中小学师资教育的"外语教师"（Учитель иностранного языка）专业，至此，俄罗斯形成了比较完善的外语教育体系。

（四）活动理论的人文主义教育研究

人文主义教育理念在俄罗斯的教育发展历史上占据重要的地位，其中苏霍姆林斯基的人文主义教育理论最为有名，除此以外，还有教育家赞科夫的发展性教育理论以及达维多夫（Давыдов В.В.）、雅基曼斯卡雅（Якиманская И.С.）等的人性化教育思想，均深受俄罗斯活动理论的影响，在他们的理论表述中充分体现了现代人文主义教育的精神实质。即便如此，在俄罗斯外语教育中，很长时间以来一直保持着传统的知识和社会功能指向的教育范式，因而忽略了教育中的人性化主题。随着时代的变化和发展，人的观念也发生了变化，进入20世纪90年代，教育的人性化主题被正式提出。经过长期的努力，2004年初俄罗斯正式颁布了第一代基础教育联邦国家课程标准，将外语作为初中阶段的基础必修课，外语教育研究的重要性日益凸显。教育要实现人的发展，教育过程必须将学生视为独立的个体，为每个人提供成功的机会，使他们的潜能得到充分发挥。根据课程改革的教育理念和指导思想，俄罗斯基础教育中学阶段的外语课程标准把培养青少年学生对语言世界交际的心理适应性以及对不同民族文化的尊重放在了首要位置。2009年10月，经过修订的俄罗斯第二代基础教育联邦国家课程标准（ФГОС）正式出台，此后的几年时间里各学科的课程标准陆续颁布。修订后的联邦国家课程标准把人文主义教育理念作为新课程改革的核心指导思想。

新的联邦国家课程标准中渗透的人文主义教育理念承认人的价值，倡导学生身心的和谐发展，崇尚个性自由以及提倡最大限度地发展个体的潜能。[①] 在这一时期，俄罗斯涌现了一大批研究人文主义教育理论的学者，其中影响较大的有俄罗斯著名心理学家、国际教育科学研究会成员雅基曼斯卡雅（Якиманская И.С.）。雅基曼斯卡雅从20世纪80年代就开始致力于个体发展指向的俄罗斯基础教育研究。雅基曼斯卡雅领导的研究小组第一个系统研究了俄罗斯中小学建立以个体发展为中心的现代化教育体系的总体构想和实施方案，明确了现代学校教育的基本目标和原则。此外，研究者还用大量事实论证了在学校外语教学过程中，创设和组织有益的活动对于学生个体发展的重要意义。俄罗斯第二次课程改革主要强调提高教育质量以及凸显教育的人文价值，最大限度地满足日益增长的国际竞争力的需要。俄罗斯的活动理论为我国进行俄语活动课程研究提供了崭新的视角，根据言语活动理论的基本要求，外语教学关注的不仅仅是结果，还包括参与活动的过程以及学生学习活动中表现出来的主体与主体之间的相互关系。言语活动理论的研究结果表明：应该根据科学的理论，进行俄语活动课程的设计和组织实施；课程设计不仅要关注课程活动内容，还要考虑到学生的内在激励因素，关注学生之间以及学生与教师之间的相互交流、合作。

二　西方关于活动教育思想的相关研究

西方早期关于活动教育思想的研究源于古希腊哲学对人性论的思考，诞生于主张人性化发展的思潮之中。毕达哥拉斯把宇宙比作类似人的有机体，普罗泰戈拉提出了"人是万物的尺度"的哲学命题，这

---

① Якиманская И.С. Личностно ориентированное обучение в современной школе. М.: осква, 2012, с. 67-77.

一切都说明当时哲学家在研究宇宙与自然的同时，也在研究人性化的问题。伟大的哲学家康德毕生都在从事人的认识机能发展问题的研究，他十分强调人的发展过程中人性化的本质特征，以及人的因素在科学发展中的重要作用。

（一）早期活动教育思想的主体性研究

20世纪初期，德国哲学家胡塞尔（Edmund Husserl）提出"教育要回归学生的生活世界"的观点，他指出，教育是发生在师生之间的真实生活世界的社会活动，学生的体验和经验构成了学校教育的主要内容。[①] 费尔巴哈把哲学中的唯物主义与人道主义思想结合起来，创立了人本主义学说，而人本主义学说的核心是承认人在活动中的价值。在辩证唯物主义的哲学理论体系中，人的地位得到了更为科学的确定，马克思主义关于人的理论研究是以现实中的人为中心展开的，在确立了哲学研究主体发展的原则基础上，强调了人的实践活动在主体发展中的重要意义，可见，马克思主义哲学自始至终把人作为实践的主体。随着现代科学的发展，人的主体性（Cyбъектизация）发展已经成为当今时代的重要特征，突出实践性是当代哲学关于人的主体性发展深入研究的主题。科学的发展对主体性教育研究提出了更为迫切的需求，而现代主体发展教育理论如果不能对主体性问题提出深刻的见解，就难以继续发展。在这种情况下，活动教育理论在解决主体性发展的理论研究和实践应用方面起了很大作用。

（二）自然主义活动教育思想的萌芽

在西方，关于活动教育思想研究较早的是以法国教育家卢梭为代表的自然主义教育思想家，他们主张教育要适应儿童的自然发展，要保持儿童的自然本性。卢梭强调，在认知活动中儿童真正的老师是经验和感觉，儿童应该从经验中学习，而经验主要来源于体验活动。[②] 在体验中学习是卢梭自然主义教育思想的基本观点，他坚持认为，儿童

[①] 贺善侃：《实践主体论》，学林出版社，2001，第159~160页。
[②] 卢梭：《爱弥儿：论教育》（下卷），李平沤译，商务印书馆，2017，第355~356页。

真正的老师是经验和感觉，感觉对认识起决定作用。此外，卢梭十分重视培养儿童的兴趣和唤醒儿童的需要，他认为最好的教育方法是激发儿童学习的意愿。自然主义教育的后继者裴斯泰洛奇继承发展了卢梭的思想，提出教学必须依从儿童的自然发展顺序。他强调多感官学习的重要性，认为认识一个事物的性质或外表时所用的感官越多，对事物的认识就越准确。卢梭倡导的自然主义教育思想抨击了不顾儿童身心发展自然规律的传统教育，主张教育措施要根据儿童的需要、能力和兴趣来制定。卢梭的自然主义教育思想对后来的活动教育理论发展影响深远，在之后的一段时间里，许多教育思想家沿用并发展了卢梭的自然主义教育思想，自然主义教育思想作为活动教育理论的重要来源之一，与活动教育理论之间有着千丝万缕的联系，是进行活动课程研究时不可或缺的理论和实践基础。

（三）第三代活动理论的发展研究

维果茨基学派在俄罗斯心理学的形成和发展中起到了重要作用，同时活动理论在国际上得到了广泛传播，并产生了深远的影响。20世纪60年代，苏联活动理论开始传入欧洲的部分国家，出现了一批研究维果茨基理论的专家学者，活动理论也得到了一定程度的发展。其中影响较大的是芬兰著名学者恩格斯托姆（Y. Engestrom）提出的活动理论，恩格斯托姆的活动理论通常被称为第三代活动理论。恩格斯托姆继承了俄罗斯活动理论研究的文化－历史观，并将此作为自己研究的理论基础和方法论，在此基础上不断开拓和创新。与前两代活动理论不同的是，恩格斯托姆的活动理论更加强调个体与群体的相互作用：任何一种活动，都不可能是纯粹个体的、单独的活动，每一个个体的活动都处于一定的社会关系之中。与动物的活动不同，人类活动总是处于一个复杂的网络体系之中，而不仅仅处于一个简单的共同体之中。

随着活动理论的发展，其越来越重视人类活动的社会性、复杂性、多元性、动态性。第三代活动理论致力于比较完整地描述人们的活动结构，在一定程度上反映了人类活动的全貌。恩格斯托姆的活动理论超越了单一活动系统和学校教育中封闭学习状态的局限性,提出了"学习者共同体"、"高级学习网络"以及"拓展性学习"的概念和理论,反映了学习过程中的社会历史性、集体合作性和协商对话性。他的研究以相互作用的多种活动系统为分析单位,推进了活动系统之间设计网络、对话、合作的实践研究,从而开辟了活动教育理论和实践研究的新天地。

(四)现代活动课程理论的实践研究

美国著名教育家约翰·杜威的"经验课程"思想开创了西方教育理论与实践研究的新时代,他对活动课程领域的研究做出了巨大贡献。杜威在1902年所著的《儿童与课程》(*The Child and the Curriculum*)一书被认为是对活动课程问题最早和最系统的研究之一。杜威基于其独特的哲学观和心理观,通过系统的理论研究和实践探索,构建了完整的自然主义的经验课程范式。根据杜威的观点,教育应以儿童及其活动为起点、目的和中心,儿童要获得知识,就必须在参与活动的过程中体验新知识的形成过程,并尝试对其进行改造。[①] 此外,杜威还提出了人的认识发展的连续性问题,他基于实用主义的认识论观点,指出人的认识与有目的地改造环境的活动之间存在连续性发展的本质特征。杜威的"经验课程"思想被认为是课程领域的革命,他构建的活动教育思想体系,对21世纪的教育理论和实践都产生了深远的影响。

美国当代著名教育家布卢姆的教育思想为活动课程的研究提供了丰富的理论和实践经验。布卢姆经过长期的研究发现,教师对学生的积极期望能够极大地促进学生的发展,因此他十分重视非智力因素在学生学习活动中的作用。布卢姆在20世纪50年代出版的《教育目标分类学》被认为是20世纪最有影响力的教育学著作之一。在他的教育目标体系中,情感目标占据了很重要的地位,这不仅是教育要达到的目标,更是教育成功的动力与保障。布卢姆的"掌握学习"能够对学生"自我完善"观念的产生给予极大的帮助,在学习活动中,每个学生都可以从成功的

---

① 王升:《主体参与型教学探索》,教育科学出版社,2003,第39~40页。

体验中获得一种学习的自信和前行的动力。①由此可见，布卢姆的教育目标体系十分重视在教学中培养学生的自信心，激发他们的学习动机和学习兴趣。按照布卢姆的观点，在整体的非智力因素中，自信是非常关键的因素，教育的目的之一就是树立学生的自信心。

  瑞士心理学家皮亚杰的活动教学观则从另一侧面为活动课程的研究提供了宝贵的资源。皮亚杰的活动教育思想建立在他对发生认识论的研究基础之上，他的《教育科学与儿童心理学》《发生认识论原理》等著作深刻揭示了教育工作的许多原理和方法。皮亚杰的认知发展理论十分强调主体与客体的相互作用，认为这种相互作用是通过积极主动的活动产生的。皮亚杰根据认知发展规律提出了自己的观点：知识的获得不是对外界客体的简单复制，也不是主体内部已有认知结构的发展，而是在主体与客观对象不断的相互作用下逐步建构的结果，所以说，认知是一种不断的积极主动的建构活动过程。②从皮亚杰的认知发展理论可见，儿童知识的获得要通过亲自活动来建构，以形成智慧的基本概念和思维形式。真正的学习出自儿童本身，而不是教师的传授，教师的任务是帮助儿童自发地、主动地学习。正如美国课程论专家威廉姆·派纳（W. F. Pinar）所言："课程是学生界定自我与世界的场所。"③所以说，教育应该关注学生的经验和体验，关注其对当下生活的感受，而不仅仅强调先前积累的知识。后现代课程理论特别强调关注学生的学习经验，以小威廉姆·多尔（W. Doll）为代表的后现代课程学派关于课程研究的目的之一，就是致力于超越既定学习材料的教条主义思维，走向学生的经验与体验，从而实现课程真正促进受教育者发展的目的。

  综观上述观点，20世纪70年代以来，西方教育界越来越关注人文主义教育思想在课程中如何实现的问题，研究视角逐渐从教育内容、教师教学转向了以学生为中心的课程建构与实施。促进学生的主体发展，

---

① 钟启泉：《课程的逻辑》，华东师范大学出版社，2019，第195~200页。
② 让·皮亚杰：《教育科学与儿童心理学》，杜一雄、钱心婷译，教育科学出版社，2018，第169~170页。
③ 钟启泉：《课程的逻辑》，华东师范大学出版社，2019，第195~200页。

以及促进主体参与学习过程的研究成为教育界讨论的热点问题。学者从哲学、教育学、心理学以及生理学等方面进行活动理论与实践的探索研究，开始致力于对课程领域进行"概念重建"，认为课程不是既定的学习材料和教科书，而是活生生的经验和体验。西方关于活动课程的核心思想与言语活动理论的人文主义教育思想相一致，都主张教育要实现人的发展，而人的发展又离不开实践活动。

三　我国学者关于活动理论的相关研究

认知过程中"知"与"行"的关系问题一直是我国古代教育哲学史上争论的焦点，许多思想家都对此进行过深刻的讨论。当下我国俄语活动课程的理论研究，无论如何不能忽略这一重要的问题。在我国教育思想史上，从孔子、墨子、朱熹以及近代陶行知等的论著中都可以找到相关的论述。

（一）古代关于"知行统一"的活动教育思想

我国大教育家孔子早在两千多年前就提出了启发性学习的教育思想，在教学中他强调思维积极参与学习的重要意义。墨子从主体参与活动的方法、参与活动的意志方面论述了学生在教学中参与活动的行为，提出了"述而又作"的学习主张。我国古代最早的一部专门阐述教育和教学问题的论著——《学记》中就已经提出了"教学相长"的思想，认为教与学是相互促进的。此外，《学记》还发展了孔子的启发性教育思想，认为教育要充分调动学生学习和思考的积极性、主动性。[①]宋代教育家朱熹进一步发展了孔子、孟子等的唯物主义经验论，立足于"万理同出一源"的宇宙观，提出了"知行统一"学说。他说："致知力行，用功不可偏。"朱熹的这些教育观点确定了"知"与"行"统一的教学原则，他主张教育要从学生的"行"出发，把培养学生良好行为习惯作为一种教育原则。此外，朱熹还提出了由"博学"、"审问"、"慎思"、"明辨"和"笃行"构成的五大教学环节，即学习重在探究事物之间的

[①] 高时良译注《中国教育名著丛书：学记》，人民教育出版社，2016，第57页。

必然联系和因果关系。^①关于教育方法，朱熹重视自学以及学生之间的相互交流。朱熹关于教育方法和原则的见解，为中国古代教育思想增添了新鲜的内容。明代思想家王守仁在自己的教学实践中贯彻"真知即所以为行，不行不足谓之知"的思想，在"知"与"行"的关系上，进一步强调"知"的重要性。所谓"知行合一"，即二者互为表里，不可分离。"知"最后一定要表现为"行"，不"行"则不能算真"知"。由此可见，我国古代思想家、教育家从不同的侧面论述了"知行统一"的辩证关系，而"知"与"行"统一的教学原则直到现代也一直是教育中沿用的首要方法论原则，是进行俄语活动课程研究所要遵循的重要理念。

（二）近代"做中学"的活动教育思想

我国近代著名教育家陶行知创造性地发展了"知行统一"的教育思想，主张"教学做合一"的教学原则，提出了"做中学、做中教"的理论。陶行知反对把学生作为知识的容器，反对被动接受，主张尊重儿童，让儿童成为学习的主人，重视儿童的学习兴趣和直接经验，鼓励儿童通过合作的学习活动获得身心的和谐发展。^②陶行知在1944年发表的《创造的儿童教育》一文中，提出了解放儿童大脑和最大限度发展儿童创造力的重要意义。陶行知毕生致力于我国教育事业的发展，对我国教育的现代化做出了开创性的贡献，不仅创立了完整的教育理论体系，而且进行了大量教育实践。如果说我国最先提出"活动教育"思想的是陶行知，那么最终完成并付诸实践的则是现代著名教育家陈鹤琴。他曾指出，活动教育的思想适合我国社会发展和人才培养的要求，儿童应该是有生命力和生长力的好动的孩子。陈鹤琴对活动教育思想最大的贡献是儿童五类活动课程的设计：儿童健康活动、儿童社会活动、儿童自然活动、儿童艺术活动和儿童文学活动。^③陈鹤琴从心理学、教育学的理论出发，结合我国儿童的身心特点，提出了"做中学，做中教，做中求进步"的教学原则。他认为，要鼓励儿童自己去发现，主张采取积极的

---

① 姚进生：《朱熹道德思想教育论稿》，厦门大学出版社，2013，第131~135页。
② 陈建华：《基础教育哲学》，北京大学出版社，2009，第131页。
③ 陈建华：《基础教育哲学》，北京大学出版社，2009，第131页。

激励措施，而非强制性的命令，学习中要使用辩论和比赛等方式激发儿童的学习兴趣，在教学过程中尽可能使学习内容游戏化和故事化。

尽管我国古代和近代思想家"知行统一"的观点立足于不同的立场和不同的理论基础，但是，就"知行统一"的观点在教学实践中的运用而言，其对现代学校的活动课程设计带来极大的启发。我国教育家、思想家的主张及理论提示教师在进行教学设计时要重视为学生提供各种"行"的活动，让学生在活动中学会"知"。此外，在活动的设计中，要结合我国学生的身心特点，设计丰富多彩和灵活多样的活动，以鼓励学生积极参与学习活动，并在活动中去认识和发现规律。

（三）现代活动课程的人文主义教育研究

任何一种教育实践都应该体现为科学精神和人文精神的统一，即在追求科学知识的同时，更应该关注教育的民主诉求，注重人际交往与合作及良好的情感培养，使教育符合人文主义精神的原则。然而，由于所处的时代和坚守的信念不同，大众的教育观很容易产生偏离，要么侧重人文教育，要么侧重科学发展。20世纪80年代以来，随着科学技术的极大发展，人类的知识获取量急剧增加，在这种"科技至上"和"知识万能"的背景下，强调知识教育的同时发展人文教育尤为重要。学校教育要加强学生情感培养，注重生活教育，关注人性自由与尊严，这既是时代发展的要求，也是教育规律的客观反映。

自从国家教委1992年颁布《九年义务教育全日制小学、初级中学课程计划（试行）》开始，我国就将活动课程正式纳入国家课程计划，随后活动课程研究成为教育改革的一个热点领域。从现阶段关于活动课程研究的主要内容看，活动课程的人文主义精神是学者研究的核心，主要表现为：把学生从沉重的学习负担中解放出来，使学生好学、乐学，成为学习活动的主人，使学生各方面素质获得全面提高。在具体措施制定研究方面，开展各种丰富多彩的课外活动，丰富学生的学习生活，在课堂教学中关注学生创造思维的培养，学校教育积极倡导"快乐教育"、"素质教育"和"人文教育"等。从活动课程研究的发展趋势来看，活动课程教育理论与实践相结合的问题是人们关注的焦点。20世纪90年代以来，我国活动课程教育理论研究经历了教育过程中主客体关系的讨论、活动与认知关系的讨论、活动课程的系统建构以及活动课程实施的实验探索等几个发展阶段。可以说我国学者关于活动课程的研究，无论是在理论研究方面，还是在实践探索领域都取得了一定的研究成果。

随着人们对我国现代基础教育中出现的种种问题的深入思考，主体活动教育思想作为促进学生发展的重要教育理论，成为教育工作者和研究者越来越关注的主题。孙喜婷教授在研究教育的功能问题时，强调在教育中把受教育者作为主体来看待；陈佑清博士的《教育活动论》提出了"活动是主体发展的根本机制"的重要研究结论。最近十几年，出现了由大学专家带领的课题组与我国中小学联合进行的活动课程研究，其中比较有代表性的是北京师范大学裴娣娜教授主持的"少年儿童主体性发展实验研究"。课题组在北京海淀区中小学进行活动课程实验研究与推广，取得了较大的成功，提出了主体教育在中小学开展的必要性与迫切性，并在不同的学科中推广了一系列活动教育模式。2013~2017年，由哈尔滨师范大学俄语教育研究中心赵秋野教授发起并主持的国家级精品课"中学俄语课程标准与教学设计"，以崭新的理念对活动课程的开发与实施进行了系统的研究，研究结论为进行俄语活动课程设计提供了有力的指导。但是也应该看到，在研究取得一定成绩的同时，我国活动课程的基础理论研究和教育实践探索方面仍然存在薄弱之处，还有许多问题尚未得到真正解决，这在某种程度上也影响了我国活动课程研究的发展和教育实践改革的深化。

（四）当代学者关于言语活动理论的研究

俄罗斯言语活动理论自创建以来，以其独特的哲学指导思想、研究方法、理论体系和所关注的研究对象区别于西方心理学，为世界心理语言学的发展做出了巨大贡献。著名心理学家列昂捷夫（Леонтьев А.А.）创建的"言语活动理论"是俄罗斯心理语言学的核心理论之一，不断完善的言语活动理论不仅丰富了俄罗斯心理语言学的理论体系，而且将在今后一个相当长的阶段内继续引领俄罗斯心理语言学的发展方向。在我国，目前进行言语活动理论研究的多为来自俄语教育界的专家学者，较早开始研究的是黑龙江大学的俄语教育理论专家——俞约法教授以及他的学生们。在他的《言语活动论初探》《言语活动论概观——苏联学派心理语言学纵横》等文章中对俄罗斯言语活动理论与西方心理语言学之间的关系进行了阐述，并明确指出言语活动理论作为俄语教学的基础理论，在今后一段时间内将继续指导我国的俄语教育理论与实践。在随后的研究中，赵秋野、赵爱国、许高渝以及贾旭杰等学者分别从俄罗斯心理语言学的发展、语言与意识、语言与文化以及语言意识核心词等角度进行了较多的研究，为我国俄语教育事业的发展做出了很大的贡献。

最近几年，研究规模较大的当属东北师范大学外国语学院高凤兰教授带领的研究团队。高凤兰教授带领她的博士生对俄罗斯言语活动理论以及言语活动理论指导下的俄语教学实践应用，进行了比较集中的研究。研究团队在2008~2012年完成了教育部人文社科项目"俄罗斯心理语言学——列昂捷夫'言语活动'理论与实践研究"的全部研究工作，并在国内高水平期刊先后发表了《论维果茨基心理语言学研究的哲学观》《波铁布尼亚的语言哲学观》《论俄罗斯心理语言学的言语活动观》等论文。研究团队从维果茨基的思维与言语的关系出发，分析和研究了言语活动的结构过程，以及言语活动的研究方法等问题，研究内容涉及言语与思维、内部语言与外部言语的发展、单位分析方法、科学概念的掌握以及言语个性等俄罗斯言语活动理论各方面和各领域的理论与实践探索，为俄罗斯心理语言学——列昂捷夫言语活动理论的深入研究奠定了坚实的基础。

当然，言语活动理论的研究一定要为教学实践服务，因此这一阶段研究的另一个突出特点就是言语活动理论与俄语教学实践的紧密联系。高凤兰教授在其著作《俄罗斯心理语言学——A.A.列昂季耶夫言语活动理论研究》中具体分析了维果茨基、波铁布尼亚、博杜恩·德·库尔特内的理论观点，使读者对言语活动理论有更深刻的认识和了解，并在此基础上指出了言语活动理论对我国俄语教学的教学内容选择、教学原则确立以及教学方法使用等方面的作用与意义,并把列昂捷夫关于言语活动理论的系统研究引进我国俄语教育的实践应用领域。随着当今社会的快速发展,人们对外语人才提出了越来越高的要求,这使外语教育工作者在不断反思我国外语教学的同时,对教学本质有了更加理性的思考。由此可见,外语教学不仅要从单一教学理论及方法中走出来,还应该站在多学科、交叉学科的综合理论高度来重新审视自身的内涵。这样,对俄罗斯心理语言学——言语活动理论的研究不仅可以加快我国学者对俄罗斯心理语言学的全面了解,而且也能促进俄罗斯心理语言学与西方心理语言学理论观点更快地融合,从而更加有效地指导我国的外语教学。可以说,对俄罗斯言语活动理论的研究是外语教学与研究的一个必然发展结果。我国学者对俄罗斯活动理论的研究虽然起步较晚,但在多个领域获得了丰硕的研究成果,不仅加快了我国学界对俄罗斯心理语言学的认知,也为后续的应用研究奠定了扎实的理论基础。

四 各国或地区外语学习目标的参考框架

20世纪90年代以来,随着全球化和信息化的迅猛发展,外语在各国人民交往、文明交流中的作用越来越明显。一些教育发达国家相继制定了新的基础教育外语课程标准,在基础教育外语课程与教学的认知及青少年的培养理念等方面发生了很大变化,颁布了一系列相关政策法规,致力于改革和发展基础教育外语课程与教学,这些外语课程改革成果为我国基础教育外语课程改革与发展提供了可借鉴的宝贵经验。

(一)欧洲的《欧洲语言共同参考框架》

为了适应欧洲一体化进程,欧洲理事会在2001年11月出台了《欧洲语言共同参考框架:学习、教学、评估》(The Common European Framework of Reference Learning, Teaching, Assessment, CEFR)。CEFR是一套较为成熟的外语评价标准,为欧洲各国在外语学习、教学以及考试评价等方面提供了基准,对听、读、写、连续的口头表达与对话能力五项技能进行分级界定。[①] 在该外语评价标准的制定过程中，专家在不同国家进行了广泛的研究，经过多年的研究和实践，CEFR 的评测结果大致分为基础使用者 (A)、独立使用者 (B)、熟练使用者 (C) 三个程度，共有六个等级。根据 CEFR 体系的标准，外语学习者可以清晰地了解自己的能力水平。CEFR 还可以用来评估语言学习者所学语言的成就，为教育机构提供参考标准。CEFR 受到欧洲多国政府、企业及学术机构的认可，对世界各国外语教育教学影响深远。

CEFR 提出了外语教学的共同目标，为欧洲各国制定本国外语教学具体目标和评价准则提供了可参照标准。其中，关于语言政策和语言标准的规定体现了欧洲现代语言教学及语言学习的新理念。CEFR 从三个方面为语言教学和语言学习指明了方向：夯实学生的语言能力，使学生熟悉语言使用的规则；培养学生的社会语言能力，使学生能恰当地融入语言环境；努力提高学生的语用能力，确保学生语言交际能力的获得。

CEFR 强调"以行动为导向"的外语教育理念，这虽然谈不上是实质的创新，但对现有的外语教学理论进行了总结、整理和选择性地吸收，是现代外语活动教育理念的集中反映。为了培养和提升学生在社会语境下使用外语完成任务的能力，CEFR 主张以"活动教学"为基本理念，将形式多样的真实活动融入外语教学。学生在完成各个设定的"任务"时，既需要掌握一定的语言素材，也需要调动以往已经拥有的语言经验和知识。启发学生积极思考，鼓励学生发展有效学习能力，在做好语言表达的同时，完成规定的任务。反观我国 2022 年之前的外语教育课程标准和教学大纲，在参数及指标的描述上则简略得多，甚至缺少清晰的外语教学理念。

CEFR 的核心内容横向维度包括语言交际活动、交际策略、交际语言能力三个范畴，是对交际语言能力和外语教学理念的阐述，是欧盟语言教育与评估的共同基础，已成为该地区语言教学最有影响力的指导文

[①] 孙娟、蒲志鸿：《〈欧洲语言共同参考框架：学习、教学、评估〉（扩展版）的解读及借鉴意义分析》，《外国教育研究前沿》2021 年第 2 期。

件。① 众所周知，语言学习活动与交际应用密不可分，外语学习活动的开展多是出于语言使用者应该完成的语言学习任务。语言使用者和学习者首先属于社会成员，所以语言学习者要根据社会各类情境需要，设定具体的环境条件，不断完成语言学习任务。与此相应的是，学习者完成语言学习任务不仅需要具备扎实的语言能力，还要具备良好的交际能力以及跨文化意识等。

（二）美国的《21世纪外语学习标准》

在20世纪末，为适应新时期的要求，美国基础教育开始了大规模的改革，国家高度重视作为基础教育主要学科的外语教育，于1996年颁布了国家外语课程标准——《21世纪外语学习标准》，并于1999年进行了重新修订，这个标准就是人们习惯上所说的"5C"标准。"沟通"（Communication）包括语言沟通、理解诠释、表达演示；"文化"（Cultures）包括文化习俗、文化产物；"贯连"（Connections）包括触类旁通、博闻广见；"比较"（Comparisons）包括比较语文、比较文化；"社区"（Communities）包括学以致用、学无止境。五大目标彼此交叉，相互促进，不可分离，形成了一股合力以共同推进学生语言水平和学习能力的不断提高。② "5C"标准的提出很快在外语教学领域达成了共识，随着基于标准的课程开发、教学、评估和促进教师发展等工作的进一步开展与深化，标准至今已经历了三次修订，最新版为2015年出版的《面向世界的语言学习标准》。"5C"标准以培养交际能力为核心，强调语言教学要突出文化因素，因为理解不同的文化背景可以促进学生对其他国家文化的理解与尊重，同时对不同文化的比较可以减少语言交流过程中的各种冲突。新版标准还对主体内容进行了大幅调整与细化，主张从言语"四项技能"转向人与人交往的"三种模式"，即人际模式（interpersonal mode）、诠释模式（interpretation mode）、表达模式（presentational mode）。人际模式关注的是口语交际与书面交际的

---

① 孙娟、蒲志鸿：《〈欧洲语言共同参考框架：学习、教学、评估〉（扩展版）的解读及借鉴意义分析》，《外国教育研究前沿》2021年第2期。
② 周文娟：《从美国"5C"外语目标看我国大学英语教学》，《山东外语教学》2002年第5期。

互动；诠释模式强调通过听、读和看等方式接收信息，关注的是吸收、理解信息；表达模式关注说、写和展示，强调信息的输出。由此可见，"5C"标准中交际模式的设立能够确保外语教学活动设计中交际活动的目的性、场景的真实性以及语言材料的纯正性。美国的《21世纪外语学习标准》对各国外语教育课程的教学与评估均产生了重要的影响，它强调交际沟通是外语学习的最高目标，要求学生的外语交际能力达到参与对话、获取和提供信息以及交流思想和情感的程度。由美国教育机构及多个外语教学协会共同制定的《21世纪外语学习标准》是目前美国衡量外语教学是否成功时非常权威的准则。标准要求外语教学要充分发挥学生的主体作用，充分利用多媒体技术辅助教学，重视运用学习策略。

（三）俄罗斯的"通用学习行为"培养计划

作为基础教育阶段学校主要教育目标之一，通用学习行为培养（Универсальные учебные действия）是俄罗斯个体发展指向的基础教育范式的一个突出特征。按照俄罗斯当代著名教育家费多托娃(Федотова A. B.)的观点，通用学习行为是一种具有概括性和普遍性的行为能力，简单地说，就是通过训练的方式教会儿童如何学习，并使它成为一种习惯和能力，以促使个体通过自觉掌握社会经验来实现自我完善。"通用学习行为"培养计划是2009年10月在俄罗斯基础教育"联邦国家课程标准"中被确定下来的教育思想和指导方针。根据该课程标准的要求，外语通用学习行为培养包括学生个性品质、自我调控、认知活动、交际能力等多个方面的内容。通用学习行为习惯是一种稳定的、自动化的学习行为方式，培养良好的学习行为习惯是学生取得全面发展的前提和保障。俄罗斯基础教育"通用学习行为"培养计划的提出，在一定意义上确立了活动教育的基本理念，只有在教学过程中系统实施学习活动，才能保证良好学习行为的养成。同时让学生认识到，学习外语知识不单单是要掌握基础的语法和单词，还要学会如何在实际中灵活运用和体现语言本身的价值。因此，在俄语教学过程中要不断强调学习语言知识和技能的实践价值取向，树立语言知识生活化的理念，使学生能通过身边诸多的情景感受，体会到语法和单词的真切存在，为学习活动指明方向并使其不断向生活化延伸。

（四）日本的"现代外语学习新目标"

日本的"现代外语学习新目标"包括两个层次：学力目标和人格目标。具体分为四个方面：第一，通过语言的学习活动，学习和掌握语言中不可缺少的基本言语技能；第二，为了掌握言语技能，要拥有必要的语言系统性知识；第三，提高对语言作品的理解力和表现力；第四，为了顺利实现前三个方面的学力目标，学生的兴趣、态度和思考能力要得到充分培养和关注，从而形成健康的人格。从上述日本外语四个方面的学习目标之间的关系来看，第一个目标即技能学习目标，必须以熟练掌握语言内容为基础，而且只有实现了第一个目标，才可以去实现第二个和第三个目标。第四个目标是定向维持目标，倡导外语教育要关注学生的兴趣、需要、爱好以及态度等因素。实际上，第四个目标中情感与积极态度的培养在日本近些年的基础外语教育中越来越受到重视。日本"现代外语学习新目标"的制定给外语教育带来很大的启示：新时期各国外语能力标准中明确体现"以行动为导向"和"培养综合语言素质"的教学理念，也就是培养学生运用多种语言进行跨文化交际的能力，同时让学生在多元化的语言、文化环境中进一步提升该能力。与此同时，发展个体的内在素质也是教育者不容忽视的重要方面。如果过分强调语言知识和语言技能的掌握，而忽视学习者内在素质的提高，那么最终所达到的还是语言学习的外部目标，且仅限于应用层面。

（五）中国的《义务教育俄语课程标准》

实践是语言学习的主要特征，言语实践要贯穿俄语学习的整个过程。《义务教育俄语课程标准（2022年版）》（以下简称《2022版课标》）坚持核心素养导向，凸显义务教育阶段课程发展的时代性特征。加强课程的综合性、实践性，促进人才培养方式变革。突出对学科思维方法的领悟，重视探究式学习，加强"做中学""用中学"。以学生为本、能力为重，重视对学生学习能力、实践能力和创新能力的培养，重视俄语学习的实践性和应用性，培养学生自主学习能力。在课程结构设计中规定了跨学科实践活动的课程内容。明确了从发展学生核心素养出发，围绕主题创设真实情境、开展活动教学的课程实施建议，以激发学生的学习兴趣。

《2022版课标》更加重视课程实施的过程和教学方法的改革，将目标定位于培养学生适应信息时代个人和社会发展的正确价值观、必备品格和关键能力，强调从学生的经验出发，使教学内容和教学方式符合学生身心发展规律。该课标进一步强调培养学生实践能力的重要意义，为实现这个培养目标，俄语课程设计必须贴近现实生活，课程内容要反映和体现时代特征，引领学生关注并走进现实世界，培养学生面对真实情境解决现实问题的能力。通过学生之间或师生之间的共同活动，使学生逐步掌握俄语知识和技能，同时在俄语学习实践中发展思维、开阔国际视野和提高人文素养。《2022版课标》积极倡导开展活动教学，鼓励实际应用。强调突出学生主体，重视学习过程，充分体现了现代基础教育课程发展的基本理念。课程设计与实施有利于激发学生俄语学习的动机，提高学生俄语学习的兴趣，同时促进其养成良好的学习习惯，帮助其形成有效的学习策略。

综上所述，从各国外语学习目标来看，虽然不同国家基础教育外语学习的目标各不相同，但是总体的外语学习宗旨是一致的，即强调"语言的实际运用能力"，也就是说，人们不约而同地把"语言的实际运用能力"视为外语学习的最终目标。与此同时，随着人文主义教育思想研究的不断深入，外语教育研究越来越关注学生的情感、态度、动机以及价值观等因素对学习效果的影响，也就是说，外语学习成功与否在很大程度上依赖学习者的情感态度以及他们所运用的学习方式和策略。尽管教育领域的各种"活动课程"具有不同背景和来源，但是这些"活动"的背后都有一些共同的理念：关注学生主体的发展，教育要以学生的"活动"和"经验"为中心，外语课堂不再是单纯的接受式学习。

在我国，由于人们的思想观念长期受到传统教育观的影响，活动课程方面的研究仍然处于起步阶段，还有很多领域的研究需要完善。具体来说，表现在以下几个方面。第一，活动课程的基础理论研究薄弱。基础理论研究的不足是教育实践环节缺少系统理论作为参考的主要原因。长期以来，我国学者在活动教育研究领域过多重视理论批判，缺少实质性的基础理论建构。教育问题十分复杂，在寻求理论帮助的同时应该更多地关注如何解决问题。理论基础是解决问题的关键，从理论中找到解决问题的途径，是进行理论研究的关键所在。在这一方面，俄罗斯言语活动理论为我国活动课程研究开辟了新的视角。第二，基础教育研究中缺少活动课程的可操作性研究。从目前的研究成果中可以看出，活动课程的研究领域多集中在论证活动课程的可行性和必要性上，关于活动课程的可操作性研究却很少有人涉及。为了在中学俄语活动课程的应用研究上有突破性的进展，实现活动课程的价值，探索一条适合中学生俄语学习的活动课程实施路径是十分必要的。第三，活动课程研究方法严重滞后。科学的研究方法是研究获得成功的关键和保障，落后的研究方法是科学研究发展进步的巨大阻碍。现代教育中课程研究更多地要求研究者深入被研究的对象之中，进行长期有效的观察研究，才能从中发现问题。为了甄别教育中一些不真实的现象，要求研究者运用比较科学的研究方法去研究实际的教育问题。这才是现代教育急需的有效研究，而不是那些急功近利、坐井观天式的空谈和不切实际的理论堆积。所以说，教育要发展，就要回到真正的教育实践研究上来。第四，活动课程实施的保障制度和体系建构的研究欠缺。对俄语活动课程的本质理解有所偏颇、对活动课程研究价值认识不足以及课程活动类型过于单一等都是制约我国俄语活动课程发展的主要因素。同时，活动课程实施的保障制度和体系不健全也是俄语活动课程开发与实践的主要制约因素。总之，活动课程在我国是一门新兴的课程，许多理论和实践研究都处于起步阶段。对中学俄语活动课程的研究有利于从活动的视角去建构新的现代化外语课程基础理论和实践操作体系。

我国基础教育外语课程建设和发展不仅与国内社会、政治、经济、科技、文化、教育等方面的发展密切相关，而且离不开国际社会和世界教育发展的大环境。不同国家及地区在外语课程标准建设中的共性与个性值得我国学者进行深入研究和比较分析。海纳百川，开阔视野，借鉴国际经验，规避国际问题，才能提升我国基础教育外语课程建设的有效性和科学性。

第二章 俄语活动课程的理论基础

尽管活动课程理论的提出为时不久,但它的产生有着深刻的历史渊源和理论基础。早期哲学领域中关于活动教育思想的研究,主要从认识的发生问题以及知识的产生途径两个方面进行分析,而在近代哲学领域关于活动教育的研究真正完成观念变革的是马克思主义,其中辩证唯物主义的实践认识论为活动课程的研究奠定了方法论基础。建构主义的学习理论对外语学习的最主要贡献在于它强调了学习者在社会层面和个体层面进行创造性学习的重要意义。人文主义教育思想所倡导的和谐教育和发展性教育理念符合现代教育的主要发展趋势,与俄罗斯言语活动理论所倡导的精神实质一致,是活动课程研究和设计的指导思想与核心理念。本章将从辩证唯物主义的实践认识论出发,分析活动课程的历史渊源和理论基础,旨在更好地指导中学俄语活动课程的实践应用研究。

一 哲学认识论思想基础

活动理论从其产生到不断完善发展的过程中,在很长一段时间里对研究学习者的心理过程与心理规律提供了系统的理论和实践上的指导。从表面看,活动是一个极其直观、简单的过程,而实际却非如此。为了更好地探究这个问题,本章对活动理论进行了分析与还原。早在现代科学心理学诞生之前,人类活动现象就已经受到哲学家的关注,许多人类认识与活动规律就已被概括出来。哲学、心理学、教育学和语言学关于人类认知及学习的探索与研究成果,加深了人们对外语学习的认识和理解,同时也促进了现代中学俄语活动课程的研究发展。

第二章
俄语活动课程的理论基础

（一）早期认识论哲学思想

人们很早就开始关注认识的发生问题，古代学者关于认识的哲学思想对现代人的学习以及学习理论的产生与发展有着深刻的影响。古希腊唯物主义思想家赫拉克利特曾经提出了"认识只能依赖人的感官"的观点，他同时区分了感觉和思想这两种认识的基本形式，总结出"感觉分辨事物，思想把握真理"的著名观点。[①] 自然主义思想家亚里士多德同样十分重视感觉和经验在认识中的作用，他强调，"在感觉的基础上获得记忆，心灵中的所有事物都是通过感官得来的"。早期的哲学认识论十分强调感觉在人的认识过程中的重要作用，正是由于古代希腊哲学思想的影响，官能主义心理学产生并发展起来。官能主义心理学认为人的心智由思维、意识、记忆、推理、情感、注意等一系列官能组成，儿童只有通过特定的训练才可以使各项官能得到发展。早期的学校教育深受"认识只能依赖人的感官"等哲学思想以及官能主义心理学的影响，主张把发展学生的"心智"和训练学生的"官能"作为教育的全部内容。官能主义心理学由于理论与观念的偏颇备受现代学校教育的批判和指责，然而源于官能主义心理学的外语学习理论——迁移理论（Теория переноса）直到现在仍对俄语学习具有重要的指导意义。大量的迁移发生在学习者俄语言语技能的获得过程中，迁移理论不仅强调知识与技能的迁移，学习者的母语语言规则对俄语学习的影响和作用也是学者不断深入研究的重要内容。这与现代学校教育所提倡的通用课程学习的教育思想是一致的。随着认知科学的不断发展，对学习迁移问题的研究开始步入了更加广阔的领域，根据迁移理论，儿童认知结构的不断完善和迁移状况决定了其心理结构和智力结构的发展水平。亚里士多德的自然主义思想强调感觉和经验在人的认识中具有重要作用，后来经过英国哲学家洛克、贝克莱、休谟和穆勒等的发展形成了哲学史上的经验主义（Эмпиризм）。经验主义强调个别感觉经验在认识中的基础地位，认为只有经验才能给人提供世界的真实图景。

---

① 李为善、刘奔主编《主体性和哲学基本问题》，中央文献出版社，2002，第29~31页。

（二）辩证唯物主义的实践认识论

教育的本质是一种特殊的实践活动，作为一种有目的、有计划和有组织的培养人的活动，其基本功能是把人类积累的生产斗争经验和社会生活经验转化为受教育者的智慧、才能和品德，使他们的身心都得以发展，成为社会的主体。哲学范畴上对人的主体内涵的规定，决定了活动的主体性价值通过认识活动和实践活动来实现。根据辩证唯物主义的实践认识论，人只有在对象性的活动中才能获得自身的经验。人的实践活动是多种多样的，但是这些实践活动又具有一些共同的基本特性：对象性、主体性和中介性。就人的实践活动的对象性而言，人的活动是受动的或被动的，但是这种被动又不是绝对的、消极的，这就涉及人的实践活动的主体性问题。人的实践活动的主体性体现在人能够按照自己的需要，在遵循外部世界对象性的前提下，在实践活动中通过设定目标获得成功。

辩证唯物主义的实践认识论不仅指出了人的主体性发展的实践活动源泉，还明确区分了人的认识的经验层次和理性层次，科学地指出了人类的认识过程。人类的认识过程，从一定意义上讲，就是由经验认识不断发展到理性认识的过程。西方古典哲学家从哲学的角度对认识的问题做了大量的研究，虽然他们的研究受历史发展的局限，思想比较片面，但他们提出的问题对后人有极大的启发性。根据辩证唯物主义实践认识论的基本观点：感性认识和理性认识是人类认识过程中的两个方面及必要环节。在实践基础上产生和发展起来的人的认识，经历了由实践到认识，再由认识到实践的过程。作为认识过程中的两个方面，感性认识和理性认识是相互渗透、互为补充的。只有感觉到了的东西，才能真正地理解它，反之，只有理解了的东西，才能深刻地去感觉它。

辩证唯物主义的实践认识论从科学的角度阐释了人类的认识过程，为研究学生的外语学习过程奠定了坚实的哲学方法论基础。其中，辩证统一和相互作用论是进行中学俄语活动课程研究的重要指南与立足点。辩证唯物主义的相互作用论是哲学领域的核心理论和重要研究对象，根据相互作用论，无论是经验主义还是理性主义，都不能揭示认识的本质。经验主义坚持认识始于感性经验，但却忽视了理性认识的本质与科学抽象的重要意义；而感性认识只能提供个别的和偶然的知识经验。辩证唯物主义的相互作用论还强调，感性认识和理性认识是人类认识过程中的两个方面和必要环节，在实践基础上产生和发展起来的人的认识，经历着由实践到认识，再由认识到实践的过程。① 作为认识过程的两个方面，感性认识和理性认识是相互作用、相互渗透、互为补充的，而且在一定条件下还可以互相转化，也就是说，只有被感觉到的东西，人们才能真正地理解它。因此，任何把感性认识和理性认识分裂开来的观点都违背了马克思主义认识论的实践观。在人类的认识过程中，感知是理论认识的前提和起点，没有经验和直观，任何科学抽象都是不可能的。

二　建构主义学习理论基础

建构主义是一种关于人的认知与学习的理论，建构主义学习理论强调学习者的主动性，认为学习是学习者基于原有的知识经验主动建构理解的过程，而这一建构过程常常是在社会文化环境中通过实践活动完成的。建构主义学习理论的提出有着深刻的哲学思想渊源，它与传统教学理论和教学思想有着鲜明的差异，对于中学俄语活动课程设计具有十分重要的指导价值。关于建构主义哲学思想渊源，以及建构主义学习理论对俄语学习的指导意义，本节将从以下几个方面进行阐述。

（一）康德建构主义的批判哲学

关于建构主义哲学思想的来源问题，一般来说，最早可追溯至德国古典哲学家康德。自古希腊以来，很多哲学家的思想中普遍存在一种崇尚理性的倾向，后来发展为以理性为基础的自觉意义上的知识论派别，这在哲学史上是一个极为重要和引人注目的现象。而同样重要的、与唯

---

① Степанова Е. Н. Личностно-ориентированный подход в работе педагога: разработка и использование. М.: Творческий Центр Сфера, 2010, с.128-131.

理论相对立的另一个知识论学派——经验论，无疑也有着一定的合理性，尤其是对感觉在知识中的基础地位的论证。康德建构主义的批判哲学明确区分了理性主义与感性主义，他在唯理论和经验论的矛盾中探索彼此之间的联系与融合，并在此基础上对认识的起源以及理性主义和经验主义之间的关系，进行了对立统一的辩证阐释，提出了人的认识过程是先验的理性知识和后天的实践经验共同作用的结果。康德关于唯理论与经验论之间对立统一的辩证关系的论述，可以算得上建构主义哲学的开端，而在随后的建构主义认识论哲学的研究中关于实践活动的阐述，对活动课程的研究具有十分重要的指导意义。康德对建构主义哲学的突出贡献是他创建了以主体能动性为中心的批判哲学，提出了认识活动中人的感性发挥着重要作用的观点。[1] 康德关于理性主义和经验主义之间相互关系的辩证思想，以其独特的方法论阐述了认识的发生和发展问题，为后来的学者进行建构主义理论的研究提供了一种具有开拓性的探究方法。此外，建构主义的方法论思想在近现代还受到了许多哲学家的影响，例如，20 世纪英国著名哲学家波普尔（Karl Popper）在他的《科学发现的逻辑》(*The Logic of Scientific Discovery*) 一书中写道："传统的科研方法——从收集的数据中归纳出事实并提升至理论的做法是容易犯错误的，科学认识的推进不是通过验证假设，而是通过否定假设实现的。"美国著名哲学家托马斯·库恩（Thomas Kuhn）在他的著作《科学革命的结构》(*The Structure of Scientific Revolutions*) 中提出了科学发展的新范式，在他看来，科学发展不是逐渐积累所谓正确的事实就可以实现的，而是以连续的科学方式推进的。

综上，以康德为代表的建构主义哲学家的思想观点正是现代建构主义基本观点的最初形态，他们不约而同地强调历史和人的因素在科学发展中的重要作用。与建构主义哲学思想相适应的建构主义外语学习理论强调：学生是知识的主动建构者，教师是教学过程的组织者和指导者，教材所提供的知识不再只是教师传授的内容，教师的作用是利用情境、

---

[1] 罗从志：《论康德批判哲学中的主体性思想》，《湘潭大学社会科学学报》（哲学社会科学版）1998 年第 3 期。

合作与互动等活动要素充分发挥学生的主动性、积极性和创新精神,使学生通过活动有效地实现对所学知识的主动建构。

(二)皮亚杰的个体建构主义思想

瑞士杰出心理学家皮亚杰的认识发生论从生物学观点出发,揭示了思维的本质,他认为,儿童思维是在主体对客体适应的过程中形成的。儿童思维的形成与发展既不是先天的成熟,也不是后天的经验,儿童的知识结构决定着其智力的发展水平。主体正是在内部结构的基础上,在与客体的相互作用中认识客体的。皮亚杰承认儿童内部知识结构的动态发展性,但是这种发展只能在儿童有目的的活动中才能实现。在他看来,"知识的来源既非客体,也非主体,而是客体与主体之间的相互作用"。皮亚杰认为,主体的活动是认识发生和发展的逻辑起点。皮亚杰第一次从发生认识论的角度说明了活动的重要性,而且确定了活动过程中主体与客体的相互作用促进主体认知结构不断发展的特征。

皮亚杰把儿童心理结构特征称为"图式",儿童心理的发展就是其动作图式不断完善的过程。图式是皮亚杰发生认识论的核心概念,在他看来,图式最初是先天遗传的,以后在适应环境的过程中,图式不断改变和丰富起来,也就是说,低级的动作图式经过同化、顺应、平衡,不断发展出新的图式。①皮亚杰在图式理论中分析了同化与顺应的相互关系,他认为,同化只是数量上的变化,不能引起图式的改变和创新;而顺应则是质量上的变化,其作用是创立新图式或调整原有图式;平衡是同化和顺应两种机能的平衡,是新的、暂时的平衡,并不是绝对的静止和终结,而是某一水平的平衡成为另一较高水平平衡运动的开始,不断发展的平衡状态就是儿童整个心理的发展过程。在儿童发展阶段的理论方面,皮亚杰的主体活动心理发展理论为活动课程的开发研究提供了很好的理论支撑。儿童和青少年的心理发展是一个内在结构不断发展的连续过程,由于各阶段发展因素的相互作用,儿童和青少年的心理发展呈

---

① R.M.加涅:《学习的条件和教学论》,华东师范大学出版社,1999,第89~90页。

现阶段性的特征。中学俄语活动课程的设计与研究正是根据儿童与青少年心理发展的这一特征，采用活动的形式，鼓励他们充分参与学习活动。中学俄语活动课程的系统活动观是进行本项研究的方法论原则。由于儿童和青少年心理发展具有从高到低的阶段性特征，所以在研究中学俄语活动课程时要考虑课程设置的完整性和系统性，做好各个阶段的衔接，让每一次活动的结果成为下一次活动的开始。

（三）维果茨基的社会建构主义理论

维果茨基关于人的心理发展和社会历史文化因素的研究，对建构主义学习理论的发展起到了非常重要的推动作用，他的研究强调了个体心理发展的历史文化背景。维果茨基提出，学习是人所特有的高级心理结构和机能，这种结构和机能不是从内部自发产生的，而是产生于人们的协同活动和人与人的交往之中，所以其与个体知识的建构过程、个体心理机能的发展以及社会文化－历史环境是不能分开的。维果茨基把知识与学习看作外部环境与主体相互作用的结果，他十分强调社会活动和文化情境在学习中的重要作用。建构主义理论的另一杰出代表皮亚杰的发生认识论，则从个体层面研究认识结构发生和发展的过程。皮亚杰的认知发展理论高度重视儿童的主动性，他特别强调儿童智力结构中自发的发展，儿童智力发展的起因为主客体之间的相互作用，而"儿童与其环境之间反复相互作用的这种循环，要靠儿童自己作为自身发展的主要动力"，儿童内部的知识是通过他的心理体系与周围环境之间不断的相互作用而构建的，即通过环境的刺激进行连续不断的同化和顺应，在不断发展的平衡过程中形成和发展自己的认知结构。[①] 维果茨基的发展观更加强调个体心理机能的发展离不开个体知识结构与社会文化环境的相互作用，这与皮亚杰的发生认识论有很大的差异。作为对行为主义和认知主义的进一步发展，建构主义学习理论关注学习者的主动性和文化性。个人建构主义向社会建构主义的转化是当代建构主义思想的发展趋势，符合辩证唯物主义哲学中关于人类认知发展的一般规律。

---

① 卢濬选译《皮亚杰教育论著选》，人民教育出版社，2015，第28~29页。

根据建构主义学习理论，俄语学习是学习者主动建构内部心理结构的过程，俄语知识与规则的形成是学习者内在建构的结果。学习者以社会和文化为中介，通过与他人的直接交互作用来建构自己的外语知识结构。建构主义学习理论的发展促使学者从关注俄语学习任务转向对人类认知心理过程的研究，并进一步深化为研究俄语学习者在一定社会历史环境中的认知心理过程。建构主义学习理论对俄语学习的最主要贡献在于它强调了学习者在社会层面和个体层面进行创造性学习的重要意义。每个俄语学习者都必须在原有经验以及语言知识与规则的基础上，以独特的方式建构自己的知识结构。活动理论强调在学习过程中儿童参与实践活动的重要性，人的心理结构与机能只能产生于人们之间的协同活动以及人与人的交往之中。俄语学习亦是如此，俄语学习行为是一个完整的认识过程，从语言的声音、词形等感性认识到语言的语法规则等理性认识，同时又以理性认识的形式反过来指导新的言语实践活动。而言语实践和语言理性认识每一次交互作用的结果都会促进俄语学习发展到更高一级的层次，这符合辩证唯物主义的认识论和方法论。俄语学习是一种特殊的认识过程，这是因为学生学习的俄语语言知识和经验多是在脱离客观语言环境基础上的间接经验，这一过程中所获得的知识经验必须在实践中才能得到充分的验证，才能完成内部言语向外部言语的转化，并反过来促进内部俄语知识结构的进一步积累和完善。坚持俄语学习中的活动性原则，把俄语知识与规则放在具体情境中，给学生回到事实本身的机会，这是现代中学俄语活动课程理论和实践研究必须遵循的前提。

三 人文主义教育理论基础

在人类历史发展过程中，不少哲学家、心理学家和教育家对教育活动的探索和研究做出了突出的贡献，这些研究成果增进了人们对学习活动的认识和理解。在长期的研究和探索中，由于出发点和研究方法的不同，研究者先后提出了不同的观点和理论，从不同角度、不同层面揭示了学习过程的本质和规律，为中学俄语活动课程的研究做出了非常有价值的贡献。人文主义教育理论在俄罗斯教育发展历史上占据重要的地位，其中尤其以苏霍姆林斯基为代表的人文主义教育学派最为有名，除此以外，教育家赞科夫的发展性教育理论以及达维多夫（Давыдов В.В.）、雅基曼斯卡雅（Якиманская И.С.）等的人性化教育思想，均深受俄罗斯活动理论的影响，他们的理论表述充分体现了现代人文主义教育的精神实质。

（一）和谐发展的教育理念

人文主义教育思想最早发源于欧洲文艺复兴时期。一些进步主义教育思想家从人性论出发，倡导以人为中心、以培养人的身心健康为宗旨的教育思想和教育实践，在近代教育史上具有重要的进步意义，其基本精神对今天的教育仍有着有益的启示。苏联伟大教育家苏霍姆林斯基提出的"个性和谐发展"教育思想一直是人文主义教育的经典理论。苏霍姆林斯基教育理论的核心是人文主义，他的教育信念是"相信每一个孩子"，他认为每个孩子身上都具有某些优秀的品质，教师要善于挖掘。[①] 苏霍姆林斯基的全部教育目标归纳起来，就是要培养人的和谐发展。关于"和谐发展"的定义，按照苏霍姆林斯基的理论，就是如何把人的认识活动的两种功能配合起来，使它们得到平衡的发展：一种功能是认识和理解客观世界，另一种功能就是人的自我表现，包括世界观、信念以及个性品质等在活动创作以及集体成员的相互关系中的表现。[②] 和谐教育就是发现蕴藏在每个人内心的财富，使每个人在他天赋所及的范围内最充分地表现自己。苏霍姆林斯基的论述充分体现了以学生为本的人文主义精神，他的和谐发展教育思想很值得学习。我国十几年来一直推行素质教育，而素质教育就是把提高每个孩子的素质作为教育目标。按照我国基础教育新课程标准要求，学生的素质包括身体心理素质、思想道德素养、科学文化素养以及创新和实践能力。各种素质中最重要的是人

[①] В. А. 苏霍姆林斯基：《给教师的建议》，周蕖等译，申强校，长江文艺出版社，2014，第60~62页。

[②] В. А. 苏霍姆林斯基：《给教师的建议》，周蕖等译，申强校，长江文艺出版社，2014，第60~62页。

的世界观和价值观等核心观念，青少年的个性和谐发展就是在世界观和价值观等核心观念的引领下，各种素质的全面化和最大化发展，这符合现代中学俄语活动教育的核心思想和理念。

（二）主体参与活动的教育思想

"主体参与活动"思想是苏霍姆林斯基教育思想体系的重要组成部分，主体参与活动是实现"把学生培养成和谐发展的人"这一教学任务的重要路径。① "主体参与活动"思想是苏霍姆林斯基人文主义教育思想的核心，也是其精华所在，充分反映了其教育理论的现代性。"活动"是苏霍姆林斯基全部教育理论和教育思想的根基，他认为人的发展离不开实践活动，离不开劳动活动。"实践出真知，活动出智慧，劳动出才能"，人的才能是在活动中得到发展的。学生个体在集体中的表现有被动型和主动型之分，苏霍姆林斯基主张在教育中教师要采取恰当的方式引导学生积极参与活动，反对那种让学生被动参与活动的，并且带有强制性的教育方式。苏霍姆林斯基的教育思想直到今天对学生教育仍然具有十分重要的意义，他的人文主义教育思想是进行中学俄语活动课程研究的重要参考。苏霍姆林斯基从学生主体性的角度认真剖析了教学中存在的不足，给教师提出了各种建议和意见。他的主体参与活动的教育思想，反映了他对教育价值的独特理解和深刻反思。他反对那些在课堂上一味地讲述自己要讲的内容，只向学生介绍和展示书本上的知识内容，根本不注意学生表现的行为。

（三）整体发展的教育思想

俄罗斯关于儿童整体发展的教育思想集中体现在维果茨基的"最近发展区"理论（Теория зоны ближайшего развития）和老一辈教育家赞科夫（Занков Л.В.）的"整体发展"（Целостное развитие）教育思想中。在儿童心智发展的问题上，西方自然主义教育发展观将这一发展过程理解为儿童对周围自然环境的适应，但维果茨基却持有不

---

① Степанова Е. Н. Личностно-ориентированный подход в работе педагога: разработка и использование. М. : Творческий Центр Сфера, 2010, с.128-131.

同观点，他认为，儿童心智发展是通过活动的形式对社会经验的积累，在这一过程中儿童的个体经验不断丰富和发展。维果茨基的发展性教育思想集中体现在他的"最近发展区"理论中，他指出，儿童在没有别人帮助时能独立完成的任务的复杂水平，构成了他的现实发展区，而在外界的帮助下通过模仿达到的解决问题的水平，就是他的最近发展区。维果茨基在论述发展与教育的关系时说过，不要使儿童的智力局限于传统理论所关注的第一种发展水平，而是要关注第二种发展水平，也就是在同他人的合作中形成的决定儿童未来发展的潜在能力水平。[①]维果茨基从儿童智力发展的层面指出了教育的发展方向：教育的目标不是只关注儿童的现有水平，而是要关注儿童潜在能力的发展。

苏联教育家赞科夫的整体发展教育思想在参考维果茨基"最近发展区"教育目标的前提下，从另一个侧面反映了教育内容的基本要求。他的整体发展教育观指向学生参与认知活动时表现出来的能力、心理、情绪以及个性品质的综合状态，为此，教师在学习过程中要注重培养学生强烈的认知兴趣和坚强的意志行为。[②]在认知方面，赞科夫认为兴趣是一种能激发思维的内部诱因，儿童有了需要才能积极地思考。由此可见，无论是维果茨基还是赞科夫的认知发展教育思想，都特别强调发展学生潜在能力的重要意义，认为在教学中应当注意培养学生的兴趣，并主张通过强化对认知活动的需要来调动学生的积极性。他们的教育理论体现了俄罗斯历史-文化学派通过活动方式进行教育的共同观点。此外，关于儿童青少年认知发展的理解，赞科夫还主张儿童的发展是整体意义上的发展，而这种发展一定是在与周围社会环境的相互作用下发生的。维果茨基和赞科夫关于儿童发展的整体性教育思想正是言语活动理论所倡导的主要理念之一，中学阶段青少年的俄语学习一定要在一个民主与快乐的课堂环境中进行，让学生充分发挥自己的天性特征，这对于提高他们参与俄语学习活动的主动性和积极性有着很大的作用。

---

① 王光荣：《文化的诠释——维果茨基学派心理学》，山东教育出版社，2009，第128~131、165页。
② 赞科夫：《教学论与生活》，耿丽萍译，长江文艺出版社，2017，第66~67页。

（四）个体发展指向的人性化教育理念

个体发展指向的人性化教育理念是俄罗斯现代基础教育的核心理念，俄罗斯基础教育中各层次的课程设置和课程实施都是建立在对此理念的深刻理解与研究的基础之上。俄罗斯著名心理学家、国际教育科学研究会成员雅基曼斯卡雅从20世纪80年代起就开始致力于俄罗斯基础教育个体发展指向的教学研究。雅基曼斯卡雅领导的研究小组第一个系统地研究了俄罗斯中小学以个体发展为中心的现代化教育体系的总体构想和实施方案，明确了现代学校教育"以活动促进学生发展"的基本目标和原则。此外，研究人员还用大量事实论证了学校外语教育过程中创设和组织有益的活动对于学生个体发展的重要意义，指出了俄罗斯现代基础教育要尊重教育科学的作用，教育要实现人的发展，适应儿童自我价值实现的需要，这一切都体现了俄罗斯现代基础教育的基本目标和价值追求。著名心理学家艾利康宁毕生从事活动教育领域的研究，从儿童发展阶段以及儿童游戏活动角度分析了教学过程中活动类型的设置。达维多夫的创新教育理念对俄罗斯当代个体发展指向教育体系的创建做出了卓越的贡献。他们的理论核心为：要确立以培养学生对竞争环境的适应性、开发学生潜能和激发学生自主创新精神为核心的基础教育最高目标，促进学生形成正确的动机，这些都是现代基础教育教学的必要组成部分。[1]

由此可见，人文主义教育思想所倡导的和谐教育以及整体发展教育理念符合现代教育的主要发展趋势，俄罗斯教育学家及心理学家的人文主义教育思想与言语活动理论所倡导的精神实质是一致的，是活动课程研究和设计的指导思想与核心理念。和谐教育思想、整体发展教育理念以及个体发展指向的现代基础教育范式，都主张教育要以学生的发展为中心，以学生主动参与学习活动为目标，实现开发学生潜能和激发学生自主创新精神的最高目标。

---

[1] Эльконин Д.Б. Психологическое развитие в детских возрастах. Институт практической психологии. Воронеж:НПО, Модек, 1995, с.69.

四 言语活动理论基础

俄罗斯心理语言学是目前世界上公认的最有影响力的心理语言学流派之一，在世界心理语言学的发展史上占有极其重要的地位。俄罗斯心理语言学中的重要理论——言语活动理论，以其独特的哲学思想和方法论视角，为俄语活动课程的研究提供了强有力的理论及实践支撑。俄罗斯著名心理学家列昂捷夫（Леонтьев А. А.）创建的"言语活动"理论作为组成部分之一，在该领域发挥着越来越重要的作用，可以说，不断完善的言语活动理论不仅丰富了俄罗斯心理语言学的理论体系，而且将在今后一个相当长的阶段内引领俄罗斯心理语言学的发展方向。在其形成之前，俄罗斯国内许多学科，特别是心理学、语言学和生理学等领域所取得的研究成果，都为言语活动理论的形成做了充分的准备，成为其发展的基础。俄罗斯言语活动理论自创建以来，以其独特的哲学指导思想、研究方法、术语系统和所关注的研究对象，区别于西方的心理语言学理论。

（一）言语活动的心理发展观

"活动"（деятельность）是俄罗斯心理学中的一个重要概念。在俄罗斯心理学中，"活动"始终被认为是"人同周围世界发生联系的基本形式，是联系主观世界和客观世界的桥梁"。[①] 最早把"活动"一词引入心理学领域的是俄罗斯著名心理学家鲁宾斯坦（Рубинштейн С.Л.），鲁宾斯坦十分关注活动在人的心理调节中的重要作用。他关于活动理论的核心思想：人的理性结构是在人的自主活动中建立起来的，人的心理发展正是活动的结果之一。[②] 俄罗斯活动心理学奠基者维果茨基的系列理论，为言语活动理论的建立打开了心理学的大门。维果茨基依据马克思主义哲学的实践认识论，从社会文化历史观出发，提出了社会与人、

[①] 王光荣：《文化的诠释——维果茨基学派心理学》，山东教育出版社，2009，第128~131、165页。

[②] Рубинштейн С. Л. Основы общей психологии 2-е изд. СПб：Питер，2002，с.573-575.

第二章
俄语活动课程的理论基础

社会性与个性、活动与意识之间相互作用和相互转化的观点。

第一，活动是动态发展的系统。根据维果茨基的高级心理机能理论，活动是具有共同确定结果指向性等一系列特征的复杂集合体，在这个集合体中包含着主体的某种需求，以及达到这一结果的外在实现过程和人的内在思维过程。维果茨基倡导用动态发展的辩证观点来看待人的实践活动、认识活动和交际活动，并依据这一思想提出了言语活动具有动机性、目的性、意识性、文化性以及可操作性等特征。维果茨基认为，活动不能在没有意识的情况下发生，意识也不能存在于活动之外。维果茨基特别强调人的思维活动中言语的重要意义，在《思维与言语》一书中对思维活动中言语的产生过程展开了研究。在维果茨基的理论中，言语活动被认为是一种人类社会确定的实践活动形式，他精确地论述了言语与思维相互依存、相互促进的关系。维果茨基还系统地阐述了活动在人的高级心理机能发展过程中的重要作用，从活动与意识、语言与思维、概念形成等角度深入研究了活动在人的言语形成过程中的运行机制，为后来以列昂捷夫为首的言语活动理论学者所进行的科学和系统的研究奠定了坚实的基础。

第二，活动是高级心理机能发展的重要因素。俄罗斯著名心理学家列昂捷夫在鲁宾斯坦和维果茨基等老一辈心理学家关于活动理论的探索的基础上，进一步系统地研究了"言语活动"（Речевая деятельность）理论。他在继承俄罗斯历史－文化学派理论的基础上，创建并完善了著名的言语活动理论，使之成为俄罗斯心理语言学的核心理论。经过几代心理学家的共同努力，"活动"这一概念已经发展为与认知心理学中的"认知"具有同等地位的概念。维果茨基的高级心理机能理论的核心观点：人的心理机能不是从人的心理内部自发产生的，它们只能产生于人的协同活动和交往活动之中。在集体活动和社会交往中，人的外部心理过程及其方式最先形成，紧接着外部心理过程被逐步改造成内部心理过程，即外部心理过程向内部心理过程转化。[1] 维果茨基关于高级心理机

---

[1] Степанова Е.Н. Личностно-ориентированный подход в работе педагога: разработка и использование.М.：Творческий Центр Сфера，2010，c.128-131.

能中活动与语言意识及思维发展之间关系的论述，给予活动课程的研究以很大的启发：在活动内化过程中，心理过程是作为促进个体内部思维发展的重要因素出现的。儿童和青少年的语言发展离不开活动，而活动正是促进人的高级心理机能发展的重要因素。此外，列昂捷夫依据马克思主义中意识与语言的相互关系理论，深入地剖析了人的"外部实践活动和内部精神活动具有共同性"特征，提出了主体活动中物质活动与精神活动在功能上相互联系和相互转化的观点，为活动在言语理解和言语生成过程中的研究迈出了关键性的一步。

（二）言语活动的语言发展观

俄罗斯言语活动理论体系的建立，没有语言学作为理论基础是不可能实现的。列昂捷夫从俄罗斯著名语言学家谢尔巴（Щерба Л.В.）院士的著作《论语言现象的三个层面及语言学研究实验》（«О трояком аспекте языковых явлений и об эксперименте в языкознании»）中，为俄罗斯心理语言学 – 言语活动理论的建立，找到了语言学的理论依据，使言语活动理论真正站到了语言学和心理学交叉的逻辑起点上。

首先是谢尔巴的言语活动论。谢尔巴在继承其导师博杜恩·德·库尔德内（Бодуэн де Куртенэ）的"语言 – 言语二分法"理论的基础上，提出了语言现象的三个方面，即语言系统、语言材料和言语活动，并论证了它们之间的区别。① 20世纪40年代，谢尔巴在此基础上提出了外语学习中的自觉对比法（Сознательно-сопоставительный метод），作为俄罗斯外语教学领域中重要的教学流派之一，自觉对比法建立在以谢尔巴为首的老一辈语言学家对语言学研究的基础之上。很长一段时间内，自觉对比法都是苏联唯一的正统教学法。谢尔巴对语言现象中言语活动的论述，为列昂捷夫创建言语活动理论提供了最早的语言学理论基础。

其次是别利亚耶夫（Беляев Б.В.）语言掌握的自觉性和直觉性。为俄罗斯言语活动理论做出卓越贡献的还有俄罗斯著名心理学家别利亚耶

---

① Рубинштейн С. Л. Основы общей психологии 2-е изд. СПб：Питер，2002，c.573-575.

夫，他提出的语言学习中言语实践的重要性以及在交际过程中言语产生的心理机制等问题，直到现在一直是外语教学研究的重要理论指导。在他看来，学习外语知识有两种基本心理类型：一种是直觉的、可以感受的；另一种是自觉的，也就是理性的和逻辑的。来源于直觉和感受的外语知识可以通过实践来掌握，而通过理性和逻辑推理获得的外语知识依赖于对语言知识和规则的掌握，学生通过此途径得到的知识往往属于理论性的语言知识，由于缺乏实践应用，此类语言知识很难转换成现实情境中的言语。别利亚耶夫基于对言语活动中语言掌握的自觉性和直觉性的区分，为语言和言语问题的研究做出了重要的贡献。他认为，语言是交际的工具，是语言学研究的对象，而言语作为人类活动则属于心理学研究的范畴，因此俄罗斯心理语言学领域首先要解决的问题是语言和言语的相互关系的问题。语言同言语最重要的区别之一在于获得二者的途径和方法不同。人们可以通过实践将语言转化成交际的工具，而言语只有通过言语实践活动才能真正掌握，这种言语实践可以直接进行，也可以在有意识的语言理论知识学习的基础上进行。语言和言语是两个不同的概念，语言是交际的工具，是社会历史现象，是人类社会所共有的，它表现为语言的共性特征，即每种语言都有其自身的语音、词汇和语法体系。言语则是运用语言的过程，是个人的心理现象，这就是人们常说的语言的个性特征。

最后，在言语活动理论的研究过程中，除了上述两种关于语言发展的重要研究成果外，俄罗斯著名学者卢利亚（Лурия А.Р.）在神经心理学方面的研究成果，对于言语活动理论的形成与发展来说同样功不可没。卢利亚从人的神经系统与言语机制相互联系的角度出发，研究了人脑与言语发生以及语言与意识之间的关系等问题，为言语活动理论的建立提供了神经心理学和神经语言学基础，也为言语活动中听话者和说话者的话语理解与生成提供了强大的科学依据。

五 外语学习理论基础

综观俄罗斯言语活动理论的发展历史，可以看出，言语活动理论自产生之日起，就把理论与实践的结合看作自身发展的原动力，并在外语学习理论探索和实践应用方面取得了很大的成就。外语学习研究离不开科学的语言学理论的指导，因此本项研究分析了俄罗斯著名语言学家别利亚耶夫的语言和言语相互关系理论以及维果茨基的语言意识理论。本节将分别阐述俄罗斯的外语自觉实践法和美国著名学者克拉申（Krashen S.D.）的第二语言习得理论，旨在为我国中学俄语活动课程研究提供可靠的外语学习理论基础。

（一）外语自觉实践法

长期以来，俄罗斯的外语教学一直坚持自己独立的研究方法和理论观念，形成了独具特色的理论和实践应用体系。20世纪60年代，俄罗斯开始在外语教育领域大力提倡自觉实践法。自觉实践法在哲学方法论体系、研究方法、概念形成系统及活动内涵意义等方面有别于西方的外语教学理论体系，所以，对俄罗斯外语自觉实践法的研究可以加快研究者对俄罗斯外语教育体系的全面了解，从而更好地指导我国俄语教学的实践应用。

自觉实践法建立在维果茨基高级心理机能理论的基础上，经过半个多世纪的发展，已经形成了完整的理论体系和独特的研究方法。此外，由于外语自觉实践法产生于俄罗斯本土，其言语活动的例证又以俄语语料为背景，这就有利于研究者在引进该理论的基础上，建构自己的俄语教学理论。也就是说，在进行中学俄语活动课程的研究时，对基于言语活动理论的自觉实践法的借鉴更直接、更有针对性。自觉实践法在其不断发展的过程中借鉴了欧美国家听说法和试听法的优势，吸收了俄罗斯语言学和心理学的成就，坚持外语教学的交际性原则，强调以功能为主，以情境为纲。自觉实践法建立在言语活动理论的研究基础之上，同时强调外语教学中社会实践的重要意义。自觉实践法的研究基于维果茨基、列昂捷夫、卢利亚以及加里培林等对儿童语言发展及儿童心理发展的研究基础之上。如果说，听说法是以行为主义为其心理学依据的话，那么自觉实践法的心理学依据就是"活动理论"，它主张外语学习中学生应遵循由"自觉"向"直觉"掌握语言的发展路径,所以,自觉实践法强调语言学习者在实践活动中形成自动化的言语熟巧的重要意义。

20世纪70年代,俄罗斯著名语言学家帕索夫(Пассов Е.И.)提出的外语交际教学法,直接指向了外语教学中学生言语交际技能形成的过程,而沙季洛夫(Шатилов С.Ф.)的交际活动法(Коммуникативно-деятельностный метод)发展了交际教学法,指出了交际教学法的活动发展方向。①自觉实践法在随后的发展中不断融合交际教学法的理念,提出了外语学习的交际性和文化性原则。人的外语认知活动是有目的、有动机和有意识的活动,是一种智力活动。这种认知活动既同人的思维活动密不可分,又同交际活动不可分割地联系在一起。外语学习活动,其目的和动机主要是完成一定的交际任务,所以说,外语学习必须紧密结合交际的需要。作为交际过程的言语活动,无论是从其内容还是从其形式来看,都离不开一定的社会文化情境。社会文化情境理论主张:通过课程的活动体验学习,学生能够理解俄语所蕴含的民族文化特点,尊重与包容目的语国家的文化特殊性,同时培养自己正确的价值观、开阔的国际视野和跨文化交际能力。

由此可见,建立在俄罗斯言语活动理论基础上的外语自觉实践法,充分考虑到了现代儿童青少年认知发展规律和特点,强调在教学过程中把学生言语活动能力的综合发展放在首位。我国义务教育初中阶段的俄语课程作为外语必修课程之一,是一门具备基础性、实践性和综合性的课程。俄语活动课程对学生语言能力、文化意识、思维品质和学习能力的形成具有重要作用。通过俄语活动课程的实施,学生能够运用俄语语言知识和言语技能完成一定的交际任务,形成开阔的国际视野,为个性全面发展和终身学习奠定基础。

(二)克拉申的第二语言习得理论

随着西方认知科学的发展,新的研究理论反映出研究领域的开放

---

① Щерба Л. В. Преподавание иностранных языков в средней школе: Общие вопросы методики. М., 1974, с.8-10.

性、多元性、过程性以及文化性，对当代的外语教育教学产生巨大的推动作用。认知心理学主要探究的是认知的内部心理过程、认知结果以及认知条件。认知心理学是在融合了多个学习理论流派的基础上，结合信息加工理论和心理语言学的观点形成的，被称为当代心理学及语言学的主要研究范式。认知心理学的主要观点：人们在外语学习过程中，一方面要采取一些具体的方法或技巧对信息进行加工处理；另一方面要对自己的语言认知过程进行积极监控、管理和调节，这个过程中往往还会伴随一定的情感因素。

在西方第二语言习得理论中，目前影响较大的是语言监控理论，该理论是20世纪80年代由美国语言学家克拉申提出的，语言监控理论包括以下五个相关的假说。第一，学得－习得差异假说。克拉申认为第二语言学习有两种独立的方式——学得和习得，习得是一种类似儿童母语学习的方式，是一种潜意识的过程。根据克拉申的理论，学习到的知识不能内化为习得知识，习得体系是用来输出语言的，学习体系是习得体系的监控系统，用来检查输出的话语是否符合学到的语法规则。在习得过程中，学习者将注意力放在语言所传递的信息上，也就是通过潜意识活动内化语言，其结果是学习者在交际过程中潜移默化地学会一种语言。第二，自然顺序假说。自然顺序假说认为人们在习得语法规则时存在一个可以预测的顺序，也就是说无论之前教授与否，一些语法结构在习得上要先于或晚于某些其他的语法结构。第三，监察假说。监察假说解决的是习得体系和学习体系在第二语言运用中的分工情况。习得体系指向语言运用能力，而学习体系作为监控系统存在，负责改正和调整输出前后的话语，如时间表达是否合适、词尾变化是否正确、人称与谓语是否一致，等等。监察假说在话语的运用中起着至关重要的作用，尽管有时时间不够充分，但在运用学习体系时必须注重形式并且要考虑输出的正确性，所以语法规则是监察假说起作用的前提条件。第四，信息输入假说。在克拉申的第二语言习得理论中，输入假说是其核心内容，它回答了学习者是怎样学习语言的。克拉申认为，人们只能通过一种方式习得语言——可理解性的信息或可接受的信息输入，也就是说语言习得依赖于理解别人所说的话语,学习者注重的是意义而不是形式。如果学习者听到了一段有意义的话语并尽力去理解它,那么习得就会发生;如果学习者只注重语言的形式,那么习得就无法进行。输入假说还回答了学习者是怎样在语言习得中取得进步的。第五,情感过滤假说。情感过滤是一种心理障碍,在学习者缺乏自信、感到焦虑或没有动力时会出现这种情况,因此,在可理解性输入的基础上,习得者还要从心理上乐意接受信息输入。如何降低学习者的情感过滤是第二语言习得理论研究者需要解决的重要问题。[①]

根据克拉申的第二语言习得理论,学会外语主要靠自然习得,学习者可在目的语环境中用语言进行交际,重点训练自己的口语交流。学习者通过学习体系所获得的知识在语言运用过程中起到了监控的作用,用来检查输出的语言是否符合语言规则的要求。克拉申关于外语"习得"与"学得"的观点,同言语活动理论倡导的外语自觉实践法的观点一致。根据言语活动理论的基本观点,外语学习离不开"自觉"学习与"直觉"学习两个基本过程,"自觉"学习强调语言学习过程中与母语规则的对比,而"直觉"学习是形成言语自动化的关键所在。此外,克拉申的第二语言习得理论强调情感因素对语言学习的作用,认为消极的外语学习者和积极的外语学习者对语言的输入有很大的影响,消极的学习者对外语的输入进行一定的过滤,而积极的学习者会接受更多的输入。克拉申的"情感过滤"假说与言语活动理论中动机的定向和调控机制类似,都反映了外语学习中动机、情感与态度等因素对外语学习效果的影响。

综上,俄罗斯言语活动理论、建构主义学习理论以及人文主义教育思想为我国俄语活动课程设计提供了许多借鉴和指导。可以说,活动课程的首要任务是为学习者创设一个轻松自然的学习环境,使他们在情感上乐于学习外语。而传统的俄语课堂由于过分强调语言规则的解释和反复的操练,忽视了让学生到语言实践中去接触和运用语言材料,通过课堂教学形式向学生提供的可理解的语言输入量非常有限,这种课堂不利

---

① 贾冠杰:《外语教育心理学》,广西教育出版社,1996,第56页。

于发展学生的语言能力。学得与习得是第二语言学习过程中不可或缺的两个方面,如何处理二者之间的关系,是开展活动课程时所要研究的重要课题。

第三章　言语活动的概念内涵及生成机制

俄罗斯言语活动理论创始人列昂捷夫（Леонтьев А.А.）从言语活动理论的前期研究成果出发，对某些相似观点和概念进行了梳理和分类，并从儿童语言形成过程入手，阐述了儿童言语能力形成的阶段和具体特点，这些研究为进行中学俄语活动课程的探索奠定了理论基础。为了深入研究中学俄语活动课程的理论和实践应用问题，需要对言语活动的概念及其发生过程有准确的认知。作为现代人文主义教育思想的集中体现，言语活动理论所倡导的外语学习理论和教育思想，是进行俄语活动课程研究的行动指南。本章主要从言语活动理论出发，探讨言语活动的概念内涵、发生过程及言语活动的生成机制，为中学俄语活动课程的理论研究和实践探索找到科学的依据。

一　概念阐释

"活动"（деятельность）是俄罗斯心理学中的一个重要概念。根据俄罗斯心理学理论，"活动"始终被认为是"人同周围世界发生联系的基本形式"，是"联系主观世界和客观世界的桥梁"，即主体与客体、主体与主体之间的相互作用。[①] 从宏观层面看，活动是"最抽象的心理学概念范畴"；从中观层面看，它指的是"不同类型的活动"，如认知活动、智力活动、交际活动以及言语活动等。本项研究采用了活动中观层

[①] 王光荣：《文化的诠释——维果茨基学派心理学》，山东教育出版社，2009，第165~166页。

面的概念，研究俄语学习过程中的各种活动类型以及学习活动设计。

（一）关于"活动"的心理学阐释

心理学家维果茨基关于"活动"的研究主要基于以下两个方面的理论。一方面，心理是人拥有的确定生理组织和大脑的基本功能与特征，也就是说，人的心理是以生理物质特征为前提的。另一方面，人的心理现象是社会的，也就是说，人的特性之谜不是在孤立的"精神"或"心理"规律之中，也不是在人的生物特征之内，而是在人类社会历史发展过程中。

第一，活动的社会文化历史观。维果茨基在人的社会实践活动特性中，发现了活动发生的生理基础和心理基础两种理论的统一，即人心理的形成是一种特有的生理前提和社会文化的统一。人只有掌握并获得这些方法，个体成为实践活动的一部分，人才能成为人，而人的实践活动具有的最基本特征——动机、目的和执行——在人类认知发展中起到了至关重要的作用。活动的产生源于需要，人类借助社会手段和符号（语言）手段，再通过计划实践、确定目标和设计方法等，最后使活动的目的得以实现。① 由此可见，人的实践活动就是这三方面因素的统一：实践活动的行为开始于动机和计划，以结果的形式完成，进而达到既定的目标。在这其中还有为达到目的而进行操作和采取行为的动力系统。言语活动也是如此，它既不是一系列言语行为的简单综合，也不是随意语句的综合。严格地说，言语活动本身并不存在，它只是构成某种实践活动的一系列言语行为。这种活动完全是理论上的、智力上的，或者说其具有部分实践的特征。人只有言语什么也做不了，言语本身并不是目的，它是手段和工具，可以按不同方式以不同形式加以利用。维果茨基的理论没有提出言语理解和言语生成的模型，但是他关于活动的研究为后来学者创建和发展言语活动理论提供了重要依据。

第二，活动的具体结构要素。列昂捷夫从心理学角度对活动的结构要素以及特征进行了比较系统的研究，他指出，"活动"符合一定需要，

---

① Л. С. 维果茨基：《思维与语言》，李维译，浙江教育出版社，1997，第28~29页。

为一定动机所激发，由一系列动作组成，而动作又由达到目的的具体条件所决定的操作来完成。一方面，活动具有一定的动机和目的，这是主体需求的具体体现，即活动的动机性和目的性；另一方面，活动具有一定的结构性，这是达到结果的现实具体过程和特定的内部组织方式，即活动内容的一系列动作。在活动中，动作既可以是内在的心智活动，也可以是外在的具体操作动作，所以与动作相联系的还有操作这一概念。在活动中，操作是实现动作的方法，它与活动所依赖的条件相符。与俄罗斯传统的关于"活动"概念的理解相比，列昂捷夫不仅为"活动"这一概念引入了时间和空间意义，而且在活动的过程中分析了动机、目的和任务等具体的结构要素，这对俄语活动课程的设计与研究提供了较为具体的指导。

（二）关于"言语"的语言学阐释

"言语"是俄罗斯语言学中与语言相对应的另一个重要的概念，"语言"（язык）与"言语"（речь）相对而存在。根据俄罗斯语言学的观点，语言是相对于语言体系而言的，体现了语言的共性特征，一般包括语音、语法和词汇等；言语则体现了语言的个性特征，是个体使用语言进行交际过程中产生的语言结果，一般包括听、说、读、写、译等几种言语形式。

第一，语言现象的三分法。俄罗斯著名语言学家谢尔巴（Щерба Л. В.）院士在语言－言语二分法理论的基础上，提出了语言现象的三个方面，即语言系统、语言材料和言语活动，并进一步论证了它们之间的区别。谢尔巴关于语言现象中言语活动的论述，为列昂捷夫创建言语活动理论提供了语言学的理论基础。俄罗斯著名语言学家和心理学家别利亚耶夫（Беляев Б.В.）对于言语活动理论的贡献是他在区分语言和言语问题上所做的研究。他认为，语言是交际的工具，是语言学研究的对象，而言语作为人类活动则属于心理学研究的范畴，于是在俄罗斯心理语言学领域首先要解决的问题是语言和言语的相互关系问题。语言同言语最重要的区别之一在于二者获得的途径和方法不同。人们可以通过实践将语言转化成交际工具，言语只能通过言语实践活动才能真正掌握，这种言语实践可以直接进行，也可以在有意识的语言理论知识学习的基础上进行。

第二，言语活动的自动化过程。语言和言语是两个不同的概念，语言是交际的工具，是社会历史现象，为人类社会所共有，它表现为语言的共性特征，即每种语言都有其自身的语音、词汇和语法体系。言语则是运用语言的过程，是个人的心理现象，这就是通常所说的语言个性特征。关于言语的概念，俄罗斯心理学家任金（Жинкин Н.И.）在他的著作《言语机制》（«Механизм речи»）中指出："言语不是一种简单的语言外显，它有着自己特殊的结构与功能，即言语的自动化过程，它是一系列具有独特时间和空间特征的话语综合。"[1] 任金的研究是在探索言语的特殊性，从他的观点中可以看到区分作为言语活动客体的言语与作为知识体系的语言的重要意义。关于言语的概念内涵，任金的另一个重要观点就是要建构一个适用于各领域的共同的言语行为概念。而心理学、语言学、逻辑学、生理学以及其他相关学科都把它们共同的研究对象——言语行为模式化了。每一种不同的模式都有自己的目的，并从某种观点出发抽取出一些重要的本质特征。各学科在解决自身的问题时都是从某种假设出发来建构言语的概念。在这种情况下，就需要诞生一种具有深刻哲理，并对所有研究领域来说都实用的基本原理。

（三）关于"言语活动"的心理语言学阐释

俄罗斯言语活动理论研究的逻辑起点是辩证唯物主义实践认识论，辩证唯物主义的实践认识论是维果茨基和列昂捷夫等老一辈心理学家创建言语活动理论时所遵循的哲学方法论依据。按照马克思主义哲学认识论的观点，人的主体性通常表现在两个方面，一方面是主体的对象性活动，另一方面是对象性的主体之间的交互活动。人的主体性是通过实践活动和认知活动中主体与客体的相互作用产生的，实践活动的主体性始终是人的主体性结构中最根本的一种特征。人在活动中要发挥自己的主

---

[1] Горлова Н.А. Методика обучения иностранному языку. М.: Академия, 2013, с.19-23, 47.

第三章
言语活动的概念内涵及生成机制

体性，必须以他人和社会为中介，也就是说，只有在与他人的相互作用的关系中，人的主体性才可以得到发展。实践活动的自主性、目标性及创造性是实践活动和认知活动中人的主体性特征的具体体现，也是进行言语活动研究的重要理论基础。

第一，言语活动的动态发展。言语活动理论从社会和人、社会性和个体性、言语与思维、言语活动与语言意识相互统一的辩证角度来理解、阐释言语活动的发生过程及其生成机制，依据这一思想提出了言语活动的动机性、目的性、意识性、文化性、可操作性等特征。俄罗斯言语活动理论从根本上批判了西方行为主义心理学过分注重外部"行为"变化，即"刺激－反应"的过程，而忽略人内在心理的"意识"作用的观点，并从另一角度批判了认知主义心理学过分强调人的内在心理的"认知"过程，而忽视外在行为变化的观点，从而使言语活动理论走上了一条辩证统一的动态发展之路。言语活动理论认为，"活动"是主体与客体、主体与主体之间相互作用得以实现的中介，是人类进步、历史演变和社会发展的原动力。人的存在离不开活动，在活动中，人们不断将客观世界摄入自己的视觉，运用自身的智慧，通过一定的手段和方式，形成主、客观之间的联系，以达到有意识地改造客观世界的目的。

第二，言语活动的交际过程。言语活动理论在最初产生时体现为语言能力－语言的二成分说，然后发展为三成分说，即语言能力－言语活动－语言，后来又发展为言语活动与人的意识以及人的个性间的相互关系。由此可以看出，现阶段言语活动已不仅仅是个人之间信息传递的一种交际方式，而且是社会内部的交际过程，体现了人和世界以及人和人之间的对话性，交际者可以根据已有的经验在具体情境中选择合适的活动方式。依据列昂捷夫的观点，言语活动应该包含语言持有者所有的言语行为。言语活动既是交际性的，也是非交际性的；既是内部的，也是外部的；既是言语理解的，也是言语产生的；还可以是从内部向外部，或是从外部向内部转化的。在言语活动中，概念为社会语言集体的统一结构单位，将个体与社会紧紧联系在一起。言语活动理论把人的活动看作主体与客体、主体与主体之间相互作用的过程。

二 内涵和意义

列昂捷夫在进一步完善和发展言语活动理论的过程中，提出了言语活动的全部理论纲领，为俄罗斯心理语言学奠定了坚实的理论基础。俄罗斯的言语活动理论在其实践应用的发展过程中不断完善与丰富，成为独具特色和令人瞩目的心理语言学重要理论之一。言语活动理论在其发展的过程中，也表现出了自己独有的本质特征和内涵意义。

（一）言语活动的系统结构性

系统活动（Системно-деятельностный подход）作为俄罗斯基础教育新课程标准的首要方法论原则，它的目标指向是儿童的个体发展。系统活动观的方法论核心建立在俄罗斯著名心理学家维果茨基、列昂捷夫、艾利康宁、加里培林等对言语活动理论的研究基础之上。俄罗斯言语活动理论依据辩证唯物主义的实践认识论，从社会与人、社会性和个体性、言语与思维、言语活动与语言意识相互统一的辩证角度来理解言语与思维的关系，并依据这一思想提出言语活动的动机性、目的性、意识性、文化性以及可操作性。言语活动理论的奠基者——维果茨基在研究高级心理机能的社会起源理论的基础之上，创立了心理与意识的文化历史观，指出了人的心理发展中社会经验的重要作用。[1] 儿童的个体心理发展是社会经验的获取过程，在这一过程中，活动是发展的动力因素，个体的动机系统在活动中发挥着非常重要的调节作用，发展的目标是向更高一级心理机能的自然转化。

在俄罗斯言语活动理论中，活动作为一个事物的整体以及心理学的重要概念，具有完整的系统结构特征，其内部结构可以从纵向和横向两个方面来研究：纵向结构通常指按照时间的顺序，由目标确定、计划制定、活动实施以及结果检验等过程组成的不断循环的动态结构系统；而横向结构通常指由动机、目的、需要以及活动实施的各要素组成的心理结构系统。[2] 列昂捷夫认为，需要、动机、目的以及达到目的的条

---

[1] Л.С. 维果茨基：《思维与语言》，李维译，浙江教育出版社，1997，第28～29页。
[2] Л.С. 维果茨基：《维果茨基教育论著选》，余震球选译，人民教育出版社，2004，第4～5、9页。

件与活动过程的具体操作共同构成了活动的动态系统结构。外语学习过程可以通过发展儿童的言语活动功能，促进与功能相对应的个性品质特征的发展。儿童言语活动水平和个性品质特征的发展程度是衡量其外语能力的重要指标，同时也是个体发展指向外语教育的目标追求。

（二）言语活动的相互作用性

在俄罗斯心理语言学中，言语活动通常被界定为"主体参与言语活动的过程及过程的结果"。[①]从根本上来说，言语活动理论建立在交际双方相互作用的前提下，侧重于对言语活动发展过程本身的心理机制进行分析，而不是对活动的结果进行研究。言语活动的相互作用性可以从以下三个方面来追溯。首先，就言语活动这一概念本身而言，它既有内在的思维成分，也有外显的言语特点。换言之，言语活动包括内在思维活动和外部言语活动。内部活动表现为人的心理的、思想的内容，而外部活动表现为人的生理的、物质的内容。这样一来，言语活动既同人的内在思维活动相联系，又同人的外部言语活动相关联，二者相互作用，相辅相成。其次，言语活动属于人的社会实践活动，它主要指在社会环境下人与人的交往活动，在活动中交际者必然受所在社会环境（民族文化）的影响。因而言语活动是在人与社会、主观与客观、自然与文化的相互作用下展开的，即言语活动在社会外部环境和个体内部语言意识的相互作用下产生。[②]最后，言语活动是说话者和听话者的交际活动，其言语的产生与理解必然受交际者语言意识和话语水平的影响，因而言语的产生与理解是在交际者内在思维与外部言语、内部言语与外部言语、内部话语意义与外部话语形式相互作用的条件下展开的，即言语活动者的言语产品经历"外-内-外"的思维过程与言语的相互作用而产生。

根据言语活动的相互作用性，结合学校教育中活动课程设置的特点，概括起来可以得出以下结论：在外语言语学习活动中，交际者需要不断地把社会现实或交际对方的言语整合到自己的认知结构中，同

[①] 许高渝等：《俄罗斯心理语言学和外语教学》，北京大学出版社，2008。

[②] Леонтьев А.А. Язык и речевая деятельность в общей и педагогической психологии. Воронеж: НПО МОДЭК, 2001, с.32-34.

时不断地调整自己的言语以适应社会现实或交际对方的言语，使自己的认识达到一个新的高度。因此，在活动课程的设计中要充分考虑到活动的环境和条件，以保证学生最大限度地参与小组合作的互动学习活动。

（三）言语活动的社会文化性

在俄罗斯的言语活动理论研究中，语言意识（языковое сознание）是一个重要的概念，而语言意识的形成离不开民族的社会文化背景。按照俄罗斯最新出版的《心理学大辞典》中的解释，意识（сознание）是"人所特有的与客观现实联系的方法，它以人的社会历史活动的一般形式为介质，意识从观念上掌握现实，并提出新的目的和任务，指导人的全部实践活动，意识在活动中形成，同时又影响该活动，规定和调整该活动"。[①] 由此看来，意识是人认识世界的一个特有的机制，语言意识在认识客观世界的活动中形成，其发展一定受到所处社会民族文化的制约。从人的心理机能角度看，意识包括"感性内容"（人对事物的感性认识）、"意义"（事物的客观含义）以及"个体化含义"（事物的主观意义）。三者呈整体性结构，在个体活动和现实交往中形成、发展。从人的生理机制角度看，人的意识根源不可能在精神内部，只有在人与现实世界的关系里，在人的社会历史发展中才能被发现。因此可以说，是人类的各种活动成就了人的语言意识，而语言意识一定受到社会文化的制约，即不同社会文化背景中的人拥有不同的语言意识，在不同的活动中意识的上述特征起到支配与调节作用。言语活动不是一种独立的、内在的活动，而是一种思维的概括活动和交际活动的统一体。交际者不同的社会文化背景，如地域、民族、职业、性别、年龄等因素构成了不同的语言世界图景（Языковая картина мира），使他们形成不同的思维模式，并反映在其话语的形式、手段中，形成千差万别的具有个性（личность）语言意识的话语。

---

① Божович Л. И . Личность и ее формирование в детском возрасте，1968，c.411-415.

（四）言语活动的动机目的性

言语活动是人的社会活动，也是人的智力活动，每一个活动都包含了活动者的动机和活动要达到的目的。在言语活动中交际者要有意识地感知和理解对方的言语，这不仅涉及交际者的个性特征，同时也要求交际者必须了解一定的社会背景，因此言语活动既与社会大环境有关，又与交际者紧密相连。言语活动是一个系统的、整体的概念，在这一概念下包含人类言语活动的所有特征和一系列动态的、有意识的具体操作或步骤，即活动目的的指向性、活动的动机性、活动的动态层级组织、活动的水平组织等。从活动和意识相互统一的原则出发，可以得出言语活动的典型特征——动机目的性。动机是个人行为的动因，它来源于人的需求、利益或爱好等，是人参与活动的原动力。可以说，动机规定着活动的目的。而言语活动是交际者有意识地运用语言手段来完成这样或那样交际任务的活动，所以言语活动是有动机、有目的指向的自觉性（сознательность）活动。[①]言语活动的动机目的性决定了言语活动的主观能动性。言语活动的主要目的在于解决一定的交际课题，这就意味着言语活动的过程就是一个交际活动的过程。在言语活动中，交际者为完成一定的交际任务，一方面需要调动自己原有的知识结构，积极进行思考，主动参与活动；另一方面还要根据不同的交际情境、交际条件和交际任务，不断建构自己的话语。其言语产品——句子、话语等不可能是千篇一律的，而无论是话语形式，还是话语内容都应该具有创新性。这种创新性就是俄语活动教学所追求的目标，同时也指导着俄语教育实践的研究与探索。

（五）言语活动的动态发展性

在俄罗斯心理语言学中，言语活动理论主要研究主体参与言语活动的过程，这一过程是一个动态的结构发展系统。该系统由三个要素，即言语活动、言语动作和言语操作组成，三种要素与活动的动机目的性

---

① Горлова Н.А. Методика обучения иностранному языку. М. : Академия，2013，с.19-23,47.

共同构成了言语活动的动态发展性。言语活动属于第一个层面的结构，它与该系统的动机、总体目的相适应，表现为主体参与活动的自觉性特征，通常由一系列的言语动作组成。言语动作属于第二个层面的结构，是言语活动的子系统，也是言语活动的结构单位或结构环节。言语动作具有与言语活动总目的相适应的子目的，一般情况下，子目的与言语动作相匹配，即有几个子目的，就有几个言语动作。言语动作一般按照时间分布，表现为一个线性序列，即言语动作在时间上依次发生。而言语操作属于第三个层面的结构，它一方面是言语动作的结构单位，另一方面还承担实现其上位系统——言语动作的方式方法。[①] 由于言语活动和言语行为受到一定动机和目的的支配，因而它们是自觉的、有意识的，即受意识的监控。从某种角度来看，言语活动的动态发展性源于"言语活动的相互作用"特征，因其强调交际双方言语交互行为的过程，所以它是动态发展的，相互作用的过程也体现了活动课程的动态发展特征。维果茨基把知识与学习看作外部环境与主体相互作用的结果，强调在学习过程中儿童参与实践活动的重要性，认为人的高级心理结构与机能只能产生于人们之间的协同活动以及人与人的相互交往之中。

（六）言语活动的自觉实践性

言语活动理论自产生之日起，始终把理论与实践的结合看作其发展的原动力，并在很多方面取得了卓越的成绩。在外语教学领域中，闻名中外的外语教学流派——自觉实践法（Сознательно-практический метод）就是在言语活动理论的影响下产生的外语教学方法体系，自觉实践法的方法论基础来源于言语活动理论相互作用的动态发展观。由此可见，言语活动理论对俄罗斯外语教学理论体系的建构做出了重大贡献。自觉实践指外语的掌握既可以在理解规则的基础上通过实践活动达到，又可以通过在实践活动中理解语言材料来达到。在教学中自觉与实践相

---

① Горлова Н. А. Методика обучения иностранному языку. М. : Академия, 2013, с.19-23,47.

互联系、相互促进，二者不可偏废。"实践掌握外语"是要达到的目的，"自觉理解语言规则"是达到目的的手段。在自觉与实践相互作用的前提下，该方法提出了一系列具有辩证哲学思想的教学理念，并始终在外语教学中遵循合理的途径，即坚持通过"自下而上 – 自上而下""直觉 – 自觉""无意识 – 有意识"相互统一的方法进行外语教学。[1]中学俄语活动课程设计中的一个重要任务就是要处理好俄语学习过程的自觉性和直觉性之间的关系，儿童和青少年的外语学习是在掌握了母语的前提下进行的第二种语言的学习，外语学习的自觉性原则启发教育者，在教习过程中要不断地同母语的语言系统进行对比，只有这样才能在理解的前提下，帮助学生形成语言应用的自动化技能，进而发展学生的综合语言运用能力。

三 发生过程

从思维与言语的关系来看，"言语"是心理学的重要范畴，因为任何言语的理解与生成都要经过"人的生理机能 – 脑和人的心理机能 – 思维"的加工过程。也就是说，在言语交际过程中，交际双方的言语活动经历由外向内，再由内向外的心理转换过程而产生。言语生成的结果受交际者个体语言意识（языковое сознание）的制约，因此研究俄语活动课程的设计必须站在以语言学和心理学为基础的言语活动理论交叉点上，才能获得有效的设计结果。俄语学习在一定程度上讲就是言语能力的获得过程，而言语能力的获得同样也离不开以下两个过程，即言语理解（восприятие речи）和言语生成（порождение речи）。语言学习不能脱离言语活动的相关理论指导，在进行活动课程设计时，一定要考虑学习者言语获得的心理规律和心理过程等因素。

（一）由外部言语向内部言语转换——言语理解

自20世纪中叶心理语言学这门学科诞生以来，人们开始越来越多

---

[1] Леонтьев А. А. Язык и речевая деятельность в общей и педагогической психологии. Воронеж: НПО МОДЭК, 2001, с.32-34.

地关注儿童语言获得的心理机制问题,其中也包括概念获得的心理规律和过程。在苏联时期,已有不少专家从心理学角度观察言语活动、言语行为结构以及言语情境。较早进行这方面课题研究的有语言学家谢尔巴和心理学家维果茨基,其后有以卢利亚(Лурия А. Р.)和列昂捷夫为首的心理语言学专家进行这方面的研究。

第一,内部言语与外部言语。根据言语活动理论,语言感知、获得与提取的重点不在于语言表层结构本身,而在于习得语言的心理过程。俄罗斯心理学派很重视实验研究,提出的关于"内部言语"(Внутренняя речь)的观点有重要的理论和实践意义。① 维果茨基对内部言语的论述比较具体,他认为,内部言语是初始思想和最后的外部言语表述之间必不可少的环节。它的基本任务是将内部思想转变为扩展性的言语结构,作为内部言语基础的各种因素不是孤立的,而是一个统一的整体。② 外部言语(Внешнняя речь)是与内部言语相对而言的,一般包括口头言语和书面言语。这两种言语形式都能表达一定的思想内容,具有确定的目的、言语背景和言语环境。在表述思想内容时,人们或者用口语的形式,或者用文字的手段把自己头脑中形成的内部言语表达、扩展成外部言语作品。内部言语与外部言语是言语活动的两个主要过程,二者紧密联系、不可分割,外部言语是内部言语向外转化的过程,而内部言语又是由外部言语内化而成的。言语理解是个体将外部的、有声的言语行为向内部言语思维转换的过程。按照维果茨基《思维与言语》(«Мышление и речь»)中的相互关系来解释言语理解这一概念,这就是言语向思维的转化过程,可被视为外部言语向内部言语的转化。③ 人们生活在一个用语言进行交流的社会里,总需要理解别人的话语或文字材料所表达的思想内容,这就是言语的理解。言语理解是一个将言语表层结构转换为深层结构,然后再转换成初始的言语思维的转码过程,这

---

① 冯锐:《基于案例推理的经验学习》,华东师范大学出版社,2012。
② Леонтьев А. А. Психолингвистичесие основы обучения неродному языку, МОДЭК,2001, c.81.
③ 高凤兰:《俄罗斯心理语言学》,东北师范大学出版社,2011,第7~9页。

第三章
言语活动的概念内涵及生成机制

个过程一般离不开对词语的感知以及对句子和篇章的理解。

第二，儿童言语理解的心理过程。维果茨基通过对儿童的实验和观察得到了进一步的证明：人的内部心理活动来源于外部实践活动，人的心理活动是在社会历史发展过程中由物质生活、外部物质活动改造为内部意识活动的结果和派生物。从言语活动理论的角度分析，内部言语与包括符号运用在内的一切心理运算一样，遵循同样的过程与规律，大致经历四个发展阶段。第一阶段为原始的或自然的阶段，这一阶段儿童与动物的"前智力的言语""前言语的思维"相一致，因为它们都是在行为的原始水平上演化；第二阶段为"幼稚的心理"阶段，随着儿童行为的发展，他们逐渐对自己的身体和周围事物有了认知，儿童的认知开始具有象征（符号）功能。第三阶段为"自我中心言语"阶段，这一阶段标志着语言思维的出现。这一时期儿童的言语发展出现了非常明显的特点：儿童对语法结构和形式的掌握领先于对相应逻辑结构和操作的掌握。[①] 这个观点与皮亚杰"儿童语法的发展要早于其逻辑发展"的论断相符。所以说，外部言语（言语）转向内部言语（思维）的原因是它的言语功能首先起了变化，也就是说，外部言语在向内部言语转化的过程中，先有功能的转化，即从他人的言语转向自己的言语；再有生理上的内化，即从有声的外部言语向无声的内部言语转化。第四阶段为"内部生长"阶段。在这一阶段，外部言语通过内化过程已经转化为内部言语。在这一过程中儿童的心理结构也经历了深刻的变化，从概念混合开始，经历复合思维的各种变式，直至概念思维能力的形成，即他们已经具备运用事物的内在逻辑和内部符号进行运算的能力，在言语发展中这是内部的、无声的言语的最后阶段。此后，外部言语（言语）与内部言语（思维）之间仍然存在相互作用，一种言语形式常常变为另一种形式，然后再转换回来。当个体需要表达自己思想的时候，即内部言语被用来为外部言语做准备时，内部言语在形式上可能已经很接近外部言语，甚至变得完全像外部言语，比如当一个人在经过认真思考后要发表讲话时，

---

① 王光荣：《文化的诠释——维果茨基学派心理学》，山东教育出版社，2009，第 43~45 页。

其内部言语与外部言语之间几乎没有明显的分界线，并且彼此都影响着对方。

第三，外语言语理解的获得过程。与儿童母语获得过程相似，外语学习者言语理解能力的获得经历了这样的路径：由外部信息输入开始，然后经过思维信息加工的内化，最后再根据交际情境的要求进行语言信息输出。在这一过程中，思维活动是学生认知活动中的高级形式，思维过程首先经历外语信息感知阶段，积累感性认识，然后对积累的感性认知进行分析、综合，实现感性认识到理性认识的飞跃。与儿童自然形成的内部言语相比，外语学习的关键环节在于外部信息的输入和语言信息的内部加工，所以在进行中学俄语活动课程设计时，应该根据思维的规律，积极创设俄语学习的情境，加速建立学生的感性认识，为下一阶段进行思维抽象和概括活动打下基础。在对内部言语和外部言语进行区分时，相应地产生了活动的分类，列昂捷夫把活动分为外部活动和内部活动，外部活动是人的感性实践活动，而内部活动是人的心理反应或映像活动，如思维、想象和记忆等。列昂捷夫根据马克思主义实践认识论的基本观点提出了"人的一切活动都源于外部活动"的理论。维果茨基的高级心理机能理论在列昂捷夫之前就已论证了外部活动与内部活动转换的中介条件，那就是社会文化。列昂捷夫继承并发展了维果茨基关于活动的社会历史中介理论，指出了外部活动在向内部活动转化的同时，也孕育着内部活动外化的基础。

（二）由内部言语向外部言语转换——言语生成

言语生成是个体将内在心理的、无声的言语行为向外部的、有声的言语行为转换的过程。按照维果茨基的高级心理机能理论，言语生成就是思维向言语的转化过程，即内部言语向外部言语的转化过程，在这一过程中思维起了很大的作用。人的内部心理活动来源于外部实践活动，人的心理活动是在社会历史发展过程中由物质生活、外部物质活动改造为内部意识活动的结果和派生物。当个体需要将自己的思想表达出来用以交流的时候，就必须将自己内部心理的言语思维活动转化为外部的言语表达活动。与此同时，当交际一方运用外部言语形式将自己的思想表达出来后，交际的另一方就必须依据自身的知识判断理解对方的话语，即转化为自己的内部言语形式，以了解对方的交际意图。由此可见，外部言语与内部言语在交际过程中总是相随相伴地交替出现：一方面在交际一方转向交际另一方的两者之间动态循环着；另一方面也在交际者自身内-外言语转换过程中动态循环着。

第一，安德森的语言生成模型。关于内部言语向外部言语转换机制的问题，西方的一些学者也表达了同样的观点。心理学家埃里克森（Erikson）和哈斯蒂（Hastie）在1994年以百科全书为基础，把思维定义为一系列内部的符号活动，活动最终产生了新的结果。现代心理学关于思维的研究体现出明显的信息加工理论的特点，思维融合在认知发展的各个阶段，程度逐步加深，到了信息的提取阶段，思维活动的水平达到了最高程度。布鲁纳（Bruner）认为，思维就是一个人通过概念化和类型化的活动来弄清一大堆杂乱事实的过程。布鲁纳反对把人看成一个认识上的被动接受者，认为应该把人的认识过程看成一种积极的建构过程，认识过程的基本操作是对外部事物的类型化和概括化。[①] 布鲁纳关于思维的类型化和概念化理论从另一个侧面证明了思维活动产生的心理机制和心理过程。他的思维理论与加涅的信息加工理论共同证实了认识过程中言语活动与思维共存的辩证关系。言语生成是通过声音或文字的形式表达自己想法的过程，言语生成经历着一系列的复杂心理过程。美国著名认知心理学家约翰·安德森（J.R.Anderson）于1980年在他的《认知心理学》一书中提出了言语生成的三阶段模型，如图3-1所示。

从图3-1可知，言语生成的第一阶段为建构阶段，即说话者根据思想确定自己的言语内容。这是一个较为复杂且十分重要的思维活动，通常受到动机、情绪、需要和所处环境等因素的影响。[②] 第二阶段为转换阶段，即运用句法规则将要表达的思想转换成言语结构。第三阶段为执行阶段，也就是把要表达的思想借助句法、词法等结构表达出来，变成

---

① 贾林祥编著《心理的模拟——认知心理学》，山东教育出版社，2009，第20页。
② 连榕主编《认知心理学》，高等教育出版社，2010，第225页。

言语现实。安德森的三阶段模型明显受到了乔姆斯基（A.N.Chomsky）的转换生成语法理论的影响，转换生成语法理论强调的不是语言现象，也不是人们的语言运用，而是人与生俱来的语言结构或者说是语言能力。在乔姆斯基的转换生成语法理论的影响下，不同的言语生成模型相继出现。安德森继承了乔姆斯基的转换生成语法理论，同时他更多地融合了心理学和信息学的元素，尤其是在言语生成的建构和执行阶段。

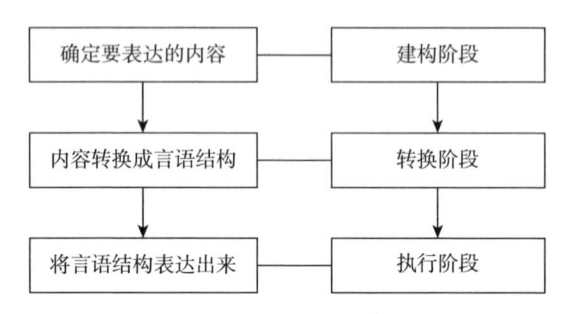

```
确定要表达的内容 ——— 建构阶段
       ↓
内容转换成言语结构 ——— 转换阶段
       ↓
将言语结构表达出来 ——— 执行阶段
```

图 3-1 安德森的言语生成三阶段模型

资料来源：参见连榕主编《认知心理学》，高等教育出版社，2010，第 226 页。

第二，库布利亚科娃的一体化模型。与西方学者的观点不同，俄罗斯言语活动理论更加强调言语活动过程中动机和意向的重要作用。根据言语活动理论，言语产生是一个由动机和意向开始，经过内部言语阶段形成深层句法结构，再扩展成以表层结构为基础的外部言语的编码过程。俄罗斯著名语言学家库布利亚科娃（Кубриякова Е.С.）的一体化模型（Интегральная модель）从语言学、语用学以及语义学等角度概括描述了内部言语向外部言语转化的言语生成过程（见图 3-2）。

如图 3-2 所示，说话人在确定表达的内容时，面临一系列相关问题，包括说话的目的、说话的方式和顺序等，这是一个完整的计划和内容建构过程。选择合适的句法结构、词语以及句子的连接手段等，最后还要通过恰当的语言手段，即语流、语速或者文字形式表达思想内容。总之，言语的产生要经过若干阶段，从初始的意向，经过语言结构的转换，再到话语的产生。言语编码与语言的掌握和运用密切相关，这涉及动机、计划、过程和执行等一系列心理结构要素。言语生成的过程与人

第三章 言语活动的概念内涵及生成机制

的心理结构要素共同构成了动态的言语生成系统。

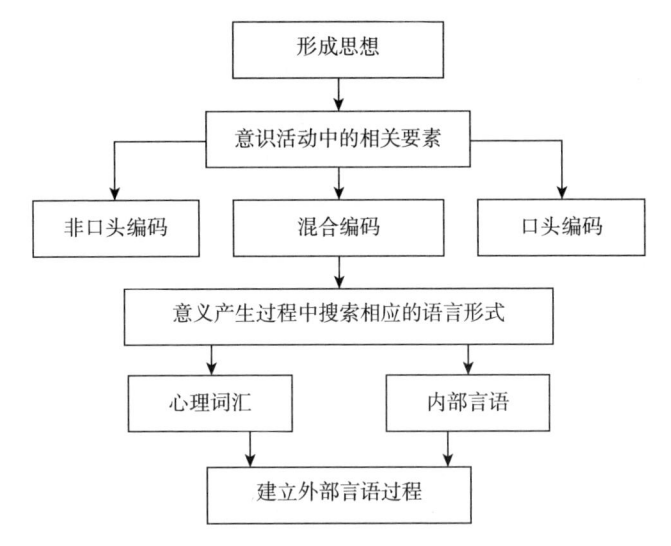

```
形成思想
   ↓
意识活动中的相关要素
 ↓    ↓    ↓
非口头编码  混合编码  口头编码
   ↓
意义产生过程中搜索相应的语言形式
   ↓        ↓
 心理词汇   内部言语
   ↓
建立外部言语过程
```

图 3-2 库布利亚科娃的一体化模型

资料来源：参见许高渝等《俄罗斯心理语言学和外语教学》，北京大学出版社，2008，第 129 页。

四 生成机制

最近几十年来，俄罗斯学者更多关注的是学校教育中如何利用言语活动理论进行外语教育实践的应用研究，研究兴趣逐渐转到外语学科的一些共性问题上，研究成果越来越多。学者依据心理学、生理学、教育学以及哲学的基础理论，从语言科学的内在规律出发，研究言语活动现象的本质，以确定言语活动的某些共有规律。为了从心理过程的角度去理解言语活动的机制问题，首先需要对言语活动有清晰的认识，然后从不同角度对言语活动的生成机制进行阐释，并最终建立起以言语活动理论为指导的中学俄语活动课程设计体系。

（一）言语活动中的动机定向机制

俄罗斯著名心理学家鲍若维奇（Божович Л.И.）继承并发展了言语活动理论，他提出了著名的"活动 - 动机"理论，在他看来，活动具有一定的动机性和目的性，这是主体活动需求的具体体现。① 儿童个性结构是有一定层次性的，如动机－需要层、情感－意志层、道德品质层等。动机－需要层在个性结构中处于核心地位，教育研究只有弄清楚个性结构的层次特点，才能找到儿童心理发展规律。动机－需要层在儿童的活动中具有定向的作用，与马斯洛的需要层次理论不同的是，鲍若维奇强调"把儿童的需要与对象性的活动结合起来便是人的动机"。② 按照鲍若维奇等的心理学实验结果，学生的学习活动是受各种动机组成的系统推动的，而动机系统又分为两类：一类动机来源于活动本身，可以对主体产生直接作用，帮助主体克服困难，使主体有目的、有计划地为实现目标而努力；另一类动机来源于主体生活的社会环境，在活动中起到辅助作用，通过自觉产生的目的需求对活动发生作用。

鲍若维奇把教育视作一个完整的个体形成和发展的过程，他强调人有其特有的心理发展规律，人的活动不是对他生存的客观世界的消极反应，而是通过活动的形式在动因的作用下对客观世界进行的积极改造。经过对不同年龄阶段儿童个性变化规律的研究分析发现：儿童个性变化中的核心部分是儿童的心理需求范畴所经历的变化，而这些需求能够唤起他们的活动意识和愿望。但前提是只有对社会环境的需求进入个体的需求体系，它们才能成为儿童发展的动因。心理学实验结果表明，这种变化是儿童在其社会经验的影响下心理发生变化的过程。儿童的共同发展特点是他们在发展过程中逐渐地由依赖外部环境的生物体变成了能够独立确定目标、做出决定以及自主参与实践活动的主体。言语活动理论的创始人列昂捷夫对活动的结构进行了最为充分的研究，他认为无论什么活动都要符合主体的一定需要，活动所指向的目标就是活动的真正动机。活动研究离不开对动机的研究，而活动过程中最重要的环节就是激发人们的活动动机。

中学俄语活动课程研究中最重要的一项任务就是关于学生动机激发的活动设计，这也是研究活动课程的难点和需要突破的方面。动机、兴

---

① Божович Л. И. Личность и ее формирование в детском возрасте, 1968, с.413-415.
② 王光荣：《文化的诠释——维果茨基学派心理学》，山东教育出版社，2009，第163~164页。

趣、需要等非智力因素的动力作用是引发学生的学习行为并促使智力与能力发展的内驱力。动机对俄语学习产生了明显的推动作用，通过让学生坚强努力、集中注意和对学习积极准备来影响其认知过程。非智力因素的定向调节作用指把某些认知行为的组织情况固定化，这取决于学生的意志品质和价值观等因素，其中意志品质因素对学生的俄语学习活动和心理过程起到调节的作用，价值观因素能使学生的学习行为更具有目的性和方向性，以排除和克服各种干扰学习的不良因素。

（二）言语活动中的思维发展机制

维果茨基关于语言与思维的核心理论同样离不开活动这一概念，维果茨基提出的关于个体言语思维机能发展的思想，即社会-历史经验观已广为运用，并成为解释思维与言语关系的基本哲学前提。他认为，思维不在言语中表现出来，但它一定体现在人们有明确目的的行为里和各种物质文化的创造中。维果茨基对思维的这种认识最终使他确立了著名的言语与思维问题的研究方法——单位（词）分析法。俄语中的词具有言语与思维的整体特征，也只有单位分析的结果可以解释言语与思维这一整体的基本特征。维果茨基的"单位分析法"高度概括了思维与言语之间的关系："词是对现实的概括反应，词的意义是两个彼此紧密联系的言语机能单位，思维不是在言语中表现出来的，而是在言语活动中实现的。"维果茨基这一理论的发现使原本看似十分抽象的思维机能发展问题，一下子变得简单了很多。

维果茨基关于言语与思维的理论奠定了心理语言学中思维问题的研究基础，为后来的研究提供了理论和实践的指导。加里培林发展了维果茨基的言语与思维理论，从外部言语向内部言语的转化开始研究，提出了思维发展的深层理论。加里培林把人类实践活动外部形式内化的机制划分为以下三个水平：具有物质目标的行为、有声音的言语行为和内部言语行为（思维）。[①]在外部言语行为向内部言语行为转化的过程中，抽

---

① Леонтьев А. А. Язык и речевая деятельность в общей и педагогической психологии. Воронеж: НПО МОДЭК, 2001, c.32-34.

象起到了巨大的作用。当言语行为还没有从物质中分离出来时，一方面，它表现为一种行为的概括形式，即动觉的、手工的，如最初的词汇是用来指称行为而不是客观对象；另一方面，当言语手段被用于某种与概括功能不同的功能，即有声的言语交际时，它便具有了行为调节的功能。言语行为的这种调节功能使人们开始自主确定活动的特性，添加新的主观内容并且以此来重构活动的结构等。也就是说，人类通过活动不仅能主动地适应自然界，而且还能积极改造世界。

（三）言语活动中的概念形成机制

概念形成过程的研究是维果茨基心理语言学研究的一个重要领域，它源自维果茨基对人的高级心理机能的社会文化理论的不断探索。维果茨基从马克思主义活动观出发，提出了活动中语言符号作为工具中介的思想，认为在活动中语言和思维协同发展。语言是一种符号系统，它由形式和意义构成，形式和意义来自人们的约定俗成，但在一定程度上讲，形式能够反映意义，意义又能通过形式得以体现，二者之间对立统一的关系构成了语言系统。①对概念的传统研究只是把注意力集中在词语的形式方面，很少有人把概念形成的心理过程考虑在内。维果茨基及其合作者通过实验的方式模拟了儿童概念的形成过程，提出了概念形成的"三阶段"说：从词语的无组织聚集阶段到确定词语之间的相互联系的复合思维阶段，再到概念思维形成的概念阶段。由此可见，儿童概念形成经历了一个由感觉到知觉、由具体到抽象的过程。

与儿童概念形成不同的是，青少年学习俄语通常开始于对概念本身的了解，而不是从直接接触事物开始。也就是说，中学生俄语的学习从掌握语音及语言规则开始，经历了由理性到感性的认知过程。学校教育中青少年外语学习与儿童自然掌握语言顺序不同，这也是现代学校教育中学生外语学习的基本路径和模式。为此，维果茨基区分了儿童自发形成的"日常概念"和"科学概念"。科学概念的掌握过程类似于外语学习过程，学习外语是一个从开始起就有意识的认知过程，它通常以一些

---

① 高凤兰：《俄语学习论》，黑龙江人民出版社，2008，第149~152页。

语音和语法等形式的认识为先决条件。学习者在言语发展的起始阶段便能充分把握语言符号和意义之间的关系。所以青少年进行外语学习时，一些高级的语言规则通常比自发的、流利的言语先发展起来。中学俄语活动课程研究从青少年的心理发展特点出发，尝试通过实践活动的方式增加青少年学生亲历的感性生活经验，先接触大量的事实知识，再进行抽象与综合。同样如此，一个成功的活动课程模式应该为学习者创建一个良好的情境，促进外部感性信息经过注意、记忆、理解和抽象等方式逐步内化。所以，中学俄语活动课程提倡创建有利于学生发展的言语交际活动项目。要知道，交往是活动最重要的形式，是形成高级心理机能的社会基础，没有交往，心理机能就不可能向高级机能发展。随着儿童和青少年交往的扩大化及复杂化，他们掌握了更多的交际手段，心理机能不断完善，最后形成完整的自我调节系统。

（四）言语活动中的言语自动化机制

根据俄罗斯言语活动理论，言语不是语言的简单外显形式，它有着自己特殊的结构与功能，所以，言语首先是一种语言流（поток языка），即言语的自动化过程是一系列话语的内部综合。[①] 由此可见，言语的本质是一种实践活动，这种活动是具有某种共同倾向的一系列复杂行为的综合过程，并且有要达到的确定目标。在言语活动理论的影响下，关于言语发生过程中言语的自动化问题，俄罗斯很多学者提出了自己独到的见解。列昂捷夫指出，在活动理论研究范畴内，起决定作用的研究内容是言语产生的心理机制和过程问题，也就是决定潜在可能性的一系列生理和心理因素与现实行为活动的相互关系。在言语活动研究过程中，心理学家面对的最基本问题是言语机制和言语活动过程的关系，因为言语机制是在语言作为客观知识系统被掌握的过程中形成的。另外，言语的自动化实质就是作为物质的语言在一定条件下被转化为作为过程的言语。对于语言学家来说，最主要的研究内

---

① Горлова Н. А. Методика обучения иностранному языку. М. : Академия, 2013, с.,47.

容是区别作为物质的语言与作为过程的语言。而逻辑学家最主要的研究内容是区别思维形式与认知形式。对于这一问题,哲学家也提出了自己的观点:言语活动和认知活动的过程始终是三因素统一的结果,即认知活动的客体、认知活动的主体和具有普遍意义的方法体系,这三种因素在言语活动的实践过程中有机结合,相互影响、相互作用,并得以发展。①

在外语学习过程中如何形成言语的自动化是一个十分重要的问题,至于如何学习、采用什么策略,学术界没有统一的观点。这主要取决于对人类三个方面的认识:一是对人类心理过程本质的认识,二是对人类认知过程本质的理解,三是对语言本质的看法。语言和言语的区别与相互关系是言语活动理论中的核心问题,它直接关系到对言语机制的认识。言语活动通常包括三个方面的内容:动机性、目的性和计划性。言语活动的产生源于需要,之后人们借助一定的方式和符号系统去计划实践活动,并确定最终目标,设计手段,最后达到使言语活动实现的目的。可以说,俄语活动课程设计的个体行为就是这三方面因素的统一,即活动开始于动机和计划,以结果的形式完成,进而达到既定的目标。当然,在这一过程中还有为达到目的而进行的操作和所采用的行为系统。中学俄语活动课程的设计离不开科学理论的指导,言语活动研究的目的就是使活动课程的设计更加有效地服务于学校的外语教育,使主体教育思想得以实现。

综上所述,言语活动理论对于中学俄语活动课程研究的重要作用是毋庸置疑的。言语活动理论的动机定向机制启发教育者在设计活动方案时要以学生的动机导向为立足点,设计的活动尽可能灵活多样,内容丰富多彩。儿童言语习得过程中概念的获得需要接触大量的事实知识,在此基础上进行抽象与综合。进行交际活动不仅能够提高学生在真实情境中对语言的应用能力,同时使学生在有声的言语交际中提升了对行为的调节能力,进而促进学生思维能力和思维品质的发展,这是进行

---

① 高凤兰:《俄语学习论》,黑龙江人民出版社,2008,第149~150页。

中学俄语活动课程研究的主要目的。所以，在俄语活动课程中设置真实有效的交际情境对于言语活动和言语训练来说至关重要，这也是俄语活动课程设计的关键环节。

第四章 俄语活动课程的内涵及基本特征

言语活动理论是俄罗斯心理语言学的核心，是进行俄语活动课程研究的重要理论基础。前面的研究中已经分析了言语活动的内涵及言语活动的生成机制。本章将从俄罗斯言语活动理论出发，结合我国基础教育中学阶段俄语课程标准的要求，阐述俄语活动课程的内涵与基本特征。由于时代背景不同，教育领域也曾出现过种种"活动课程"以及与活动课程类似的概念，为了更加清晰地掌握活动课程的内涵，在这里也做了相应的区分。

一 俄语活动课程的概念界定

活动课程相对于系统的学科知识而言，是更侧重于学生直接经验的课程。活动课程的主要特点在于强调知识来源于实践经验，主张学习必须与个人的实践经验发生联系，从学习者已有的经验开始，注重通过经验的获得与重构来学习。主张教学过程要尊重学生的主动精神，并以此作为教学的出发点与目标，打破传统的学科框架，以生活题材为学习单元。俄罗斯活动理论从另一研究视角验证了上述主张，倡导全面发展的人文主义教育理念，并与西方的活动课程理论遥相呼应。在教学中，活动理论强调活动在知识与技能内化过程中作为"桥梁"的作用。所谓内化和外化指活动对人的影响的两个方面。内化将活动中的知识、技能、理论等"内化"到人的头脑之中，是学习者对外在世界认识的改变。外化则是因内化而改变学习者行为，以及改变学习

第四章
俄语活动课程的内涵及基本特征

者行为方式的表现。在活动理论中，活动是由内化转向外化，再由外化影响内化的一个过程。人的心理和意识正是在外化与内化相互影响及相互作用中产生并发展的。此外，以列昂捷夫和维果茨基为代表的俄罗斯言语活动理论学派提倡个体言语发展的历史文化特征，基于言语活动理论的俄罗斯活动教育教学思想主张把知识逻辑与活动设计有机融合，既克服了经验主义的"唯经验"倾向，又打破了自古以来以知识传授为纲的局面，为进行俄语活动课程的研究提供了坚实的理论基础。

教育要实现人的发展，教育过程必须将儿童视为独立的个体，为每个人提供成功的机会，使他们的潜能得到充分发挥，这是进行活动课程研究的初衷。由于我国关于活动课程的研究起步较晚，对活动课程的认识还处于探索阶段，迄今为止关于活动课程还没有统一的概念界定。1996年1月，国家教委基础教育司颁布的《九年义务教育活动课程指导纲要（试行）》中明确规定了活动课程的内涵：活动课程是指学科课程以外，由学校有目的、有计划、有组织地通过多种活动项目和活动形式，综合运用所学的知识，开展以学生为主体，以实践性、自主性、创新性和趣味性以及非学科性为主要特征的多种活动内容的课程。由此可见，当时的活动课程指在学校以外，由教育行政部门有目的、有计划地组织和安排的课外活动。活动课程是学生自愿参加的、以学生活动为主的教育活动，它与选修课一样是学校课程体系的有机组成部分，活动的目的是让学生增加知识或者提高学习的兴趣。这就是传统意义上我国教育界对活动课程的解读。然而，进入21世纪，随着各国课程改革的不断深化，活动课程理念也在不断更新。活动课程不再是传统意义上的"课外活动"，而是以"学生"为中心，课堂教学设计以学生"参与活动"为目标的课程实施方式和课程理念。与此同时，出现了越来越多与活动相关的概念，如活动教育（деятельностное образование）、活动教学（деятельностное обучение）、活动观（деятельностный подход）等。这些概念内涵不同，但是它们的目标指向却是一致的——为了学生的全面发展，实现人文主义教育目标。

在世界各国教育改革浪潮的影响下，我国也积极进行基础教育课程改革。自 21 世纪初《全日制义务教育俄语课程标准（实验稿）》颁布以来，我国一直在进行义务教育俄语课程改革。新修订的《2022 版课标》进一步明确了"活动教学"的课程实施理念，强调俄语教育要以人的"全面发展"为本，关注学生的"学习过程"和"学习能力"。课程实施更加注重"综合性"和"实践性"，凸显对"素质教育"和"实践能力"的培养。

本书的研究对象聚焦在"活动课程"上，研究内容既涉及宏观层面的"活动教育"，也涉及微观层面的"活动教学"。与此同时，把"活动课程"视为介于"活动教育"与"活动教学"之间的概念，"活动课程"是"活动教育"实施的重要路径，而"活动课程"的实施主要体现在课堂教学中。作为课程实施的关键环节，课堂活动教学设计是活动课程实践研究的重要内容。与传统的活动课程相比，现代俄语活动课程的内涵发生了较大变化。本项研究依据言语活动理论，结合我国基础教育俄语课程标准的指导思想，提出俄语活动课程的概念：俄语活动课程是在教师的引导下，基于学生的经验，由学生自主完成的系统活动性课程形态。这里所指的活动课程不再是以往人们理解的"课外活动"，而是指学校中一切以学生主动参与、获取直接体验为特征的课程。

俄语活动课程的核心思想体现了活动教育的理念，俄语教学不再是单一知识传授的课堂教学模式。由此可见，俄语活动课程更加重视学生的直接经验，以学生的兴趣和需要为课程组织的中心。活动课程重视以学生的心理发展顺序来组织设计，引导学生从情境和问题出发，以自主、合作、体验和探究等方式去发现解决问题的办法与思路。俄语活动课程强调以主题设计为核心，在有效培养学生语言实践运用能力的同时，发展学生的创新能力、自主精神以及与他人合作的能力。作为基本的课程形态，俄语活动课程关注学生多样化的学习方式，主张转变过去以语言知识传授为基本方法和以语言知识结果的获得为直接目的的传统教学方式。

二 俄语活动课程的理念与内涵

美国进步主义教育的先驱杜威（J. Dewey）对活动课程领域的贡献令人瞩目，杜威的教育思想与他的活动课程理论密切相关。他主张"教育是一种过程，生活本身即教育目的，教育目的来源于经验"。[①] 杜威从进步主义的经验课程视角展开研究，并强调活动课程的目的与功能具有"内化"性，而非外在的强迫与控制。俄语活动课程基本理念与杜威的教育目标相同，基于言语活动理论的中学俄语活动课程与传统课程相比，更符合青少年学生的身心发展规律，关注学生发展的内部需要，强调在教学工作中尊重学生的个性，提高学生参与学习活动的积极性和自主性。杜威的教育理论主张学校教育应该从"学科课程转向活动课程，转向经验课程"，解决这一问题的方法就是利用经验理论，转向活动课程。[②] 杜威虽然指出了活动课程本身是一个由各要素组成的、不断变化的关系系统，但是关于课程的连续性发展，杜威并没有给出更好的解决办法，只是从理论上开辟了一个新的研究方向。俄罗斯言语活动理论以其独特的哲学方法论视角及理论联系实际的可操作性研究成果，为俄语活动课程的研究提供了强有力的支撑。

（一）俄语活动课程与传统课程的关系

传统课程关注系统文化知识的传授，有助于学生在短时间内掌握知识的结构体系，主导价值在于通过课程让学生掌握、传递和发展人类系统的文化遗产。活动课程更加关注学生参与学习活动的主动性，使学生在活动中获得关于现实世界的直接经验和真实体验。20世纪90年代以来，随着终身教育思想的普及和课程理论思想在我国教育领域的发展，活动课程被赋予了新的含义。传统课程与活动课程的不断融合已成为一种发展趋势，在当前的课程改革中，活动课程有着比以往任何时候都更重要的意义。俄语活动课程强调学校里课程内容的安排要按照"主题"顺序，并遵循学生心理发展的特点来组织课堂学习活动。因此，活动课

[①] 任伟伟：《杜威"活动课程"理论评述及启示》，《高等教育研究》2005年第1期。
[②] 张华：《经验课程论》，上海教育出版社，2000，第45~47页。

程不仅有利于增强学生与文化、科学知识的交互作用，更有利于学生人格的不断完善。俄语活动课程强调系统实践活动的重要意义，重视让学生通过亲身体验获得直接经验，有利于培养学生解决实际问题的能力。

然而，青少年的心理发展不同于儿童阶段，活动课程的安排也不能过分夸大学生个人经验的重要性，忽视系统学科知识的学习和思维能力及其他智力品质的发展，最终降低学生的系统知识水平。由此可见，俄语活动课程并不否认传统学科课程逻辑经验的教育价值，其反对的是以脱离学生心理经验的方式去进行抽象的知识学习。当然，传统学科课程的学习也有它的存在价值，通过课程的学习，可以提高学生心理成熟的程度。但杜威同时强调，不能误把教育的"目的"当作"手段"。如果说传统学科课程代表着教育追求的目的，代表着个体成熟期的学习方式的话，那么，活动课程或教材追求的外部信息的"心理化"则代表着教育的手段，代表着个体的学习方式。由此看来，传统课程与活动课程在课程目标上没有本质的矛盾，如表4-1所示，由于知识获取的方式和路径不同，二者在诸多方面存在明显差异。

表4-1　活动课程与传统课程的对比

内容	传统课程	活动课程
课程价值	知识本位	经验与逻辑知识统一
课程内容	重视语法体系的完整性	侧重实践性知识
方法手段	以讲授为主，强调技能训练	主动参与，强调兴趣
实施过程	按照学科内在逻辑组织课程，内容安排以语法为线	按照心理发展规律和学科内在逻辑组织活动
师生关系	教师授业为主，学生处于服从地位	教师是活动组织者，以学生为主体
评价体系	横向考核，选拔甄别，注重结果	纵向考核，自主多样，关注过程
学习动机	注重外在学习动机	注重内在学习动机

从表4-1中可以看出，传统课程至少抛弃了两件最有价值的东西：一个是知识的产生过程，另一个是获取知识的主体——学生个体。通过

知识传授的方式，学生从传统课程中接受一个个精心构筑的知识体系，而在"讲授"过程中教师只灌输了前人的研究成果，也就是现成的结论，学生即使通过一定的模仿和操练，解决的往往也只是该学科中创造程度较低的问题。

表4-1中关于动机的问题也应该值得关注。学习动机（мотивация）通常指引发与维持学生的学习行为，并使之指向一定学业目标的动力倾向。学习动机可以分为学生的内部动机和外部动机，列昂捷夫（Леонтьев А.А.）的言语活动理论对动机的结构做了充分的研究，他认为，无论什么活动都要符合主体的一定需要，活动所指向的目标就是活动的真正动机。活动离不开对动机的研究，而活动过程中最重要的环节就是激发人们的活动动机。动机、兴趣、需要等非智力因素的动力作用是引起学生学习并促使智力与能力发展的内驱力。动机对俄语学习具有明显的推动作用，通过努力、集中注意和对学习积极准备等内在因素来影响认知过程。这些内在因素的定向调节作用指把某些认知行为的组织情况固定化，这取决于学生的意志品质和价值观等因素，其中意志品质对学生的俄语学习活动和心理过程起到调节作用，价值观能使学生的学习行为更具有目的性和方向性，排除和克服各种干扰学习的不良因素。维果茨基对儿童智力发展问题的研究给予教育者很大的启示，他认为儿童智力因素以外的非智力因素属于意向活动的范畴，对认识活动起到定向与强化的作用。所以说，非智力因素能够直接强化学习动机，成为推动学生学习俄语的内在动力，可以帮助学生确定学习目标，引导他们主动自觉地学习。俄语活动课程倡导学生内在情感、动机的培养，与传统课程相比，二者在动机的培养方面显示了较大的差异。活动课程倡导学校教育要尊重学生的主体性，开展的学习活动要有利于发展学生的主动性和积极性。

（二）俄语活动课程与经验课程的关系

谈到经验课程，不得不提到哲学认识论中的经验主义与理性主义之争。古希腊哲学家亚里士多德指出："理念不能独立于外部世界而存在，外部世界是人们感觉经验的基础。"①亚里士多德的思想经过英国哲学家洛克、贝克莱、休谟和穆勒等的发展成为哲学史上的经验主义。经验主义强调感觉经验在认识中的基础地位，认为只有经验能给人提供世界的真实图景。而柏拉图却提出了"真正的知识是不能通过感觉获得的，只有通过心灵自身"，也就是说，真正的知识产生于推理，理性是知识的源泉，所有知识都是有机体与生俱来的，是潜在具备的。柏拉图的哲学思想经过法国哲学家笛卡尔等的发展成为哲学史上的理性主义。理性主义和经验主义在对待知识的起源及知识的本质等问题上的纷争，对后来学习理论流派的形成和发展产生了十分重要的影响。20 世纪初形成的行为主义外语学习理论具有典型的经验主义特征，与其相对应的认知主义外语学习理论则更多地显现出理性主义特征。经验主义和理性主义这两大认识论哲学思潮成为 20 世纪外语学习理论两大流派——行为主义学习理论和认知主义学习理论的哲学之源。

通过比较不难发现，行为主义学习理论更多关注的是行为的变化以及引起变化的条件。行为主义学习理论提出的诸多学习规律，如学习的准备率、频因律以及近因律等，对现在的俄语学习仍然有较高的借鉴价值。行为主义思想影响下的俄语学习理论十分注重学习过程中的模仿和练习，主张反复训练，形成习惯。认知主义学习理论重视对学习活动的内部心理过程和心理机制的研究，强调俄语学习过程中理解和内化的积极作用，重视通过综合、归纳和概括等思维活动掌握学科知识规则和基本结构，以促进学生认知结构的发展。经验课程的哲学基础，很显然是经验主义。法国自然主义教育家卢梭继承了经验主义哲学思想，提出了"教育过程应与儿童身心发展的各个阶段相一致"的观点。19 世纪末 20 世纪初，美国的杜威发扬了活动教育思想，提出了"儿童中心课程"，即"经验课程"或"活动课程"，以儿童从事某种活动的兴趣和动机为中心组织课程。杜威的"经验"与传统意义上的"经验"不同，杜威把"经验"定义为有机体与环境之间的相互作用。因此，杜威的"经

---

① 约翰·杜威：《民主与教育》，俞吾金、孔慧译，华东师范大学出版社，2019，第 267 页。

第四章 俄语活动课程的内涵及基本特征

验课程"是一个兼容并蓄的整体,既包含儿童的经验,也包含学科知识逻辑。杜威的经验课程强调,儿童的发展是一个"长期持续不断的社会化过程,是儿童内部心理条件和外部社会条件相互作用的结果",这种相互作用是通过活动产生的。在杜威的理论中,"经验就是人与环境相互作用的过程,是人们获取知识、形成能力和提高修养的有效途径"。[①]而在俄罗斯言语活动理论中,维果茨基创立的心理与意识的文化历史观,同杜威的经验课程相比,更加强调人的心理发展中社会经验的重要作用以及向高级心理机能转化的条件。儿童的个体心理发展是社会经验的获取过程,在这一过程中活动是发展的动力因素,个体的动机系统在活动中发挥着非常重要的调节作用,发展的目标是向更高一级心理机能的自然转化。因此,俄语活动课程不反对知识的系统学习,但是一定要建立在学生"经验"的基础上,也就是说教育与教学的过程和结果同样重要,活动课程的目的是给学生呈现知识的形成过程,让学生在这一过程中掌握与理解所学知识及规则。俄语活动课程符合辩证唯物主义的相互作用的哲学思想。

辩证唯物主义的相互作用理论科学地阐释了经验主义和理性主义之间的关系。按照相互作用理论,无论是经验主义,还是理性主义,都不能揭示认识的本质,经验主义坚持认识始于感性经验,却忽视了理性认识的本质与科学抽象的重要意义,感性认识只能提供个别的、偶然的知识经验。辩证唯物主义的相互作用论还强调,感性认识和理性认识是人类认识过程中的两个方面和必要环节,在实践基础上产生和发展起来的人的认识,经历着由实践到认识,再由认识到实践的过程。[②]作为认识过程两个阶段的感性认识和理性认识相互作用、相互渗透、互为补充,而且在一定条件下还可以互相转化,也就是说,只有被感觉到的东西,人们才能真正地理解它。因此,任何把感性认识和理性认识分裂开来的观点都违背了马克思主义认识论。在人类的认识过程中,感知是理论认识的前提和起点,没有经验和直观,任何科学抽象都是不可能的。俄语

[①] 约翰·杜威:《民主与教育》,俞吾金、孔慧译,华东师范大学出版社,2019,第267页。
[②] 费·瓦·康斯坦丁诺夫:《马克思列宁主义哲学原理》,三联书店,1976,第139页。

学习亦是如此，俄语学习行为是一个完整的认识过程，从语言的声音、词形等感性认识到语言的语法规则等理性认识，同时又以理性认识的形式反过来指导新的言语实践活动。而言语实践和理性认识每一次交互作用的结果都会促进俄语学习发展到更高一级的层次。

俄语学习是一种特殊的认识过程，这是因为学生学习的外语语言知识和经验多是在脱离客观语言环境基础上的间接经验，这一过程中所获得的知识经验必须在实践中才能得到充分验证，才能完成内部言语向外部言语的转化，并反过来促进内部外语知识结构的进一步积累和完善。[①]坚持外语学习中的"实践性原则"，把俄语知识与规则放在具体情境中，给学生回到事实本身的机会，这是现代俄语活动课程研究与设计必须遵循的前提。与经验课程相比，俄语活动课程显示出较强的优越性，它把活动与知识的系统化学习有机地结合起来。俄语活动课程的研究设计考虑到了我国基础教育俄语课程的实际情况，同时也借鉴了俄罗斯及西方教育发达国家基础教育外语课程实施的成功经验。

三 俄语活动课程的基本特征

基于俄罗斯言语活动理论的俄语活动课程不同于传统课程，其更关注学生个体经验的获得过程。俄语活动课程也不同于杜威的经验课程，与经验课程相比，俄语活动课程更加关注学习活动中学生的内部动机因素，以及个体心理成熟过程中社会文化的重要意义。归纳起来，俄语活动课程具有以下基本特征。

（一）俄语活动课程的主体性

俄语活动课程更加强调教学过程中关注学生的主体性发展，主张根据学生的实际需要，发展学生参与活动的主动精神，调动学生俄语学习的积极性，引导他们形成正确的动机。主体性发展（Развитие субъективности）理念是俄语活动课程研究的理论基点，也体现为俄语

---

① Леонтьев А. А. Язык и речевая деятельность в общей и педагогической психологии. М.：2003, с.360-362.

第四章
俄语活动课程的内涵及基本特征

活动课程的内涵和本质特征。关于主体性发展的概念问题，就目前的研究来看，我国教育理论界还未达成共识，研究者从不同的角度给予主体性发展不同的解释。但有一点是共通的：主体性发展离不开现实的教育，主体性发展教育的实质就是教育者借助有效的教育手段和方法，将人类的优秀科学文化知识和经验转化为受教育者的品德、才能与智慧，即将社会的精神财富内化为学生主体素质的过程。综上所述，主体性发展教育指根据社会发展的需要和现代化的要求，教育者通过启发、引导受教育者内在的教育需求，创设和谐、宽松、民主的教育环境，有目的、有计划地组织和规范各种教育活动，从而把受教育者培养为能够自主地、能动地和创造性地进行认识和实践活动的社会主体。简单地说，主体性发展教育是一种培育和发展受教育者主体性的社会实践活动。俄语活动课程的主体性发展教育指在教师的指导下，学生通过活动的方式，自主地、能动地和创造性地进行俄语认知与实践活动。俄语活动课程以促进学生全面发展为宗旨，以学生在学习活动中的主动参与为特征，以小组活动学习为基础，以营造开放、和谐的课堂氛围为前提，让不同层次的学生都能积极、主动、愉悦地参与学习活动。

活动教育思想是主体性发展理念的重要组成部分，活动课程是主体性发展教育实施的过程和途径。俄语课堂学习活动是一种交往活动，注重活动性体验，强调理性认识与非理性认识的统一。只有通过积极主动的实践活动，作为外部经验的教学内容才能转化为学生的内部经验，并形成新的、特定的认知结构。根据辩证唯物主义的实践认识论，人的主体性不是与生俱来的，而是通过人的自觉能动的活动而获得的。活动课程的目的是培养具有主体素质的人，中学生正处在身心发展的高峰期，学校教育应该抓住学生发展的黄金时期，教师更应该采取多种多样的教育方式与教学手段来践行主体性发展的教育理念。活动课程是发展学生主体性的主要途径，教师可以通过活动课程的各个环节向学生有意识地渗透主体性发展理念。通过学校、社会以及家庭的共同努力，学生的主体性将获得极大的发展。

（二）俄语活动课程的差异性

按照言语活动理论的基本观点，人的发展永远离不开人与人之间的共同活动，认知活动不能被视为个体对直接经验和间接经验的机械反应，言语经验（речевой опыт）的获得是人主观意义上的选择，因为在同样的社会情境中，不同个体的体验效果和认知结果各不相同。由此可见，个体的社会化和个性化是人成长过程中既对立又不可分割的两个组成部分，教育的社会功能和个体功能具有内在的联系，并在实践活动中共同发挥作用。因此，在进行活动课程研究时既要考虑学习者的共性特征，又要关注他们的个体差异。现代青少年学生的认知水平和心理发展呈现一定的规律性，学生在认知方面表现出明显的信息化特征，他们具有强烈的求知欲望和探索精神，兴趣广泛、思维活跃，喜欢各种制作活动，在文体活动中表现出极高的创作热情。中学阶段的学生正处于自我意识高涨的时期，他们要证实和展示自己的能力与才华，极力想摆脱过去那种"被动接受"式的学习方法以及对书本知识的依赖。此外，由于学习活动和交往活动在深度与广度方面的限制，青少年学生还表现出身心发展的未成熟性，主要体现在他们大脑中积累和存储的知识经验十分有限，而且在自我意识、自我认识能力以及认知水平方面也表现出了很大的差异性，因此大部分学生对自己的学习行为难以独立和自觉地实施计划及调控。

此外，中学生在认知活动中通常会表现出一些共性特征和个体差异，一般来说，他们在智力方面的思维能力、解决问题的能力以及创造能力等都是可塑的，可以通过学习活动来提高。非智力因素中的动机、兴趣、情感及需要等应该在教育和课程活动中依靠正确方式与方法来引导。学生个体差异表现中的个性品质、年龄及认知风格等是相对比较稳定的心理结构系统。不同的学者对此有不同的理解和看法，但一般认为，个性品质（личность）是一个人对待现实的稳固态度以及与之相适应的行为方式的结合。性格在个性品质中起到核心作用，对性格结构的认识，常见的有两种划分方法：一种是从性格表现的倾向性来划分的，认为性格包括内倾和外倾两种；另一种是按照性格的动力结构来划分的，认为性格包括态度特征、意志特征以及情感特征。在态度特征中，个体对待学习的态度与智力活动有着密切的联系。在研究中经常发现，一些智力水平相当的中学生，由于他们对待学习的态度不同，最后取得的成绩也有很大的差别。按照因素分析法，人们通常把认识活动的影响因素分为外部因素和内部因素。内部因素中的两个方面，通常被称为智力因素和非智力因素。非智力因素虽然不直接参与认识过程，但是其对认识过程的影响表现它的动力作用和调节作用等方面。

（三）俄语活动课程的系统性

俄语活动课程在设计过程中更加注重活动设计的系统性。系统活动的课程理念在研究现代青少年认知发展规律和特点的基础上，强调在教学过程中把言语能力的综合发展放在首位。活动课程的系统性同时也指活动的系统性，俄语活动课程设计中的系统性表现在以下两个方面。一方面，同一类型的活动项目，不同年级的学生参与的水平和程度不同，所以在活动任务设置时要根据学生的认知能力和活动水平差别对待；另一方面，同一年级的学生由于认知内容不同，活动类型的选择也不尽相同。系统活动在教育领域中应用时间较长，其中取得丰富经验的是俄罗斯的基础教育领域。系统活动观作为一个特殊的概念被引入俄罗斯教育领域是在20世纪80年代，作为俄罗斯基础教育新课程标准的首要方法论原则，它的目标指向是儿童的个体发展。根据俄罗斯言语活动理论，活动具有完整的系统结构特征，其内部结构可以从纵向和横向发展的两个方面来研究：纵向结构通常指按照时间的顺序，由目标确定、计划制订、活动实施以及结果检验等过程组成的不断循环的动态结构系统；而横向结构通常指由动机、目的、需要以及活动实施的各要素组成的心理结构系统。列昂捷夫认为，需要、动机、目的以及达到目的的条件与活动过程的具体操作共同构成了活动的动态系统结构。外语学习过程可以通过发展学生的言语活动功能，促进与功能相对应的个性品质特征的发展。学生的言语活动水平和个性品质特征的发展程度，是衡量学生外语能力的重要指标，同时也是个体发展指向外语教育的目标追求。

从心理学层面讲，活动总是系统的，系统活动课程开发的目的是通过系统的活动设计，培养学生主动参与活动的意识，包括确定目标、活动设计以及独立或与他人合作解决问题。系统活动课程倡导在活动的具体任务情境中，通过"通用学习行为"的培养，使学生获得今后继续学习所需要的基本素质和能力。这些基本素质给学生提供了获取新知识、发展各方面能力的基础和条件，其中包括组织学习的能力，也就是"学会学习"。俄语系统活动课程要求学生获取的不是现成的俄语知识体系，而是系统掌握俄语的方法体系，并且要求学生不断完善这个方法体系，以促进通用学习行为能力的形成。学校系统活动课程的培养目标是发展学生的通用学习行为，这是一种概括的行为能力，是我国当前教育领域所提倡的素质教育和终身教育实现的有效途径，完全符合联合国教科文组织在全世界倡导的学习化社会的教育理念。

（四）俄语活动课程的连续性

俄罗斯言语活动理论认为，儿童言语活动的发生是一个连续不断的过程，在这种言语活动中儿童的认知能力不断向前发展。同样，杜威也曾经说过："每种经验既从过去的经验中继承某些东西，同时又以某种方式改变着未来的经验。"按照杜威的实用主义经验观，这种连续性的原则具有普遍性，任何形式的经验都是以已知的事实为基础，这些事实与经过改变后的经验共同成为个人经验的组成部分。经验的这种承上启下的连续性原则与系统活动课程所倡导的"活动的系统性"相一致，也就是说，在设置活动课程时，要关注活动安排的连续性和系统性，有效的活动是建立在前一次活动结果的基础上，新的活动设计同时要具有更新已有活动结果的作用，这样的活动才能够促进人的发展。只有注意到活动的连续性，才能使零散的活动系统化，活动课程的连续性也就决定了活动课程的系统性。在俄语教学活动设计中，要坚持活动设计的连续性，切实保证活动内容和方法的继承性。系统活动观的课程方法论提供了活动范式下教育体系发挥作用的必要条件和行动准则，为促进科学的外语教育课程的设计与实施提供了指导方向。

（五）俄语活动课程的交互作用性

俄语活动课程的交互作用性来源于辩证唯物主义认识论中的相互作用理论。根据相互作用理论，儿童的语言发展是天生的能力与客观条件相互作用的结果。言语发展离不开言语活动中主客体之间的交互作用，人的经验获得是在外部客观条件和内部条件的相互作用下发生的，正是这种相互的作用，构成了经验产生的情境（ситуация）。在杜威看来，传统教育的弊端在于忽视了对内部经验因素的关注。杜威关于外部客观条件与内部条件同等重要且相互作用的思想集中体现了他的自然主义教育哲学本质。杜威的这一理论与俄罗斯心理学家列昂捷夫（Леотьев А.Н.）"内部活动源于外部活动"的观点虽然相近，但是俄罗斯心理语言学中"内部言语和外部言语之间的关系"理论更进一步证实了活动课程的交互作用特点。维果茨基把知识与学习看作外部环境与主体相互作用的结果，他十分强调社会活动和文化情境在学习中的重要作用。言语活动理论强调在学习过程中学生参与实践活动的重要性，认为人的心理结构与机能只能产生于人们之间的协同活动以及人与人的相互交往之中。外语学习同样如此，俄语学习行为是一个完整的认识过程，从语言的声音、词形等感性认识到语言的语法规则等理性认识，同时又以理性认识的形式反过来指导新的言语实践活动。而言语实践和理性认识的每一次交互作用的结果都会促进俄语学习发展到更高一级的层次，这符合辩证唯物主义的认识论。

综上所述，俄语活动课程的主体性、差异性、系统性、连续性和交互作用性等特征是研究活动课程设计时首先要遵循的基本原则。活动课程的主体性是建构活动课程的目标追求，系统性是进行活动课程研究的方法论原则，交互作用性是活动经验产生和完善的内部机制，而连续性是学生由低级心理机能向高级心理机能持续发展的重要条件和保障。在进行课程设计时要更多地关注学生的内部因素，也就是动机、兴趣、需要等各种心理要素。内部因素通过活动的中介起作用，根据俄罗斯心理语言学理论，外语学习过程通过发展学生的言语活动功能，促进与功能相对应的个性品质特征的发展。"实践是人特有的存在方式"，实践活动是认识发展的基础。学生的主体性在活动中生成与发展，所以必须培养学生的主体意识以及主动参与实践活动的能力，通过主体与客体的双向建构以及个体与群体的双向建构，实现主体的发展。学生主体性发展水平存在明显的个体差异，发展主体性教育应该关注学生的个体差异。决定主体性发展水平的内部因素包括学生的成就动机、智力水平、知识结构、活动能力、学习策略以及人格特征等，外部因素则表现为学校教育、家庭教育以及社会教育。因此，一方面应该采取有效措施改善主体素质结构，另一方面要努力建构和优化教育环境及条件。

第五章　俄罗斯外语活动课程体系及案例研究

俄罗斯基础教育活动课程理论的研究与实践探索一直是各国教学研究关注的焦点。俄罗斯基础教育外语活动课程体系建立在对言语活动理论的研究与实践探索的基础上，在活动内容及主题设计过程中充分考虑了学生心理发展的规律和个性特征。由于外语活动课程的设计与实施是一个十分复杂的过程，加之在课程实施中存在许多不确定性因素，因此，对俄罗斯外语活动课程体系及案例的研究就显得非常重要。为了进一步探讨俄罗斯基础教育活动课程的实施情况，带着研究任务，笔者远赴俄罗斯远东地区工作。在两年的工作时间里，先后走访了多所俄罗斯国际语言学校和中小学外语课堂，实地考察并记录了基础教育活动课程实施的状况，留下了大量宝贵的课堂观察音像资料。本项案例研究将立足于俄罗斯言语活动理论，探讨俄罗斯活动课程体系，并对俄罗斯基础教育中学（6~9年级）活动课程的典型案例进行分析，为我国中学俄语活动课程的设计提供理论与实践方法的指导。

一　俄罗斯基础教育传统课程范式的现代化发展

在现代教育中，"课程范式"被视作课程理念及实施策略的集合体，它是科学理论和方法论的综合，而一种新课程范式的出现往往又与教育思想和教育活动类型的转变有着密切的关系。基础教育课程改革是俄罗斯当前教育领域的一项重大事件，俄罗斯正从传统的教育体制中走出来，努力探索现代化的教育发展道路。然而，课程改革不是轻而易举就能成功的，这首先取决于教育决策者与改革推行者对传统课程范式局限性的认识，以及对现代课程范式下课程体系建构的深刻思考。近些年来，一系列与此相关的课题已经成为俄罗斯教育研究者关注的焦点，他们在基础教育课程改革领域的探索经验很值得研究。不仅如此，还可以从俄罗斯基础教育传统课程范式向现代化发展的进程中，得以一窥外语活动课程设计理念及实施策略的渊源。

《俄罗斯大百科全书》（«Энциклопедия»）记载，俄语中"парадигма"（范式）一词来源于古希腊语"paradigma"，为"榜样""典范"之意。在俄罗斯教育领域中，课程范式虽然是一个新兴的研究范畴，但是近些年研究成果不断涌现。关于学校课程的研究已经不再局限于教学模式层面，出现了诸如课际关联（межпредметная связь）、元课程观（метапредметный подход）以及课程体系（предметная система）等一系列课程领域的概念和理论。在西方，一般认为，最早对范式理论进行系统阐述的是美国历史学家托马斯·库恩（Томос Кун）。根据库恩的观点，范式是进行科学研究的理论基础和实践规范，是从事某一领域科学研究的群体应该共同遵守的行为准则。[①] 课程范式的存在为教育科学提供了可供参考的研究纲领和可以模仿的成功典范，同时也对课程研究起到规范的作用。现代教育科学中课程范式理论的运用有助于学者厘清基本的课程体系模式，研究这些模式的实质和特征，并将其广泛应用于解决教育教学中的重要课题。

关于俄罗斯现存的基础教育课程范式，人们很难说得清哪个好或者哪个不好，每一种范式都在一定程度上符合特定历史阶段的发展规律和对教育本质的认识。俄罗斯当代著名教育家博古斯拉夫斯基（Богуславский М.В.）和科尔涅托夫（Корнетова Г.Б.）根据教育目的的指向性，把课程范式分为社会发展指向课程范式和个体发展指向课程

---

① Омарова В.К. Современные парадигмы образования. Павлодар:Артест, 2009, с.15.

范式。① 社会发展指向课程范式的教学目的是培养学生适应社会生产和生活的需要，而个体发展指向课程范式以学生的和谐发展为目标。然而，这种课程范式的分类目前并没有被大多数学者认可。很明显，博古斯拉夫斯基和科尔涅托夫的分类似乎过多地从教育功能出发，缺少对学校课程本质的考察。众所周知，教育的基础是文化，所以分析课程范式一定离不开文化的概念范式。关于课程范式，俄罗斯当代教育界普遍接受的观点是著名学者皮里波夫斯基（Пилиповский В.Я.）的三分法。皮里波夫斯基根据"教育的文化与实践功能"二元论观点对课程范式进行了划分，他从文化的概念范式出发，结合俄罗斯国家教育发展历史，划分出了俄罗斯基础教育课程范式经历的几个不同阶段：传统认知课程范式、功能主义课程范式以及个体发展指向课程范式。② 这些课程范式的区分反映了人们对教育本质和教育功能的不同理解，以及教育在整个社会体系中的不同定位，而课程范式的变革也反映了一定历史阶段内教育的发展特征和规律。

（一）传统认知课程范式的社会化变革

传统课程范式下的教学过程被看作学生掌握科学知识的唯一途径，学校被视为老一代人优良文化遗产保存和传承的社会机构。长期以来，俄罗斯中小学从课程理念到课堂教学一直保持着传统的课程范式（познавательная парадигма），课堂中多采用典型的"知识传递式"教学模式。直到20世纪五六十年代，随着社会经济的不断发展，苏联对教育和人才的要求也日益提高。教育要满足社会需求、促进社会发展等问题成了人们关注的热点。人们试图通过教育的力量来解决国家和社会所面临的政治、经济、科技、人口、能源以及意识形态领域的一系列问题。在这种社会大背景的影响下，为了顺应社会的需要，20世纪60年代，苏联开始在外语教育领域大力普及和应用自觉实践法

---

① Богуславский М.В. История педагогики: методология, теория, персоналии. М. : Издательский центр ИЭТ, 2012, c.43.

② Степанова Е.Н. Личностно-ориентированный подход в работе педагога: разработка и использование. М. : Творческий Центр, 2013, c.128.

(сознательно-практический метод)。自觉实践法受到了欧美国家进步主义教育思想的影响,同时吸收了苏联现代教育学和心理学的成就,坚持以社会功能中心为取向的教育理念和实践原则。学校课程教学目的是让学生掌握社会中主流价值观念、行为规范和道德信仰,从而实现个体的社会发展。课程内容是社会生产中的实用任务和主题,社会实践在学习中获得了重要意义,是学校教育不可缺少的重要组成部分。[1]苏联的此次课程改革建立在功能主义课程范式(фукциональная парадигма)的基础之上,在功能主义课程范式下,教育体系及其各个组成部分被视为平衡社会差异和改变社会状况的路径与条件,教育在政治、经济和文化等因素的共同作用下发生了功能上的转化。

俄罗斯著名社会学家索罗金(Сорокин П.А.)曾经说过:"功能主义教育中个体在社会上的角色是根据他们能否成功完成社会中的某种功能来分配的,所以学校与其他政治、经济以及道德文化机构一样,在人的社会化发展过程中起着重要作用。"[2]索罗金对功能主义教育给予了充分的肯定,他认为功能主义课程范式下的学校教育在社会化大生产的推动下,具有实现社会生产、推动科学发展的预定特征。根据社会对人的需求,学校的教学计划和教学大纲被标准化和类别化,它们首先指向的是经济发展的需要和人的科学技术意识。功能主义课程范式下的基础教育课程体系培养目标有利于人才和社会资源的整合与合理配置,对当时苏联社会的和谐稳定发展起到了非常积极的作用,大量新知识和新技术的涌现推动了社会的变迁与发展。当然,人们也应该看到,建立在教育过程集约化、最优化和统一化原则之上的教育目标和教学过程,缺少对学生个体发展内部因素的考察,它们的偏执与缺陷是显而易见的。

(二)功能主义课程范式的人性化发展

功能主义课程范式下的传统课堂教学坚持把国家和社会的需要放在

---

[1] Богуславский М. В. Преемственность и новаторство в развитии основных направлений современной педагогической науки России. М.: Академия, 2012, c.128.

[2] Сорокин П.А. Структурная социология. М.: Знание, 1992, c.112.

第五章 俄罗斯外语活动课程体系及案例研究

首位,社会主义经济生产任务决定了苏联学校教育的目的和出发点。到了20世纪七八十年代,时代背景和人的观念都发生了变化,教育的人性化问题被鲜明地提了出来。苏共二十七大确立了社会主义人性化发展的方针,明确把学生个性发展放在了教育工作的核心位置。苏联国家教育委员会在1988年颁布的《普通中等教育构想(草案)》(以下简称《草案》)中明确提出:"人是社会主义社会的最高价值,所以要发展个性教育,树立个体自我决定(самоопределение)的思想。"[①] 根据《草案》的要求,必须把那些庞杂又远离儿童生活的教育内容从学校教育中剔除,取而代之的是现实的、保证儿童个性发展且与儿童生活贴近的认识问题。按照心理学的观点,社会化不能被视为个体对直接经验和间接经验的机械反应,经验的获得是人主观意识上的选择,在同样的社会情境中不同个体的体验和认知各不相同。[②] 所以说,个体的社会化和个性化是人成长过程中既对立又不可分割的两个组成部分,教育的社会功能和个体功能具有内在的联系,并在实践活动中共同发挥作用。

进入20世纪90年代,俄罗斯经历了重大的社会政治、经济体系乃至文化领域的变革,然而教育人性化的呼声并没有停止。面对21世纪全球化的挑战,教育改革已是大势所趋,此次教育改革主要强调提高教育质量和人文价值,最大限度地满足日益增长的国际竞争力的需要。经过长期的努力,2004年3月,俄罗斯联邦教育部正式颁布了第一个基础教育阶段国家课程标准(ФГОС)。国家课程标准以法令的形式规定了基础教育课程总的指导思想与学生培养的基本目标和水平,以及各学科课程内容标准与规范。随着基础教育阶段国家课程标准的制定,儿童教育研究获得了更加重要的地位。教育要实现人的发展,教育过程必须将儿童视为独立的个体,为每个人提供成功的机会,使他们的潜能得到充分展现。[③] 根据国家课程标准的指导思想,俄罗斯基础教育阶段

[①] 苏联国家教育委员会:《普通中等教育构想(草案)(上)》,杜殿坤译,《外国教育资料》1988年第6期。
[②] 李秀伟:《唤醒情感——情境体验教学研究》,山东教育出版社,2007。
[③] Якиманская И.С. Личностно ориентированное обучение в современной школе M.:2012, с.96.

把发展学生的潜能、学习兴趣以及良好的个性品质放在了首要位置。教育的人性化是人文主义教育思想的核心目标,人文主义教育思想倡导儿童身心的和谐发展,崇尚个性自由,最大限度地发展个体的潜能。俄罗斯此次课程改革突出了人文主义教育思想在基础教育阶段的重要意义和价值,作为俄罗斯现代教育体系的核心,个体发展指向(личностно-ориентированная парадигма)这一新的课程范式由此走进了俄罗斯学者和教育工作者的视野。

(三)个体发展指向课程范式的确立

在俄罗斯传统教育哲学中,儿童的社会功能教育模式被看作教育的典范、认知活动的标准,这一模式认为,儿童只有在专门组织好的教育的影响下才可以成长,教学才能够保障儿童获取有充分价值的知识。而个体发展指向教育承认学生个体活动中主体经验的特殊性,尤其承认按照规定实施教育影响下的儿童内化。教育内容与学生个体经验的有机结合,是学生发展的重要因素。"教"与"学"是教学设计过程中要充分考虑的两个同等重要的方面,然而学习并不是教学的简单派生物,而是一种独立的、个体的活动,活动的动机和需要是个体发展的主要动因。

俄罗斯著名心理学家、国际教育科学研究会成员雅基曼斯卡雅(Якиманская И.С.)从20世纪80年代就开始致力于俄罗斯的个体发展指向基础教育研究。雅基曼斯卡雅领导的研究小组第一个系统地提出了在俄罗斯中小学建立以个体发展为中心的现代化教育体系的总体构想和实施方案,明确了现代学校教育的基本目标和原则。此外,研究人员还用大量事实论证了学校教学过程中创设和组织有益的活动对于学生个体发展的重要意义,指出了俄罗斯现代基础教育要尊重教育科学的作用。[①]教育要实现人的发展,满足儿童自我价值实现的需要,这一切都体现了俄罗斯现代基础教育的基本目标和价值追求。根据

---

① Якиманская И.С. Личностно ориентированное обучение в современной школе M.:2012, c.96.

第五章　俄罗斯外语活动课程体系及案例研究

《国家教育发展规划》要求，俄罗斯各州及边疆地区中小学校从2009年10月起开始实行新的《普通基础教育联邦国家课程标准》（ФГОС ООО）（以下简称《联邦课程标准》）。为了适应新课程改革的要求，《联邦课程标准》规定了基础教育中小学校的课程目标、课程方法和内容体系以及评价的相关内容。为了适应《联邦课程标准》的要求，国家统一考试（ЕГЭ）也进行了相应的改革。俄罗斯新课程改革总的指导思想即倡导建立个体发展指向的现代基础教育课程范式，倡导教学要关注中小学生个性化发展（индивидуализация），使之拥有高水平的社会文化能力。根据《联邦课程标准》的要求，基础教育阶段不仅要保证教育过程的活动性，而且应该通过活动的方式充分发展学生的通用学习行为能力（универсальные учебные действия），以求达到学生认知能力最大化发展的目的。[①] 此外，《联邦课程标准》还鼓励学生利用信息技术参与一系列设计活动，其中包括利用文献信息进行跨学科的设计活动。

2012年10月11日，俄罗斯联邦政府工作会议正式通过了《俄罗斯国家2013—2020年教育发展规划》（«Программы государственного образования на 2013-2020 г.»）。该规划明确了国家各个层面对教育的保障措施，同时确立了以培养学生对竞争环境的适应性、开发学生潜能和激发学生自主创新精神为核心的基础教育最高目标。促进学生形成正确的动机是现代基础教育的必要组成部分，该规划再一次把发展国民的人文精神和实现教育的现代化提到了重要位置。

二　俄罗斯现代基础教育外语活动课程体系

俄罗斯外语活动课程范式正是在国家基础教育课程范式的改革大潮中向现代化教育快速发展。为了能够在现代基础教育中顺利实现以个体发展为中心的教育思想，俄罗斯教育工作者和研究人员积极投身于新

---

① Горлова Н.А. Методика обучения иностранному языку. М.：Академия，2013，с.38-40.

的教育理论研究和实践探索中。根据《国家教育发展规划》要求，俄罗斯各州及边疆地区中小学校从 2012 年 10 月起全部开始实行新的课程计划和教学大纲，为了适应《联邦课程标准》的要求，国家统一考试（ЕГЭ）标准也进行了相应的改革。个体发展指向的现代基础教育课程范式改变了俄罗斯教育中的集体主义思想，倡导学生的个性化发展（индивидуализация），培养学生的社会文化能力。总体来说，其内容体系包括以下四个方面。

（一）通用学习行为培养的目标指向

作为基础教育阶段学校课程的主要培养目标之一，通用学习行为（УУД）培养是俄罗斯个体发展指向课程范式的一个突出特征。按照俄罗斯当代著名教育家费多托娃（Федотова А. В.）的观点，通用学习行为是一种概括的、普遍的行为能力，简单地说，就是通过训练的方式教会儿童如何学习，并使它成为一种习惯和能力，以达到个体通过自觉掌握社会经验的方式来实现自我完善的目的。"通用学习行为培养计划"是 2009 年 10 月在基础教育《联邦课程标准》中被确定下来的教育思想和指导方针。根据要求，俄罗斯基础教育课程通用学习行为培养包括学生个性品质、调控能力、认知活动以及交际能力等几个方面的内容。表 5-1 是莫斯科罗蒙诺索夫中学通用学习行为培养计划，接下来对其内容、形式和目标等方面进行概略分析。

表 5-1 显示，通用学习行为培养能够促使学生进行独立的学习活动，包括树立学习目标、探寻和利用必要的方法与手段，监控和评价活动的过程与结果。在俄罗斯学校中，卡片制作、游戏活动和戏剧表演通常被认为是外语学习最有效的手段。学生的学习一定要建立在活动的基础之上，在活动中形成自我意识，对自己和他人的行为进行正确评价。随着信息技术的发展，俄罗斯基础教育学校普遍开设了信息技术课，鼓励学生掌握获取信息的手段和方法。学生们借助多媒体技术完成一些明信片制作、海报制作、图表制作和粘贴画制作等训练动手能力的任务，以及其他复杂的设计和制作任务。此外，按照要求，教师在学习活动中

要经常引导学生进行"目标设定"和"自我评价"等。上述活动不仅能够锻炼思维、陶冶情操，还能培养学生自我管理和自我约束的能力，帮助学生形成正确的学习动机，并对自己和他人的行为及结果给予正确的评价。根据《联邦课程标准》的要求，俄罗斯中学外语教育的认知过程侧重对学生"交际能力"的培养，在言语活动中鼓励采用"辩论比赛"和"诗歌朗诵"等学生合作的形式发展符合语言规律的文化交流，培养学生的自主创新精神。通过对上述中学外语教育中通用学习行为培养计划的详细分析可知，《联邦课程标准》大力提倡培养通用学习行为能力，符合现代教育的基本精神和国家的教育总目标，通用学习行为同时也是实现活动课程教育目标的基本路径和方法。青少年在基础教育学校学习期间正是良好行为品质形成的关键时期，外语基础教育要符合国家的教育总体规划，为努力培养现代化的外语人才做好准备，并为终身教育奠定良好的基础。

表 5-1　莫斯科罗蒙诺索夫中学通用学习行为（УУД）培养计划

	内容	方式	目标
个性品质	自我决定、自我尊重、自我评价	网页制作、幻灯片制作、海报制作、粘贴画制作、明信片制作	形成正确学习动机，按照道德行为标准做事，对自己和他人的行为做出正确评价
调控能力	目标制定、计划实施、结果监控	故事推理、编写测试题、完成运算题	培养学生自我管理的能力，以形成独立、自主和创新精神
认知活动	信息加工、模型制作、逻辑训练	查找信息、填词游戏、绘制图表	通过不同形式的活动实现符合语言规律的文化交流，形成独立学习和解决问题的能力
交际能力	言语活动、合作技能	辩论比赛、诗歌比赛、戏剧表演	利用各种类型的活动来发展交际能力，能够顺利与他人进行合作

资料来源：Горлова Н.А.Методика обучения иностранному языку. М.：Академия，2013，c.23。

在分析通用学习行为培养计划的基础上，本项研究进一步探析俄罗斯外语活动课程的目标体系（见表5-2）。

表 5-2 俄罗斯外语活动课程的目标体系

目标	实现路径	结果
德育目标	帮助学生形成系统的情感价值观,增加学生的社会经验	增强学生的认知动机和社会积极性(学生的社会化发展)
教育目标	建构青少年的"世界图景"及"世界映象",培养学生对"真""善""美"的文化理解	培养创新精神、自由选择和自我决定的能力(学生的个性化发展)
发展目标	发展学生的言语活动功能、言语机制及活动的方式与方法(语言和非语言手段)	提升独立性、自信心及自我管理的能力(学生的主体化发展)
实践目标	综合发展学生的言语活动功能,促进其形成个体言语行为策略	提升学生的综合语言运用能力和跨文化交际能力(学生的综合化发展)

资料来源:Горлова Н.А. Методика обучения иностранному языку. М. : Академия, 2013, с.77。

表 5-2 的内容显示,根据《联邦课程标准》的规定,基础教育中学阶段的外语活动课程基本目标由四个部分组成:德育目标、教育目标、发展目标和实践目标。俄罗斯外语教育十分重视学生的德育培养,积极鼓励学生在了解其他民族文化和习俗的过程中,不断与祖国文化进行比较,培养学生对"真""善""美"的文化理解,促进学生形成基本的世界观和价值观,以达到社会化发展的要求。按照外语活动课程培养计划的要求,学习活动的设计要充分保障学生对学习内容和方法的选择性,有利于学生在掌握知识与技能的基础上形成适用于各领域课程的学习能力。作为学生个性化发展的要求,学生创新精神和自我管理能力的培养被列入外语活动课程计划中,要实现这一目标要求,在基础教育阶段言语活动过程中努力建构学生的"世界映象(Образ мира)"或"世界图景"(Языковая картина мира)就显得极其重要。"世界映象"是俄罗斯心理学中一个"年轻"的概念,由言语活动理论的创始人列昂捷夫(Леотьев А.А.)在1975年首次提出。[①]"世界映象"是以对象意义和认知图式为中介的对象世界在人心理上的反映,通常包括普遍心理意义和个性含义。其中普遍心理意义指社会集团或全体成员所共同拥有的核心

---

① Леонтьев А.А. Язык и речевая деятельность в общей и педагогической психологии. Воронеж: НПО Модэк, 2001, с. 21-22.

第五章
俄罗斯外语活动课程体系及案例研究

内容，这种恒定的社会定型是人类认识的前提，具有潜在的普遍性。另外，人在社会化过程中总伴随着个体的自我建构，所以"世界映象"又具有鲜明的个性特征。心理学实验证明：个人的经验、性格特征、知识结构以及言语活动的动机性和目的性都会影响语言"世界图景"的形成。由此可见，外语教学不仅仅是单纯的语言教学，为了适应基础教育个性化发展的要求，外语教学要在活动中向学生展示语言系统后面的世界。俄罗斯外语活动课程为了适应现代化教育发展的需要，把培养学生的独立性和自信心作为青少年主体性教育的两个重要方面。主体性教育在俄罗斯外语课程中是一项很重要的内容，通过主动参与活动和自主设计活动计划等形式，学生获得了充分的展示机会。俄罗斯基础教育外语活动课程的实践目标是在发展学生言语活动能力的同时，促进学生形成有效的外语学习方法和策略。外语学习是一项实践性很强的活动，学生只有在实践活动中才能提高综合语言运用能力和跨文化交际能力。综上所述，俄罗斯外语活动课程目标反映了时代发展的客观要求，同时也是人文主义教育思想的集中体现。俄罗斯外语活动课程目标决定了课程设计的基本方向，也是我国进行外语活动课程设计的重要参考依据。

（二）系统活动观的方法论原则

俄罗斯当前基础教育课程范式改革的另一个突出特征是教育机构由信息传授场所向新型活动场所转变。系统活动观（Системно-деятельностный подход）作为俄罗斯基础教育《联邦课程标准》的首要方法论原则，它的目标指向是儿童的个体发展。系统活动观的方法论核心建立在俄罗斯著名心理学家维果茨基（Выготский Л.С.）、加里培林（Гальперин П.Я.）、艾利康宁（Эльконин Д.Б.）以及达维多夫（Давыдов В.В.）等对活动理论的研究基础之上。俄罗斯活动理论依据辩证唯物主义的实践认识论，从社会与人、社会性和个性化相互统一的辩证角度来理解发展与活动的关系，并依据这一思想提出了活动的动机性、目的性、文化性以及可操作性。活动理论的奠基者——维果茨基在研究高级心理机能社会起源理论的基础之上，创立了心理与意识的文化历史观，指出了人的心理发展过程中社会经验的重要作用。[①] 青少年的个体心理发展过程也是社会经验的获取过程，在这一过程中活动是发展的动力因素，个体的动机系统在活动中发挥着非常重要的调节作用，发展的目标是向更高一级心理机能的自然转化。

根据俄罗斯活动理论，作为一个事物的整体，活动具有完整的系统结构特征（системно-структурный признак）。按照完成的时间顺序，一个完整的活动通常由目标确定、计划制订、活动实施以及结果检验等几个过程组成，是一个不断循环的动态操作系统。作为一个重要的心理学概念，活动通常指由动机、目的、需要以及完成活动的各要素组成的心理结构系统，活动的这些构成要素与活动过程的具体操作（операция）共同构成了活动的动态系统结构。[②] 图 5-1 直观地呈现了俄罗斯外语活动课程中系统活动观的方法体系。

活动过程可以通过发展学生活动功能，促进与功能相对应的个性品质特征的发展，而学生活动水平和个性特征的发展程度又是衡量个体发展的重要指标，同时也是个体发展指向教育的目标追求。系统活动观的方法论为人们提供了活动范式下教育体系发挥作用的必要条件和行动准则，为科学的课程设计与实施提供了实践的指导方向。系统活动指向的基础教育课程范式揭示了青少年活动的特殊性，提出了在活动设计中应坚持系统性、连续性和创造性的基本原则。活动的系统性原则要求学生获取的不是现成的知识体系，而是系统获得知识的方法，并且要求学生不断完善这个方法体系，以促进通用学习行为能力的形成。以学生为中心的个体发展指向教育是俄罗斯外语教育总的指导方针，为了保持外语教育的连续性和系统性，俄罗斯从学前阶段到高等教育阶段相继倡导直观实践法、自觉实践法、自觉对比法以及跨文化语言交际等教学方法。

---

① Леонтьев А.А. Язык и речевая деятельность в общей и педагогической психологии. Воронеж: НПО Модэк, 2001, с. 21-22.
② 高凤兰：《俄罗斯心理语言学》，东北师范大学出版社，2011，第 5 页。

第五章 俄罗斯外语活动课程体系及案例研究

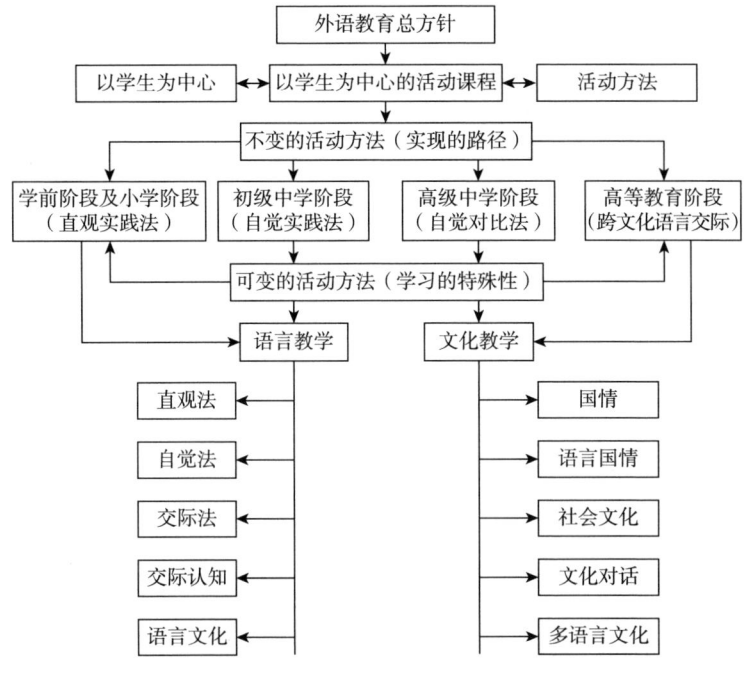

图 5-1　俄罗斯外语活动课程中系统活动观的方法体系

资料来源：Горлова Н.А. Методика обучения иностранному языку. М.: Академия, 2013, с.85。

直观实践法（Наглядно-практический метод）是仿照儿童学习母语的自然过程来设计教学过程的基本方法，这种教学法适用于学前阶段和小学阶段的外语教学过程。根据"幼儿学语论"，在幼儿学习语言时期，语言形式同客观事物表象之间的联系是直接的，不存在中间环节。教授外语的方法也应该是直观的，即将每个外语词语同它所代表的事物和意义直接联系起来。这一阶段的外语学习应该以实物和图片为中介，让儿童在情境活动中建立起外语词语与所表达的事物之间的联系。中学阶段的青少年具备一定的认知能力和心理发展基础，所以这一阶段的外语活动课程侧重于培养学生自觉参与实践活动的能力，在发展学生的言语活动能力和形成个体言语行为策略的同时，培养他们的独立性和创新精神。因此，现代外语活动课程强调初级中学阶段坚持自觉实践法（Сознательно-практический метод）的重要意义。自觉实践法是

20世纪60年代苏联著名心理学家别利亚耶夫（Беляев Б.В.）提出的。自觉实践法在随后的发展中吸取了交际法的优点，逐步发展成以学习者交际活动为主要原则的教学方法，它的倡导者是著名心理学家列昂捷夫（Леонтьев А.А.）。列昂捷夫指出，外语学习过程中个体心理机制是重要的影响因素。根据自觉实践法的基本观点，首先，外语思维不同于母语思维，不同民族思维方式各不相同，主要反映在语言结构和语言概念之间的差异，所以外语学习离不开对民族思维特征的了解和掌握。要想积极和富有创造性地掌握所学语言材料，学习者需要把语言材料和思维直接联系起来。外语教师的任务不仅是把学生的思维从母语转到外语上来，更重要的是教会学生借助所学语言的外部形式进入另一种思维。教会学生进入外语思维，只有借助言语实践活动的方式才能实现，也就是说，在学习过程中逐渐远离母语，远离翻译。另外，语言是社会现象，而言语是个体现象，是无法复制的，所以言语只能是一种创造性的活动。从心理学的角度看，真正的言语是一种能力，是建立在一种无意识（自动化）参与的行为基础之上的活动。

俄罗斯最早提出自觉对比法（Сознательно-сопоставительный метод）的是著名语言学家谢尔巴。他认为，成人的外语学习与幼儿学语有很大的差异，成人外语学习是在他们母语系统已经完善的基础上进行的另一种语言学习，对于这一阶段的学习者来说，外语语音、语法及词汇等语言知识是形成言语技能与言语运用能力的基础和条件。俄罗斯高级中学阶段学生的认知能力已经接近成人的水平，这一阶段的外语学习正如俄罗斯心理学家巴甫洛夫关于"第二语言信号系统"的论证一样，在建立新的第二语言信号系统时不能完全无视已经存在的原有第二语言信号系统。俄罗斯高级中学阶段的自觉对比法强调外语学习是在理论指导下进行的自觉言语实践，是在理解的基础上进行的模仿以及在语法分析的基础上进行的综合语言运用。俄罗斯高等教育阶段的外语课程更加侧重语言文化的学习，主张通过"文化对话"以及"多语言文化对比"等形式培养学生跨文化的语言交际运用能力，这一外语教学原则正是俄罗斯功能主义教育思想的集中体现。同世界各国外语教学最普遍的宗旨一样，以语言功能项目为纲、以培养大学生交际能力为主是俄罗斯高等教育外语课程的标准和基本要求。作为国际交往中极为重要的交际工具，外语最本质的功能是交际功能，即在真实情境中灵活运用外语吸收和传递信息的交际活动能力。

通过对俄罗斯外语活动课程中系统活动观的方法体系分析，可以看到，建立在《联邦课程标准》教育目标基础上的外语活动课程方法体系符合当前俄罗斯社会政治、经济、文化发展的需要。与传统的课程方法体系相比，外语活动课程更加重视对学生总体发展水平的关注。针对不同年龄阶段学生采用不同的外语学习方法，有利于学生的全面发展，使学生成为具有良好思想、文化素质以及个性得到健康发展的合格外语人才。俄罗斯外语活动课程方法体系的系统性和连续性，是俄语活动课程设计要继承和发展的优秀特征，是保障外语人才培养的关键。由此可见，一套系统而完备的方法体系是实现外语教育目标、完成整体规划的重要保障和前提条件。

（三）语言能力培养的内容标准

语言学家乔姆斯基（Noam Chomcky）在20世纪60年代中期首次提出了"语言能力"的概念，指出语言能力不仅是关于语言知识的能力，同时也是人潜在的语言能力（языковая способность）。乔姆斯基的转换生成语法理论认为，人的语言能力是天生的，人的大脑里存在一种无限的生成句子的机制，这种机制使儿童掌握并且使用语言。转换生成语法理论把语言看作"有限要素和规则生成无限话语"的装置，在外语教学中主张理解规则，进而利用有限的语言规则生成无限的话语。俄罗斯心理学和语言学对转换生成语法理论持否定的态度，经过科学的心理学实验，俄罗斯心理学家坚信语言学习的决定因素来自实践活动和外部环境。关于语言能力（языковая компетенция）的理解问题，以维果茨基、列昂捷夫和任金等为代表的俄罗斯文化－历史学派更加强调语言能力形成过程中活动和社会经验的重要意义。由此可见，上述两种关于语言能力概念的不同界定反映了人们在语言学习本质认识上的差异。

关于语言能力的概念界定一直是俄罗斯外语课程与教学研究的核

心问题。在传统的知识观影响下，人们把对语言知识的掌握程度视为语言能力的象征。而根据俄罗斯现代知识观和能力观，俄罗斯外语基础教育中语言能力被界定为"学生利用所学语言知识在新的环境和条件下获取言语技能的准备程度和能力"，它通常包括两方面的内容：语言知识（знание языка）和言语经验（речевой опыт）。[①] 在现代俄罗斯语言学中，语言知识不仅包括各个层次语言单位的分类特征，如语音、词汇以及语法系统等，还包括分析和描述这些单位的方法与策略。言语经验包括在实践中掌握语言以及对语言各单位系统进行抽象和概括的能力。根据俄罗斯语言学理论，"语言"和"言语"是两个不同的概念，"语言"是交际工具，是社会历史现象，为人类所共有，它表现为语言的共性特征，即语言自身的语音、词汇和语法体系。而"言语"则是语言的运用过程，是个人的心理现象，表现为语言的个性特征。语言和言语密切相关，它们都是在生产和生活中产生的，具有交际功能，与人的思维有直接联系。

外语学习中语言能力作为学生发展的重要标准，是活动课程设计和规划的核心，同时也是学习结果考量的重要参考。语言能力作为俄罗斯外语基础教育中的核心概念，体现了语言学习过程中个体语言能力发展的重要意义。依据对外语学习者语言能力的科学界定，《联邦课程标准》规定了学生外语学习的基本内容体系。如图5-2所示，俄罗斯中学阶段的外语课程内容由三个部分组成：学习内容、学习方法和结果评价。学习内容中关于"主题任务"的规定体现了言语活动的基本规律和特征，同时强调了语言学习的社会情境性和交际性。为了实现学生个体语言能力发展的教育目标，外语教育活动通常被分为三种：语言教学、言语活动和交际活动。语言教学能够使学生掌握基本的语言知识（знание），并获得语言熟巧（навыки），知识与熟巧是形成言语技能的基础和关键。在进行语言教学时，大量的语言练习是非常必要的，在大量练习的基础上培养学生语音、语法和词汇等综合运用的熟巧。

---

① 高凤兰：《俄罗斯心理语言学》，东北师范大学出版社，2011，第5页。

第五章 俄罗斯外语活动课程体系及案例研究

中学阶段外语学习的言语活动主要包括听、说、读、写等言语实践形式。作为言语教学的主要手段，俄罗斯的中学外语教育过程十分强调言语活动的重要作用，言语实践在外语学习中占据很大的比重。此外，语言能力培养的最终目标是创造性地运用语言，即根据具体交际情境以新的方式重新利用语言手段的过程。所以，俄罗斯中学外语教育积极鼓励教师在教学中尽量结合和联系社会中真实的交际活动，在交际活动中通过主题任务的形式把言语训练同言语交际能力的培养最大限度地统一起来，为学习者设置更多接近真实的交际情境。在这样的交际情境中，言语行为个体不断积累经验，扩大和丰富词语的内涵。在语言能力得到加强的同时，不断促进个体的发展。

综上，本章从俄罗斯中学外语课程内容的三个方面阐明了活动对于语言能力形成的重要作用和意义。但是语言能力的形成是一个综合的过程，它往往体现在方方面面，如学生的认知能力、情感因素等。所以，语言能力是一个复杂的综合概念，语言能力的形成涉及语言、文化及心理等诸多因素。

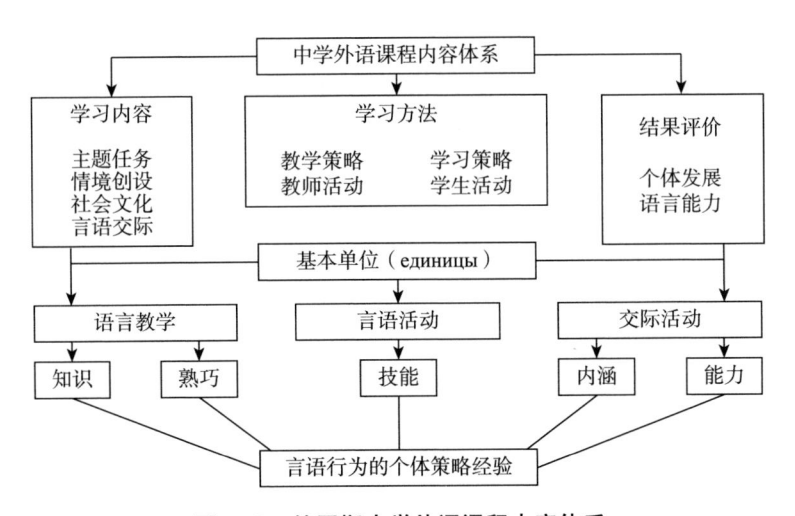

图 5-2 俄罗斯中学外语课程内容体系

资料来源：Горлова Н.А. Методика обучения иностранному языку. М. : Академия, 2013, с.127.

（四） 公民教育的个体发展规约

俄罗斯教育经历了几代人坚持不懈的努力，公民教育（воспитание-гражданина）思想一直是国家教育的不变主题。俄罗斯科学院院士、基础教育国家课程标准的总设计师克达科夫（Кондаков А.М.）曾经说过："任何一个国家、任何一种教育体系中公民教育总是最主要的教育目标之一。"俄罗斯亦是如此，因为公民教育思想体现了国家和民族的信念与追求。《联邦课程标准》中关于公民性和爱国主义教育的规定具有历史继承性，同时标准还特别强调了儿童在教育中形成基本的道德自我意识、道德责任感和实现道德自我监控的重要意义。① 标准中关于公民教育的个性化发展思想是俄罗斯教育史上的一次伟大进步，是人文主义教育思想的具体体现。此外，《联邦课程标准》倡导学校教育要关注青少年个体成就感、职业成就感和社会成就感的培育，高尚、正义、责任、包容、自由、民主与乐观精神被界定为21世纪俄罗斯青少年的主流价值观念。俄罗斯中小学进行公民教育的主要途径是在课程实施过程中对学生学习内容进行选择和设计活动主题。《联邦课程标准》关于外语学科进行公民教育的规定中增加了"国际理解教育"的内容，主张通过文化"对话"的形式培养学生对自己祖国文化的热爱和对其他民族文化的理解与宽容。在基础教育各阶段的语文课和社会课中新增了以"我的家庭""家与社会"为主题的教学内容和活动设计，首次把家庭的责任感和荣誉感放到了与国家和社会同等重要的位置上。关于公民教育，苏联著名教育家苏霍姆林斯基曾经这样说过："公民性是一个人全部思想、情感以及行为的基础，公民教育就是教育学生正确理解和处理人与人之间的关系，而公民教育开始于家庭。"② 苏霍姆林斯基指出了公民性和公民教育对于一

---

① Федеральный государственный образовательный стандарт основного общего образования, 2012.10, http://www.fgos-kurgan.narod.ru/norm_federal.htm.

② Гревцева Г.Я. Идеи В.А.Сухомлинского и гражданское воспитание, Современная высшая школа. 2011(4), с. 66.

个人的重要意义，以及学校和家庭在公民教育中的关键作用。苏霍姆林斯基关于公民教育的论述在当今的教育领域仍然具有深刻哲理，是制定科学纲领和行动的指南。《联邦课程标准》突出了家庭在公民教育中的重要作用，充分体现了俄罗斯公民教育思想中国家、社会与家庭之间的共同约定特征。

俄罗斯现代基础教育课程范式倡导个体发展指向的活动教育模式，主张教育要实现人的发展，教育教学过程中必须将学生视为独立的个体，创造有利条件，使他们的潜能得到充分展现。个体发展指向的现代基础教育课程范式的理论研究与实践探索，反映了俄罗斯顺应时代要求，追求教育现代化、人文化以及个性化发展的教育新愿景。俄罗斯个体发展指向的现代课程范式作为新课程观念和方法论体系的综合，与以往的课程范式相比，更加关注人的发展，主张在教学过程中及时挖掘学生心理发展的潜能，以保证活动教育理念的顺利实现。当然，还应该看到，传统课程范式在长期的发展过程中积累了丰富的经验，直到现在它仍然在教育体系中发挥着重要的作用。俄罗斯现代基础教育课程范式从通用学习行为培养计划的确立，到课程的方法论体系建构，为我国基础教育课程深度改革提供了有益的指导与借鉴。

三 俄罗斯现代基础教育外语活动课程案例研究

俄罗斯现代基础教育外语活动课程建立在老一辈心理学家维果茨基、列昂捷夫、加里培林等对言语活动理论深入探索研究的基础之上，并结合了当代教育家关于外语教育实践应用的研究成果。言语活动作为一种人类社会特有的实践活动形式有其自身的发展规律，言语活动理论不仅为俄罗斯基础教育中学阶段的学校外语教育提供了理论上的支持，还对活动课程的实践应用给予了重要指导。因此，在进行俄语活动课程研究时，细致地分析和探究俄罗斯基础教育外语活动课程的实施案例，能够为接下来的研究提供可借鉴的参考。

教学案例可以对教育情境中真实和典型的教学事件进行完整叙述，

并在叙述中阐述教学问题和解决方案。①简而言之，一个活动课程案例包含关于教学问题实际情境的真实描述，是一个教学实践过程的片段，是教师和学生课堂学习活动及教学思想的集中体现。案例的实质就是对某一具体事件的完整描述，在描述中包含一个或多个疑难问题，同时也包含解决问题的具体方案。教育领域的案例研究往往通过展示真实而具体的教育中发生的实例，促使人们比较深入地分析和讨论这些教育现象背后的本质规律，采取相应的方法和具体行动。基于对案例的基本认识，笔者在俄罗斯工作的两年间（2012年9月至2014年11月），先后走访和调研了俄罗斯远东地区多个基础教育教学机构，进行了大量有关活动课程的课堂观察，并对部分典型的活动课程进行了全程录音、录像。通过对上述音像资料的整理与筛选，选取俄罗斯哈巴罗夫斯克边疆区（Интерант）中小学校的几个典型活动课程案例进行展示，并从课堂观察视角对活动课程的实施进行分析和解读，旨在为我国中学俄语活动课程的设计提供方法的借鉴。

（一）基于概念获得的课堂探究活动案例

外语课堂探究活动通常可以分为基于概念获得和基于问题解决的两种形式的活动，概念获得和问题解决是外语学习的两个至关重要的方面，俄语活动课程研究离不开这两个方面的设计与实践。本项研究以基于概念获得的探究活动为视角，通过课堂观察与课堂实录，记录、整理了一些课堂实例，并选取了其中一个典型案例进行分析。

1. 概念获得与探究活动

概念获得在俄语学习中具有重要意义。词是形成概念的重要手段，概念获得中最重要的部分是词汇概念的获得。②人们在研究词汇概念的相关问题时，较多关注心理语言学中的概念表征方式，却很少有人涉及概念获得的问题。著名心理学家维果茨基对概念的形成问题

---

① Федеральный государственный образовательный стандарт основного общего образования, октябрь 2012, http://www.fgos-kurgan.narod.ru/norm_federal.htm.

② Леонтьев А.А. Язык и речевая деятельность в общей и педагогической психологии. Воронеж: НПО МОДЭК, 2001, с.33-34.

做了大量的研究，他认为概念的形成是一种创造性的过程，它产生于复杂操作活动的过程之中，而这种复杂操作活动的目的在于解决某种问题。维果茨基在实验的基础上证实：在活动中，儿童的一切心理功能都参与到特定的经验之中。所以概念形成的路径通常有两条：一条路径是复合形成，也就是儿童在"共同家族"的物体群中通过组合的方式形成，这是儿童概念形成的基本路径；另一条路径是"形成潜在概念"的路径，这是建立在物体共同属性基础上的抽象和概括能力。① 维果茨基关于概念形成路径的研究为概念获得研究提供了理论基础和实践指导。探究活动在儿童概念获得过程中起到了重要作用。俄语学习过程中概念的获得只有在主体积极参与的活动中、在目标明确的任务完成过程中，通过一切心理因素的相互作用才能发生。由于教育界对探究活动的研究起步较晚，因此到目前为止，关于探究活动的概念还没有一个统一的界定。相对来说，比较科学并受到学界认可的研究是美国著名学者施瓦布为"探究学习"提出的一个经典的内涵阐释：探究学习是儿童通过自主参与活动获得知识的过程，是学习活动必须具有的一种能力，同时也是认识客观事实的基础，探究学习可以培养学生探索未知世界的积极态度。② 由此可见，探究学习是建立在经验的基础上，通过亲身活动发现答案的过程。通过探究学习，学生不仅能获得知识，更重要的是还能培养探索精神和创新能力，丰富自身的情感体验。

2.探究活动的步骤与过程

本项课堂探究活动以俄罗斯哈巴罗夫斯克边疆区国际语言学校八年级俄语阅读课《Лесной доктор》为例，探讨中学语言概念获得过程中探究活动的流程及内容。从本项探究活动的课堂组织形式来看，探究活动可以分为个别探究活动和小组探究活动。个别探究活动是在教师的指导

---

① Леонтьев А.А. Язык и речевая деятельность в общей и педагогической психологии. Воронеж: НПО МОДЭК, 2001, с.32-34.
② 张建伟、孙燕青：《从"做中学"到建构主义——探究学习的理论轨迹》，《教育理论与实践》2006年第7期。

下，以学生个体为学习单位进行的自主探究活动形式，而小组探究活动是以学生组成的小组为基本单位进行的探究活动。俄罗斯外语活动课程提倡学生的合作学习与自主参与活动，小组合作一方面能提升学生的合作能力和交往能力，另一方面也能促进学生对任务主题的有效探究。探究活动教学主张不直接告诉学生规则和方法，而是用活动的方式去验证规则，并鼓励学生通过观察、调查、制作等活动在实践中大胆探索。本项探究活动的实施由教师提供问题情境开始，然后由学生形成假设，并通过收集资料等活动来验证假设，目的在于获得解决问题的学习方式。其过程主要包括确定主题、提供问题情境、学生形成假设、收集资料、得出结论以及对活动过程进行反思等。特别值得强调的是，在探究活动中学生不仅获得了语言概念知识，更重要的是掌握了语言概念的形成过程。学生在探究活动中提出问题，分析问题，评价问题解决的途径，进行批判性思考。在这一活动过程中，教师的重要作用是关注学生的参与情况，确保每个学生都能进行积极的思考活动。图5-3显示的是探究活动的基本步骤，它可以清晰地展示出探究活动的各个阶段以及每个阶段的活动内容。

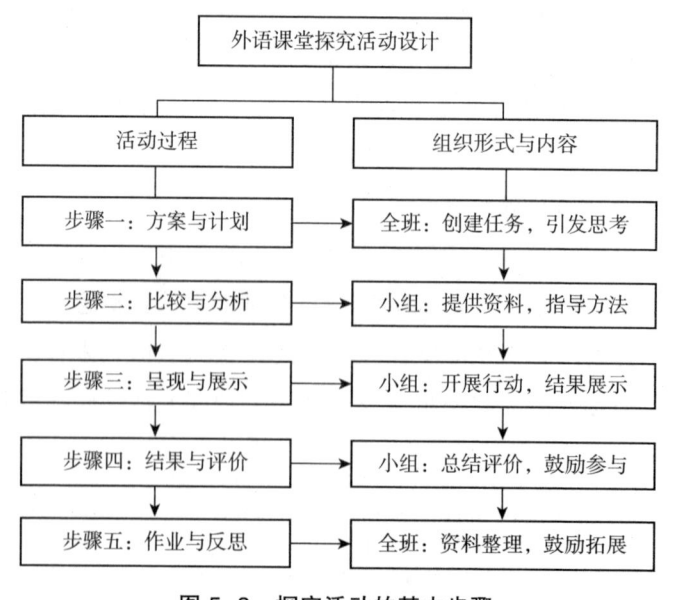

图 5-3 探究活动的基本步骤

第五章
俄罗斯外语活动课程体系及案例研究

从图 5-3 中可以看到，比较、分析、呈现与评价等是探究活动的具体实施步骤。外部信息极其多样和庞杂，而人的认知结构各不相同，因而对外部信息同化的数量和质量也不尽相同。在认识活动中，人们总是借助以往的概念、范畴等来把握客体对象，基于概念、范畴形成对象的特征，探究活动的目的是寻找事物之间的关联性，当信息进入大脑时，人脑的加工系统首先从信息库中提取相互关联的信息，并对新的信息进行鉴别，然后经过判断和筛选。这一判断和筛选的过程也是一个逻辑推理的过程，包括分析、比较、归纳与综合等，概念的逻辑推理过程使原本杂乱无章的外部信息条理化和系统化。在信息加工的过程中，人的认知结构不断丰富和发展。表 5-3 是本项探究活动案例的课堂活动过程。

表 5-3 探究活动案例的课堂活动过程

活动步骤	教学活动内容	教师与学生活动
方案与计划	学生预习短文 «В лесу»（《在森林里》），教师在短文的后面给出了 10 个关键词：лес, доктор, птицы, дом, человек, пустой, зима, дерево, осина, жизнь 任务 1：要求学生画出一张图，以这 10 个关键词为中心，可以无限扩展 任务 2：查找资料，说明人、动物与大自然的关系	教师提前给每个学生一篇内容相同的阅读短文，同时提出阅读任务，明确活动方案 活动 1：学生课外阅读短文并找出文中的 10 个关键词 活动 2：学生利用多媒体技术及网络查找完成任务所需要的资料
呈现与展示	任务 1：学生画出意义相关联的两个词语概念，并在没有关联的词语旁边加上自己认为有关联的词语 任务 2：讲述词语之间的意义关联，可以是个人的理解（建立概念联结） Миша：птицы ...лесес... дом（鸟儿住在森林的家中，没有家就没有鸟儿，森林将会消失） Витя：зима ... пустой ...дом（空空的森林里，冬天没有人，没有动物，他们都在自己的家里） Валя：доктор...человек...дерево...осина（医生能给人治病，能给树治病，能给杨树治病） 任务 3：判断对错并用 да，нет 回答问题（巩固概念间的联结）	活动 1：学生在黑板上用粘贴画的形式标示出每个图片所描述的关键词 活动 2：用连线的形式把黑板上相关联的词语进行连接 活动 3：讲述关键词"家"的意义联系 活动 4：快速回答问题，判断命题正误

· 131 ·

续表

活动步骤	教学活动内容	教师与学生活动
结果与评价	任务1：学生自我评价 任务2：学生小组评价 任务3：共同评选最佳小组和优秀个人	活动1：学生进行自我评价 活动2：学生小组互相评价，并推选出最佳小组，最佳小组及成员获得奖励 活动3：教师对学生的行为表现和活动结果进行评价，奖励表现优异的学生和小组
作业与反思	任务1：去森林中观察并记录下大自然中哪些动物或植物可以作为森林中的医生，记住它们的名字 任务2：整理资料，撰写研究报告；在撰写过程中学生进行实践考察	活动1：进行一次森林中的实践考察，并记录下来观察到的现象 活动2：撰写实践研究报告，教师进行总结并提出修改意见，鼓励学生不断进行实践考察，撰写并完善实践报告

在这次课堂活动中，探究活动从一篇短文阅读开始。为了建立概念之间的联结，教师在文后给出了10个与短文内容相关的词语，这些词语之间有的有联系，有的表面看上去没有什么相关性。学生在课前做了大量准备工作，他们利用多媒体技术及网络查找完成任务所需要的资料。教师和学生共同设计了三项课堂活动内容。在第一项活动中，学生按照要求在黑板上用粘贴画的形式标示出每个图片所描述的关键词，这种与词语的初步结识是概念形成过程的第一步。第二项活动是用连线的形式把黑板上相关联的词语进行连接。第三项活动是讲述几个关键词之间的意义联系，学生讲述的内容已经远远超出了所阅读短文的范围，他们讲出了自己对这些概念的基本认识和理解。活动的最后一项是快速回答问题和判断命题正误。这是一项巩固式练习，在对词语概念认识和了解的基础上，学生通过参与问题解决过程进一步加深认知程度。从教师的课堂教学活动中可以看出，教师在上课前制定了详细的活动计划和具体安排，在阐释活动的计划和安排时，教师尽可能详细地回答每个同学的问题，并不断鼓励学生主动参与活动。课

堂活动的设计采取了小组合作的形式，每一项任务的完成都需要小组同学之间相互配合。这种形式不仅能提高学生的合作和交往能力，也能促进学生对任务主题的有效探究。在学生行为评价过程中，教师首先采用了学生自我评价和小组互评的方式，鼓励学生自己说出参与活动的感受和收获，然后教师对全班的课堂活动进行总结并提出自己的建议，在总结中就学生的进步表现不断进行表扬和鼓励。

3. 探究活动的反思与评价

上述教学案例中，在教师的带领下，学生利用概念之间的关联性去探究事物之间的关系，建立新信息与已知信息之间的联结，从而获得概念的基本意义。在探究活动中，教师通过与学生的互动，引导学生进行分析、比较与综合，从而使学生在教师的组织下参与活动的全部过程，在获得概念的同时促进了思维训练，培养了良好的思维品质，激发了自身努力探究未知世界的兴趣。概念获得是俄语活动课程设计的重要环节，把语言概念的获得同探究活动的方式结合起来，有利于引导学生进入对实际问题的探究。在探究活动中，教师的主要作用是帮助学生设想出解决某一问题的具体方案，使学生体验知识形成的过程。基于概念获得的探究活动案例从活动的设计、实施到活动的反思、评价，为我国俄语活动课程设计提供了实践指导。探究活动的课堂教学过程是学生活动、合作与共同发展的过程，探究活动中真实情境的创设与小组合作同样重要。在创设的情境中，教师往往根据情境设计一系列问题，让学生共同研究，寻找解决问题的途径。因此，探究活动是一种学生获得经验和能力的学习模式，它可以极大地培养学生的主动参与精神和创新能力，促使学生在探究活动中变被动学习为主动学习。

（二）基于情境认知的课堂体验活动案例

情境认知指在教学过程中，教师有目的地引入或创设真实的场景，以引起学生一定的态度体验。情境往往具有一定的情感氛围，是以形象为主体的生动具体的场景，包含时间、地点、人物、活动、语篇等要素，情境创设的目的是帮助学生更好地理解教学内容，并使学生的心理机能得到发展。情境认知的核心在于激发学生的情感，真实的情境能增加学习活动的直观性、生动性，能有效地引发学生的思考。

维果茨基对儿童认知的情境问题做了深刻的研究，被公认为社会建构主义学习理论的创始人。维果茨基把知识和学习看作外部环境与主体相互作用的结果，在他的研究中突出个体心理发展的历史文化背景，强调社会活动和文化情境在学习中的重要作用。维果茨基把人的心理机能分为低级心理机能和高级心理机能，前者诸如感知觉、无意识记忆等起源于自然，并伴随着有机体结构和神经系统的发展而发展；而高级心理机能起源于社会，受历史文化制约，人的高级心理机能正是通过与社会的交往不断发展起来的。20世纪60年代以来，随着人文主义教育思想的兴起，相关研究成果不断涌现，基于真实情境的外语教学研究与实践越来越受到关注，情境认知学习理论与社会建构主义学习理论成为人文主义教育研究的主流思想。情境认知学习理论强调了认知的文化背景，学习活动过程中的环境和人是不能分割的。外语知识不是抽象的语言规则的集合，而是动态的语言建构过程。情境认知学习理论强调"个体"与"环境"是学习系统中相互作用的两个要素。

基于真实情境的外语教学可以使学生正确理解他人的态度、情感和观点，积极表达自己的思想和情感，并顺利完成交际任务。任何外语学习都离不开情境，外语学习与情境有着密切联系，文化决定了学习与认知，而学习与认知也创造了文化，学习是学习者在一定的社会文化背景下主动建构个体知识结构的过程。我国中学俄语新课程素养化的教学及学业评价体系明确指向"真实情境"，创设真实情境是实现素养化教学目标的重要路径，它既是俄语课程的基本理念之一，也是当前课程改革与教学实践的研究热点。

1. 体验活动的内容和目的

基于情境的体验活动是一种学生通过直接参与某项活动，或模拟再现生活中具体情境进行学习的活动类型。在外语活动课程中，体验活动通常分为两种方式：真实性体验活动，也就是学生直接参与真实事件的学习活动；模拟性情境体验，指学生通过情景模拟的方式参与事件的学习活动。本案例记录的是俄罗斯哈巴罗夫斯克边疆区国际语言学校七年级俄语实践课上的一次情境体验活动。本次情境体验活动的目的是帮助学生获得对目的语国家历史及文化的真实体验和感受，以培养学生的情感体验。活动内容主要是以情境创设为依托展开的言语活动，教师作为学习活动的组织者和引领者，通过创设或模拟语言情境来激发学生参与学习活动的积极性。本次体验活动的主题为"打电话"，课程的主题内容不仅与学生的现实生活紧密相连，而且还具有一定的文化内涵和育人价值。课程不但能激发学生的学习和探究兴趣，而且符合学生的认知水平和语言水平，便于学生开展言语交际活动。教师通过图片、道具、音频、视频等多种形式创设情境，便于学生利用已有的语言知识、文化知识和生活经验，开展形式多样的言语交际活动。目前各中小学校受条件制约，较多采用模拟或者还原真实情境的方式。这种以情境体验活动为主的课堂学习模式最大的优势是保障了学校教育的生活性，实现了学生经验与社会生活的联通。

2.体验活动的步骤和过程

体验活动通常由教师设定活动计划和活动情境开始，然后在一定情境中组织活动并展示交流，鼓励学生在接近真实的语言情境中参与体验活动，以促使学生形成语言综合实践能力，提高学生自主参与活动的意识。体验活动强调活动参与的积极性和主动性，活动目的是促进学生形成良好的学习方式。体验活动的具体步骤主要包括确定活动计划和任务、创建活动情境和主题、组织活动与展示交流、总结活动经验以及对活动过程与结果进行评价等。特别值得强调的是，在这些活动过程中，教师的主要作用是关注学生的参与情况，确保每个学生都能进行积极的思考活动。图5-4显示的是基于情境认知的体验活动的基本步骤，展示了俄语体验活动各个阶段教师和学生的主要活动内容。活动的步骤分为确定活动计划和任务、创建活动情境和主题、组织活动与展示交流以及总结活动经验与评价等四个环节。

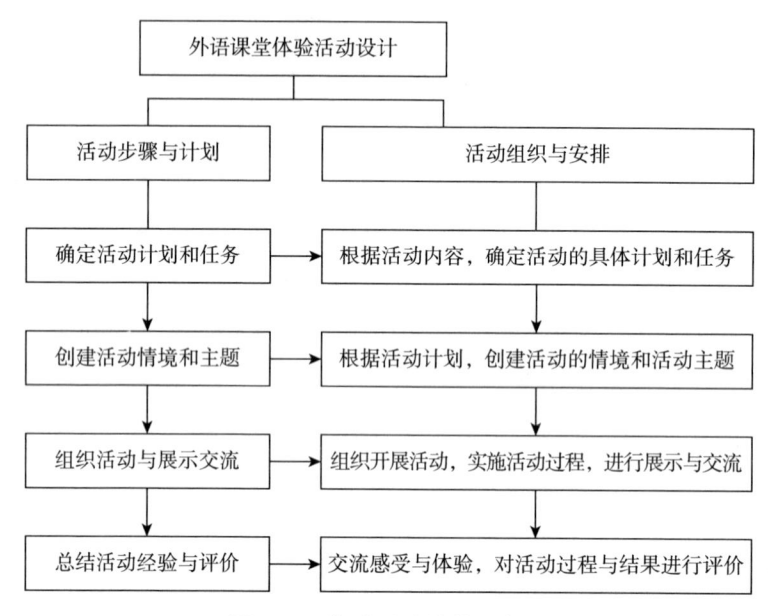

```
                    ┌──────────────────┐
                    │ 外语课堂体验活动设计 │
                    └──────────────────┘
                       ↙            ↘
              ┌──────────────┐  ┌──────────────┐
              │ 活动步骤与计划 │  │ 活动组织与安排 │
              └──────────────┘  └──────────────┘
                     ↓                 ↓
           ┌──────────────────┐  ┌─────────────────────────────────┐
           │ 确定活动计划和任务 │→│ 根据活动内容，确定活动的具体计划和任务 │
           └──────────────────┘  └─────────────────────────────────┘
                     ↓                 ↓
           ┌──────────────────┐  ┌─────────────────────────────────┐
           │ 创建活动情境和主题 │→│ 根据活动计划，创建活动的情境和活动主题 │
           └──────────────────┘  └─────────────────────────────────┘
                     ↓                 ↓
           ┌──────────────────┐  ┌─────────────────────────────────┐
           │ 组织活动与展示交流 │→│ 组织开展活动，实施活动过程，进行展示与交流 │
           └──────────────────┘  └─────────────────────────────────┘
                     ↓                 ↓
           ┌──────────────────┐  ┌─────────────────────────────────┐
           │ 总结活动经验与评价 │→│ 交流感受与体验，对活动过程与结果进行评价 │
           └──────────────────┘  └─────────────────────────────────┘
```

图 5-4　体验活动的基本步骤

为了更加详细地分析体验活动的实施过程和方法，本案例以图表的形式把教学实例中的课堂活动分步骤展示出来。这是一项情境体验性的课堂学习活动，活动内容是模拟"打电话"，表 5-4 是此项体验活动的具体过程。

表 5-4　体验活动案例的课堂活动过程

活动步骤	教学活动内容	教师与学生活动
确定活动计划和任务	确定活动主题和内容，根据活动内容与计划进行活动准备，明确活动的参与方式	教师通过 PPT 展示具体活动的目的，确定活动的内容和范围；与学生交流，解答问题，提出注意事项；学生与教师共同商定详细的活动计划和活动方式
创建活动情境和主题	情境创设：同学间的电话交谈，使用道具电话、PPT 背景图片等 主题内容：邀请同学来做客	教师活动：展示和讲解活动具体安排 学生活动：针对任务提出疑问，并进行"电话交谈"的准备工作

第五章
俄罗斯外语活动课程体系及案例研究

续表

活动步骤	教学活动内容	教师与学生活动
组织活动与展示交流	任务1：学生模拟"邀请同学去……"情境，进行电话交谈 任务2：根据"电话交谈"内容，同学间相互提问并回答 任务3：根据电话交谈的礼节及内容的逻辑顺序，用10个句子进行排序练习	学生活动1：学生模拟电话交谈的场景进行对话，展示电话交谈内容 学生活动2：同学间互相提问并回答 学生活动3：交流讨论对话的逻辑顺序
总结活动经验与评价	任务1：自我表现评价 任务2：小组表现互评 任务3：全班活动评价和总结 任务4：活动的反馈与拓展 作业布置：要求每个人完成一份调查作业，调查内容是家庭成员使用电话的时间与用途，并写出自己的感受	学生活动1：学生对自己的课堂表现做出评价 学生活动2：小组间互相评价，评出表现优异的小组 教师活动：总结学生表现，学生个人最佳获得加分，其所在小组获得奖励加分

"打电话"是人与人之间交往最常见的方式之一，也是俄语学习过程中主题活动的重要内容。在这一次课堂活动中，活动情境的创设是关键一步。为了营造真实的会话环境，教师在教室的前面事先放置了一部电话机。教师用设计好的PPT模拟几种打电话的场景和任务，使人有种身临其境的感受。教师在活动前与学生共同协商制定体验活动的具体流程，学生在与教师研究计划和方案的过程中形成了自己独特的见解，并增加了参与活动的兴趣。第一项活动是学生模拟电话交谈的场景进行对话。会话主题分别为：邀请同学来家里过生日、邀请同学一起去玩篮球、邀请同学一起去看望生病的同学。学生们在各种自己设置的情境中与同伴积极互动交流，共同完成活动任务。第二项活动是在每组同学完成电话交谈之后，各组学生就电话交谈内容互相提问并回答。学生间的讨论体现了自身兴趣、爱好，以及对他人的态度和对自己行为的正确评价。第三项活动是交流讨论对话的逻辑顺序。教师布置一项按照电话交谈的逻辑顺序进行排序的练习任务，教师把对话顺序打乱，让学生重新排序，然后每个小组出示一份完成的排序内容（见表5-5）。从整个课

堂活动来看，基于情境认知的体验活动贯穿始终，可以说正是师生的共同努力营造了一系列内容丰富的教学情境活动，学生在情境体验中积极参与学习活动。这次课程让学生体验到了学习外语的兴趣，整个活动过程也成为学生学习生活中一段难忘的经历。

表 5-5　逻辑排序活动内容任务

① – Хорошо передам, но если она захочет что-то уточнить, она может Вам позвонить?
② – Меня зовут Миша, Петров Михаил. Она меня хорошо знает. Мы учились с ней в школе в одном классе.
③ – Что ей передать?
④ – А с кем я говорю?
⑤ – Спасибо. Извините, что побеспокоил.
⑥ – Конечно, если только это будет не слишком поздно вечером.
⑦ – Жаль! Могу я попросить Вас передать ей, что ей звонил Петров Михаил
⑧ – Спасибо, я обязательно передам ей всё, что Вы сказали.
⑨ – Скажите, пожалуйста, номер телефона, по которому Вам можно позвонить.
⑩ – Извините за беспокойство, я могу услышать Надю?
⑪ – Передайте ей, пожалуйста, что завтра в Харбин приезжает Лена.
⑫ – Запишите, пожалуйста, мой номер телефона – 267 – 15 – 483. Она может звонить по этому номеру до 20 часов вечера сегодня.
⑬ – Нет, я не могу пригласить её. Её сейчас нет дома.
⑭ – Алло.

3. 体验活动的意义与评价

基于情境认知的体验活动的核心是通过创设接近目的语国家文化的情境，唤醒学生对未知事物的兴趣，以拉近学生与目的语国家语言和文化知识之间的认知距离，同时还能使师生之间及生生之间的情感交流得到加强。众所周知，任何一种语言知识都具有情境性，人的外语水平正是在丰富的语言文化情境中不断发展的。情境体验活动模式关注个体的亲身体验和自我认识，重视合作学习，帮助学生形成积极的人生态度。学生在体验活动中不断产生新的经验和新的认识，促进自身不断发展，这些都符合本项研究的宗旨和目标。总之，体验活动是一种情境化的学习方式，要求教师在学习过程中进行恰当的情境创设，使学生很快地全身心投入活动过程。在上面的实例中，教师巧妙地把要解决的问题和学生的日常生活联系起来，让学生所处的外在环境和内在心境两方面都被置于真实事件之中，而不是被安排好的一系列活动中。总之，情境创设是体验活动不可缺少的内容，教师在活动课程实施前应该精心思考和设计。活动设计应符合外语学习规律、学生心理及认知特点。主题与情境的设定应符合实际、贴近学生生活，语言材料的选择应具有趣味性、时代性、科学性，科学合理的教学设计有利于学生语言学习和跨文化交际能力的获得。

（三）基于创新发展的课堂合作交往活动案例

俄罗斯著名心理学家艾利康宁（Эльконин Д.Б.）作为言语活动理论的主要倡导者，深入研究了活动在认知发展过程中的心理机制问题，他特别重视不同年龄阶段中活动促进儿童发展的比较研究。艾利康宁活动理论的核心：儿童的每个发展阶段都有自己的特点，不同的发展阶段都有一个典型的活动类型，这个活动类型对于此阶段儿童身心的发展起到重要作用，是其他活动不能代替的，如婴幼儿期的对象性活动、学龄前期的游戏活动、学龄初期的学习活动以及少年期的合作交往活动。[1]艾利康宁的儿童心理发展分期理论是俄罗斯言语活动理论的重要组成部分，是俄罗斯国内外多项心理学研究的理论依据，也是中小学教育实践活动的重要参考。言语活动的主要目标之一是解决一定情境中的交际课题，完成交际任务。交际者要根据不同的交际对象和交际条件来建构自己的话语，以完成不同的交际任务，同时交际者还要不断调整自己的话语来适应不同的人、事、时、地，所以言语

---

[1] Эльконин Д. Б. Психологическое развитие в детских возрастах. М.:Институт практической психологии. Воронеж:НПО Модек, 1995, с 78.

活动中交际者的话语是千变万化、具有高度创新性的。也就是说，言语活动的最终目的是培养学习者创造性运用语言的能力。创造性原则因此成为俄语活动课程设计要遵循的一条重要的课程实施与教学原则。根据儿童和青少年的身心发展特点，外语活动课程设计要注重活动过程的灵活性和多样性。在教师的指导下，学生的活动类型可以是多种多样的，活动方式可以是小组内学生与学生之间的互动性交流活动，也可以是小组之间的对话性活动，还可以是班级与班级之间的竞赛性活动，俄罗斯心理学家和教育学家把这些活动统称为"交往活动"（коммникативная деятельность）。为了在外语课堂上完成有效的交往活动，教师要给予学生足够的时间和空间，最大限度地调动学生参与交往活动的积极性，启发学生从不同角度提出不同见解，培养他们的创新思维能力，激发学生探索未知领域的兴趣，提升学生分析问题和解决问题的能力。

中学课堂上，每一位教师都面临着如何组织课堂学习的问题。教师通常会有三种选择：通过一场胜负比赛来决出谁能最出色地完成任务；以小组的形式共同学习，保证所有成员都能完成任务；让学生通过独立学习来完成任务。三种不同的教学组织方式会导致不同的结果：自己与他人的共同成功，或者是他人的失败、自己的成功。现代学校的教育目标是追求来自学生"内心的"和"共同的"努力，以实现学生的共同成功。从人类历史来看，社会中相互依赖关系长期存在，它是人类最根本和最普遍的特征之一，人们都有一种合作的需求，合作是一种必不可少的学习方式。现实教学活动中的每一节课也都包含着这种相互依赖的关系，教师采取一定手段让学生渴望并寻找机会与他人合作，最后实现共同的目标，这也正是研究合作交往活动的宗旨。

1. 合作交往活动的内容和目的

本项研究以俄罗斯哈巴罗夫斯克边疆区共青城市（Комсомольск на Амуре）第三十六中学六年级的汉语课为例，对中学外语课堂上基于创新发展的合作交往活动进行阐述和分析。合作交往活动研究的出发点是对课堂上师生之间以及学生之间关系的重新审视。本项研究的基础是俄罗斯言语活动理论中文化历史观的交往互动理论。交往互动理论是言语活动理论研究的重要领域之一，根据交往互动理论，教育背景中互动双方的情感和认知特征是学生取得学业成功以及教师获得教学成功的关键。[①] 这也就意味着，在课堂的交流活动中，一个人的言行往往会在很大程度上影响他人。课堂上的交往活动可以看作一个人与人之间互动交往和相互影响的社会系统，有着自己的规范、角色、信念体系以及活动模式。合作交往活动是目前俄罗斯广泛推行的外语课堂学习活动形式之一，是基于现代学校外语教学中存在的诸多问题而进行改进的发展策略。本项研究的目的是促进我国教师将先进的外语教育理念转化为教育行为，使俄语教学更加符合学生的认知发展规律。合作交往活动更加突出和强调学生在学习活动中的主体地位，帮助学生形成主动获取知识的能力，促进思维发展，提高语言意识，从而提升学生的创新能力。在学习活动的方法策略上更加强调合作、交流等形式，在活动过程中教师扮演的角色更多的是学生学习活动的引导者和促进者，这些符合社会建构主义的教育思想和学习理论。

2. 合作交往活动的步骤与过程

合作交往活动通常由教师和学生根据课程内容确定活动目标及活动方案，然后通过展示交流等形式组织合作，并开展活动。学生在一定的语言情境中参与创造性的语言活动，提升语言综合实践能力及语言运用的创新意识。如图5-5所示，合作交往活动的基本步骤主要包括确定活动目标、预设活动方案、创设主题情境、组织交流活动以及进行活动评价等环节。需要特别注意的是，在合作交往活动中要关注学生之间共同合作完成任务的情况，这种合作应该是真正意义上的协同努力，是学生为了达到目标共同付出努力的过程。

表5-6显示的是合作交往活动案例的课堂活动过程，活动的主题是掌握汉语中表示"颜色"的词语。

---

① 佐斌：《师生互动论——课堂师生互动的心理学研究》，华中师范大学出版社，2002，第7~9页。

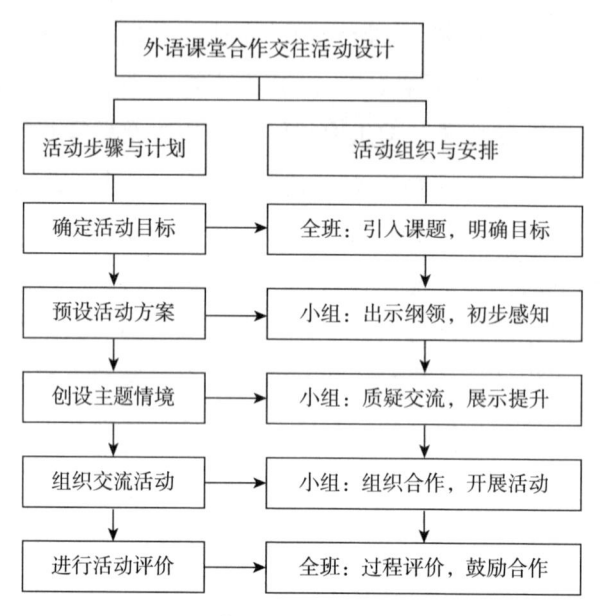

```
                    ┌─────────────────────────┐
                    │  外语课堂合作交往活动设计  │
                    └────────────┬────────────┘
                ┌────────────────┴────────────────┐
        ┌───────┴────────┐              ┌────────┴────────┐
        │  活动步骤与计划  │              │  活动组织与安排  │
        └───────┬────────┘              └────────┬────────┘
        ┌──────┴───────┐               ┌────────┴─────────┐
        │  确定活动目标 │─────────────→│ 全班：引入课题，明确目标 │
        └──────┬───────┘               └──────────────────┘
        ┌──────┴───────┐               ┌────────────────────┐
        │  预设活动方案 │─────────────→│ 小组：出示纲领，初步感知 │
        └──────┬───────┘               └────────────────────┘
        ┌──────┴───────┐               ┌────────────────────┐
        │  创设主题情境 │─────────────→│ 小组：质疑交流，展示提升 │
        └──────┬───────┘               └────────────────────┘
        ┌──────┴───────┐               ┌────────────────────┐
        │  组织交流活动 │─────────────→│ 小组：组织合作，开展活动 │
        └──────┬───────┘               └────────────────────┘
        ┌──────┴───────┐               ┌────────────────────┐
        │  进行活动评价 │─────────────→│ 全班：过程评价，鼓励合作 │
        └──────────────┘               └────────────────────┘
```

图 5-5 合作交往活动的基本步骤

表 5-6 合作交往活动案例的课堂活动过程

活动步骤	教学活动内容	教师与学生活动
确定活动目标	学习目标：掌握汉语中表示"颜色"的词语，如红色、绿色、粉色、黑色、黄色、白色、紫色等词语的表述及用法 学习重点：红色、绿色、粉色、黑色、黄色、白色、紫色等几个词语在固定情境中的使用 活动方式：小组活动	1. 教师展示教学计划，学生关注学习目标、学习内容及方法 2. 教师根据导学计划指导学生完成任务，学生认真听老师的讲解
创设主题情境	1. 通过 PPT 展示人物、色彩、声音，在情境中导入新课 2. 提出问题与任务	1. 学生观看 PPT 展示 2. 教师提出问题，学生回答，明确活动任务
组织交流活动	活动1：在黑板上找到与自己手中卡片颜色一致的信息，用彩笔描绘出相应的颜色 活动2：两个人合作表演，第三人猜测情境中的颜色词 活动3：每个小组准备一张白纸，小组四人合作，在纸上画出相应的颜色，看哪个小组完成得快速和准确 活动4：传球游戏，完成游戏的同时快速回答对方提出的关于颜色的问题	以小组为单位协作、互助，完成交流活动

续表

活动步骤	教学活动内容	教师与学生活动
进行活动评价	对学生个人和小组的表现进行评价，评价分为两部分：学生表现和小组成绩 学生自评——交流感悟，分享提高，唤起对知识的思考与共鸣 教师点评——调动学生积极参与活动的欲望，帮助学生建构知识体系	学生自评 小组互评 教师总结

从表 5-6 中可以看出，教师首先用 PPT 展示的形式向学生明确本节课的学习活动目标和设计方案，并提出具体任务和完成任务的基本要求。PPT 展示内容有人物形象、故事情境等，突出了以颜色为主题的设计方案，这种新课导入方式不仅形式新颖，而且情节引人入胜。作为情境创设的第一项活动，教师采用了让学生"找颜色"的活动方式。根据活动的要求，每组选出一名同学，从 7 张带有颜色的卡片中找到一个与黑板上所列词语相对应的卡片，并把卡片贴在指定位置。在这一项活动中学生紧密合作，共同完成了活动任务。第二项活动是合作表演，首先由一名学生做出动作，另一名学生猜出动作所表达的颜色意义，如红色的、粉色的气球或是黑色的衣服等。这一活动充分体现了学生之间的合作精神，有利于增强青少年学生的集体意识。第三项活动是语言思维拓展训练。如图 5-6 所示，活动要求每个小组的学生根据词语意义选择相关联的对应词，并用线连接。这项训练通过将表示颜色的词与其相关联词语建立联结，拓展学生的语言认知结构，并在建立联结的活动过程中发展学生的言语思维能力。第四项活动是传球游戏。教师给每个小组两个不同颜色的气球，让学生通过传递气球的方式进行问答对话，比如：

——这是红色气球吗；
——是的，这是红色气球；
——你喜欢绿色的气球吗；

——不，我不喜欢绿色的，我喜欢黄色的。

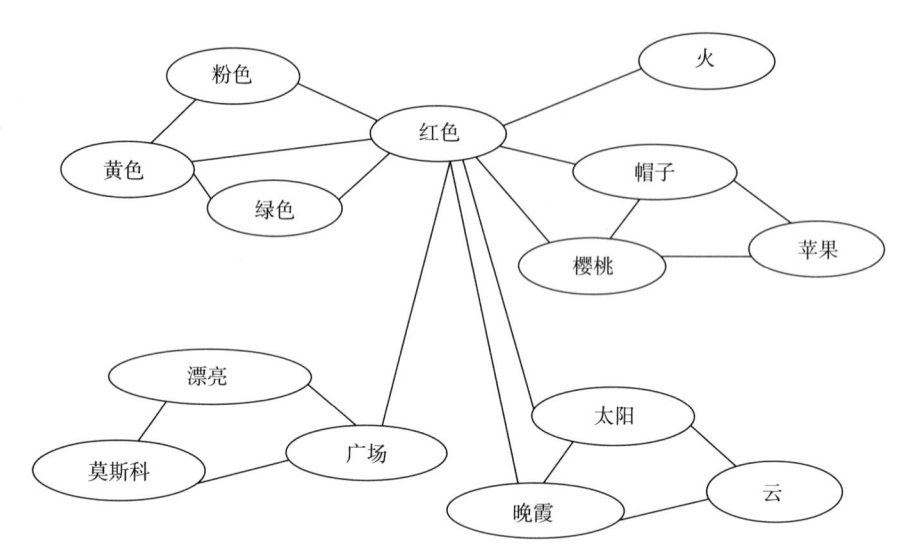

图 5-6　语言思维拓展训练

在这项活动中，学生通过气球传递和问答的形式在特定的情境中进行言语运用的训练，这种活动有利于培养学生语言应用的创新能力。语言学习的目的是在交际情境中学会综合运用语言，课堂上的合作交往活动是形成语言和发展语言能力的有效途径。

3. 合作交往活动的分析与评价

按照辩证唯物主义哲学观，在人类社会历史中，主体与客体之间的实践活动和主体与主体之间的交往活动共同推动着人的发展与社会的进步。人的主体性确立的前提，在于交往活动中确立的主体与主体之间的关系。著名心理学家列昂捷夫（Леотьев А.А.）认为，交往是活动的一种形式，人在交往活动中构成了"主体－活动－对象"之间的关系，主体与主体之间的交往活动构成了活动过程中的一种特殊形式。合作是一种积极的交往形态，是每个成员为达到共同的目标一起努力工作和学习的过程。在合作的情境中，大家通过共同活动来促进自己和他人学习效果的最大化。这种合作式的努力能让参与者感受到所有小组成员都在为共同利益而奋斗，所有小组成员都能从他人的努力中受益。俄罗斯中小学外语活动教学基于上述目标，坚持主体"合作交往"的原则，以小组的形式进行活动，以增强学生的团队合作意识和集体荣誉感，这是现代学校教育追求的目标之一。

合作交往活动强调活动课程实施中应该关注学生之间的合作与沟通，这对培养学生的合作精神尤为重要。现代学校外语教育中，教师越来越多地采用小组合作的学习方式，小组合作是一种非常有效的学生活动的组织形式。在俄罗斯大部分中学，由于班级人数普遍为15~20人，小组成员分配一般为每组4~5人。小组合作学习有利于学生协同工作，共同寻找解决问题的办法。国内外的外语教育实践和教育研究结果表明：小组合作学习在外语学习上具有很大优势，可以为学生提供更多发展机会。首先，小组合作活动是促进学生心理机能发展的重要因素，在小组合作活动的过程中，成员之间相互交流自己成功的方法，个人经验不断得以丰富。其次，合作活动本身使人更容易确定自己与周围人的关系。要使合作学习更加有效，成员之间建立起良好关系是基础，良好的人际关系能促进成员之间相互配合、协同合作，共同完成任务。所以，在进行活动之前要精心设计好活动的规则和步骤，尽可能减少一些不确定因素的影响。总之，基于创新发展的合作交往活动突出了活动的交际性原则，活动设计中努力营造贴近生活、积极合作的学习环境，有利于培养学生自主学习和终身学习能力。

俄罗斯外语活动课程体系及案例研究为我国俄语活动课程的理论研究与实践设计带来了很大的启示。俄罗斯中小学外语活动课程的实施，从活动目标设置到学生活动的演示，再到活动结果评价，充分发挥了学生的自主性，学生可以参与表演的角色分配以及台词的设计和道具的制作等。在活动中，教师能够给予学生适当的指导和关注，帮助学生解决部分难题，充分发挥学生的创造力、想象力以及动手能力。只要教师给予学生足够的时间与空间，学生就会给教师带来极大的惊喜。学生是认识活动的主体，课堂活动本质上是一种主体性活动，学生只有通过主体性活动才能达到自我实现的目的。通过对上述探究活动、体验活动以及合作交往活动案例的综合分析，可以知道，建立在言语活动理论基础上的外语活动课程符合俄罗斯基础教育总目标，有利于学生形成正确的学习动机。活动课程是教育者根据社会发展的需要和现代化的要求，通过启发、引导受教育者内在的教育需求，创设和谐、宽松、民主的教育环境，有目的、有计划地设计和组织各种教育活动的过程，简单地说，活动课程是一种培养和发展受教育者主体性的实践活动。

在研究人员走访的俄罗斯远东地区几所学校的外语课堂上，教师教学方式灵活多样、丰富多彩，课堂气氛宽松、民主，学生参与活动的热情和积极性很高。通过以上三个外语活动课程实施案例的具体分析，可以看出，目前俄罗斯中学外语活动课程的活动设计和组织形式都反映了《联邦课程标准》的核心思想：课程最大限度地通过多种活动的形式来促进学生身心的和谐发展，在正确动机的引导下充分发挥他们参与活动的主动性和积极性。进入 21 世纪，学校外语教育中活动课程研究与设计的重要性日益凸显，基于言语活动理论的俄语活动课程设计与研究超越了传统的课程模式，强调以"活动"为主，突出学生主动参与活动的过程，符合现代课程的核心思想与基本理念，为基础教育外语课程研究与设计提供了许多可以借鉴的成功经验。

第六章　中学俄语活动课程实施情况的调查研究

为了更好地了解基础教育中学俄语活动课程的实施情况，将俄语活动课程的研究与教学设计建立在科学的数据分析基础上，本章采用了调查研究的方法，选取了黑龙江几所初中学校作为研究对象，在科学方法指导下，对活动课程的实施及相关问题进行质性研究与量化相结合的研究。为使研究结果更加科学与可靠，研究中使用了问卷调查、课堂观察及课堂实录等方法。课堂观察和课堂实录是为了进一步验证问卷调查中得到的数据和结论，以便及时发现活动课程实施中存在的问题及影响因素。

一　问卷调查

（一）研究背景

近半个世纪以来，随着人文主义教育思想的兴起与发展，人与社会、人与自然和谐发展的问题已经成为当今各国教育界的主流思潮。人是社会发展的决定因素，社会的发展归根结底是人的发展问题。对于正处在飞速发展中的中国，提高以主体性发展为核心的素质教育是应该优先考虑的问题。教育要适应社会快速发展的迫切需求，就必须自觉地更新培养目标，重视人的自主性、能动性和创造性等主体素质的培养，把受教育者培养成具有强烈主体意识，敢于创新、不断追求新知识且能独立思考的社会人，从而提高人才培养的质量。同样，外语教育研究领域越来越关注外语学习过程中对学习者的研究。从2001年《基础教育课程改革纲要（试行）》颁布实施至今，我国基础教育俄语课程改革已经走过二十几个年头。《2011版课标》倡导"素质教育"、关注"学习过程"、实施"活动教学"，旨在改变传统教学方式，培养学生综合运用语言的能力，促进学生的全面发展。在这十几年间，人们从对"活动教学"不理解到尝试着去探索"活动教学"实践模式，传统教学方式正在悄悄发生变化。随着课程改革的不断深入，"活动教育"理念再一次成为我国基础教育课程改革的热点，"活动课程"在新时代背景下获得了强大的生命力。

随着课程改革的不断深入，实施"活动教学"已成为我国基础教育俄语课程的核心观念，提高学生自主学习能力是实现核心素养的关键因素，有利于学生形成良好的学习习惯，培养学生的创新意识，为其终身发展奠定基础。本章进行的中学俄语活动课程的调查研究正是在这种大背景下探讨以学习者为中心的活动课程模式，当然，这里所说的"活动课程"的实质应该是一种活动教育理念。为了解中学"活动教学"实施状况、已取得的成效和存在的问题，课题组围绕"对待课程的情感和态度""活动实施的影响因素""学生主动参与活动程度"，以及它们之间的相关性程度四个维度设计了调查问卷。本次调查研究旨在为中学俄语活动课程设计提供科学依据，使其更有效地指导中学俄语教学实践。为保障调查问卷的科学性和有效性，运用SPSS 17.0统计软件对调查问卷的信息进行统计分析，然后得出结论。本项调查研究由于包含的内容丰富，涉及的范围较广，是一项艰难的研究，然而也是极具价值的实践探索。为了深入研究活动课程的相关问题，本项研究除了进行问卷调查之外，还运用课堂观察和课堂实录等研究方法去辅助调查研究，使研究结论更加科学可信。

（二）研究问题

鉴于对以上基础教育俄语课程实施中所存在问题的理解和认识，为了验证之前的研究假设，本章选取了黑龙江的几所中学进行了与中学俄语活动课程相关的调查研究活动。本项调查研究的目的一方面是对中学俄语课程实施过程中活动缺失的状况以及相关因素进行分析，另一方面是考察中学生对俄语课内外活动的主动参与程度以及他们对待俄语课程的情感和态度。此外，活动课程与学生学习俄语的兴趣、情感和动机之间的相关性程度也是本项调查研究的重点问题之一。

（三）研究设计

1. 研究对象

根据研究计划和研究目标，课题组研究人员于2014~2015年在黑龙江范围内进行了一次问卷调查。调查对象为分布在黑龙江4个城市6所初中学校的200名学生。研究采用调查问卷的方法，共回收调查问卷200份，其中有效问卷194份。鉴于样本的代表性和普遍性要求，本项研究在问卷样本选择上，最大限度地保证了其在区域分布上的多样性，使调查结果具有可靠性和有效性。义务教育阶段开设俄语课程的学校多分布在黑龙江的边境地区，因此，此次问卷调查样本的主体部分在黑龙江的边境地区，占样本总数量的一半以上。

2. 问卷设计

中学俄语活动课程实施状况的调查研究采取了横向研究的方式，借助问卷调查、访谈和课堂观察等手段进行了相关性研究。调查问卷采用莱克特等级制（Likert rating scale）计分，每个项目设有1~5个等级数字，其中5=完全同意、4=同意、3=不同意、2=完全不同意、1=不确定，计分依次为5分、4分、3分、2分和1分。所收集数据采用SPSS 17.0统计软件加以处理。所得结论以数据为准。全部问卷分为四个部分，共33道题。问卷采用了封闭式和开放式两种题型，答案按照升幂排列，依次为A、B、C、D、E（分别计1分、2分、3分、4分、5分）。

调查问卷中问题1~5是关于调研对象的基本情况。主体内容由五部分组成：第一部分是学生对待俄语课程的情感态度情况（共8题）；第二部分是学生利用课外书籍和多媒体学习俄语情况（共5题）；第三部分是学生主动参与课内外教学活动情况（共8题）；第四部分是学生主动利用俄语进行交际运用情况（共4题）；第五部分是扩展开放题（共3题），主要为被访者提供更具个性化的反馈意见通道。下面是此次调查研究的问卷设计部分。

（1）基本情况

问题				
1. 学生性别情况				
2. 学校所属类型情况				
3. 学校俄语学生人数情况				
4. 学校俄语师资情况				
5. 学生俄语学习时间情况				

（2）学生对待俄语课程的情感、态度情况

问题	非常符合	符合	不符合	完全不符合	不确定
1. 我非常喜欢学习俄语					
2. 我希望每周能多上几次俄语课					
3. 我不喜欢俄语课的课外作业					
4. 俄语课的学习让我感到非常厌恶					
5. 俄语课的学习与我的生活无关					
6. 我希望将来能继续俄语学习					
7. 俄语课的学习材料让我非常感兴趣					
8. 俄语课堂上老师经常组织一些游戏活动					

（3）学生主动参与课内外教学活动情况

问题	总是	经常	有时	从不	从未听说
1. 俄语课堂上您主动参加与俄语学习相关的游戏活动的频率是					
2. 你们学校或班级组织与俄语学习有关的话剧表演的频率是					

续表

问题	总是	经常	有时	从不	从未听说
3.您在学校或班级主动参加俄语歌曲、俄罗斯舞蹈等表演的频率是					
4.您主动参加学校或班级组织的诗歌或其他形式的朗诵比赛的频率是					
5.您主动参加学校或班级组织的与大自然或社会相关的调查活动的频率是					
6.您主动参加学校或班级组织的与俄语相关的参观活动的频率是					
7.您在俄语课堂上或者在课后按照教师要求进行画图或卡片制作的频率是					
8.您参加学校或班级组织的俄语活动的频率是					

（4）学生利用课外书籍和多媒体学习俄语情况

问题	总是	经常	有时	从不	从未听说
1.您利用网络查找俄语学习相关资料的频率是					
2.您阅读与俄语或俄罗斯有关的课外书籍的频率是					
3.您利用俄语工具书查找俄语学习需要的相关资料的频率是					
4.您利用课外书籍查找俄语需要的相关资料的频率是					
5.您利用多媒体技术进行与俄语学习相关的制作，如网页制作、幻灯片制作或者图表制作等的频率是					

（5）学生主动利用俄语进行交际运用情况

问题	总是	经常	有时	从不	从未听说
1.您主动参加学校或班级组织的与俄罗斯学校学生的交流活动的频率是					
2.您主动与俄罗斯学生进行电子邮件交流的频率是					
3.俄罗斯学校的学生来你们学校或班级与同学进行交流活动的频率是					
4.您与别人用俄语进行简单交流的频率是					

（四）数据统计

对问卷进行数据统计分析之前，使用 SPSS 17.0 统计软件对数据做最初的整理和录入。首先剔除那些不规范的无效问卷，为了保证数据信息的准确性，选取的样本要经过仔细辨别，避免一些无效数据的录入，尽量让调查研究结果更加科学合理。另外，在进行数据录入的时候尽量保持原问卷地域的完整性，也就是说一个地方的数据与另外一个地方的数据要分开整理，这样方便做进一步的比较研究。数据统计是进行调查研究的关键步骤，本项调查研究使用 SPSS 17.0 统计软件进行统计分析，主要对调查问卷进行了效度和信度分析、描述性统计分析、相关性分析、回归分析。下面呈现的是问卷各项统计分析结果。

1. 调查问卷的效度分析

问卷的效度和信度指测量工具对研究对象的测量能力，换句话说，就是测量工具和方法可以在多大程度上测量所要研究的对象，检验的目的是检查问卷的设计是否科学与合理，这是进行统计分析的前提与条件。调查问卷的效度分析主要采用了因子分析的方式，在提取因子前，使用 KMO（kaiser-Meyer-Olikin）检验和 Bartlett 球形检验（Bartlett test of Sphericity）两种方法来验证样本是否适合进行因子分析。KMO 统计量用于判断变量间的相关性，取值范围为 0~1。KMO 统计量的值越接近 1，该样本进行因子分析的效果就越好。一般认为，当 KMO 统计量的值在 0.9 以上，非常适合因子分析;0.8~0.9，很适合;0.7~0.8，适合;0.6~0.7，比较适合;0.5~0.6，很勉强;0.5 以下，不适合做因子分析。Bartlett 球形检验是从整个相关系数矩阵来考虑问题，其零假设 H_0 是相关系数矩阵，为单位矩阵，可以用常规的假设检验判断相关系数矩阵是否显著异于零。KMO 检验和 Bartlett 球形检验的结果如表 6-1 所示。

表 6-1 KMO 检验和 Bartlett 球形检验的结果

取样适当性数值 KMO		0.890
Bartlett 球形检验	近似卡方分布	1995.669
	自由度	276
	显著性	<0.001

统计结果显示：量表的取样适当性数值 KMO 大于 0.8，且 Bartlett 球形检验的卡方值小于 0.05，说明样本适合进行因子分析。计算各因子的方差贡献度，得到旋转后的因子载荷矩阵，并提取公因子。由于因子分析的目的是寻找可能的因素结构，因此采用主成分分析法（Principal component analysis）来提取公因子，同时为了建立因素间最简单的结构，采用方差最大法（varimax）中的直交转轴法（orthogonal ratation）寻求因素区隔的最大可能性。运用卡特陛阶法确定因子的数目，通过方差最大法的正交旋转方法获得各因子的载荷值。由于 A_{13} 在各个因子上旋转后的因子载荷均小于 0.5，予以剔除后再做因子分析，结果如表 6-2 所示。

表 6-2 旋转后的因子载荷矩阵和方差贡献度

题项	成分				
	1	2	3	4	5
A_1	0.075	0.166	0.677	-0.118	0.368
A_2	0.269	0.101	0.718	-0.033	-0.127
A_3	-0.066	0.161	0.769	0.093	0.066
A_4	0.286	0.240	0.600	-0.046	0.066
A_5	0.436	0.061	0.328	-0.070	0.516
A_6	0.549	0.224	0.157	0.315	0.301
A_7	0.708	0.247	0.007	-0.054	0.250
A_8	0.738	0.117	0.120	0.095	0.153
A_9	0.663	0.164	0.041	-0.120	0.106

续表

题项	成分				
	1	2	3	4	5
A_{10}	0.689	0.166	0.116	-0.069	0.042
A_{11}	0.769	0.257	0.115	0.035	0.051
A_{12}	0.777	0.138	0.179	-0.058	-0.050
A_{14}	0.738	0.105	0.034	-0.161	0.095
A_{15}	0.361	0.147	0.066	-0.088	0.663
A_{16}	0.232	0.762	0.154	0.063	0.007
A_{17}	0.255	0.704	0.173	-0.066	-0.266
A_{18}	0.201	0.665	0.203	-0.043	-0.206
A_{19}	0.222	0.722	0.121	-0.022	0.207
A_{20}	-0.082	0.053	-0.072	0.714	0.128
A_{21}	0.024	0.010	0.015	0.776	-0.027
A_{22}	-0.123	0.035	0.000	0.591	-0.283
A_{23}	0.139	0.705	0.184	0.148	0.302
A_{24}	0.240	0.751	0.204	0.092	0.240
A_{25}	0.056	0.826	-0.049	0.033	0.107
方差解释量	19.977	17.534	9.717	7.098	6.179
总体方差解释量	19.977	37.511	47.228	54.326	60.504

由表6-2可以看出：前5个因子的方差贡献度达到60.504%。结合实际情况，认为因子2和因子4代表相同的信息，予以合并，最终的因子划分如下。

因子1：学生主动参与俄语课内外相关活动情况（23~28题、14题、30题）；

因子2：学生对待俄语课程的情感态度情况（15~22题）；

因子3：学生主动参与课外资源开发与利用情况（6~10题）；

因子4：学生使用俄语进行板报或卡片制作情况（10题、29题）。

2.调查问卷的信度分析

信度检验值是衡量问卷量表信度的重要指标，是测量工具测出的结果在一致性和稳定性方面所达到的程度。如果测量工具的一致性和稳定性较高，那么测量结果的准确率就较高，相应地，也就证明了测量工具有很好的信度。本项分析采用了Cronbach's alpha系数分析法进行问卷的内在一致性检验，即求出总量表和各分量表的Cronbach's alpha系数值。

表6-3 调查问卷的信度分析

单位：个

维度	项目数	Cronbach's alpha 系数值
学生主动参与俄语课内外相关活动情况	8	0.886
学生对待俄语课程的情感态度情况	8	0.745
学生利用课外书籍和多媒体学习俄语情况	5	0.723
学生使用俄语进行板报或卡片制作情况	2	0.598
总量表	23	0.861

对本次正式调查的问卷进行信度检验发现，总量表和各分量表的Cronbach's alpha系数值都达到了0.6以上或接近0.6，四个维度的量表中信度值最高的一项是学生主动参与俄语课内外相关活动情况，数值为0.886，说明这一项的可信度非常高。其他三项按照数值由高到低依次为学生对待俄语课程的情感态度情况、学生利用课外书籍和多媒体学习俄语情况、使用俄语进行板报或者卡片制作情况，上述数据表明此次问卷整体具有很好的信度，没有发现严重影响量表内在一致性的项目，可以进行接下来的统计分析项目。

3.调查问卷的描述性统计分析

描述性统计分析是数据统计中最基本的一项分析，在使用任何一种检验方法之前，都离不开对问卷的描述性统计分析。本项描述性统计分析主要涉及数据的频数、比例、比率以及数据的集中趋势和分布形式。描述性统计分析的直接目的是简化数据,所以在此项统计中,使用了常用的数据表格方式,这样能使统计结果清晰可辨。对调查问卷各维度进行统计分析后得出平均值和标准差,并在此数据基础上进行了统计学的简要描述和分析(见表6-4)。

表6-4 样本总量的描述性统计分析(N=194)

维度	最小值	最大值	平均值	标准差
学生主动参与俄语课内外相关活动情况	1.13	4.88	2.90	0.76
学生对待俄语课程的情感态度情况	1.80	4.70	3.66	0.68
学生利用课外书籍和多媒体学习俄语情况	1.75	5.00	3.23	0.59
学生使用俄语进行板报或卡片制作情况	1.00	5.00	2.72	0.80
总得分	2.06	4.61	3.13	0.53

从表6-4可以看出,量表各项总得分的最大值为4.61分,最小值是2.06分,这说明不同个体间存在显著差异。这一点也验证了之前的假设,即由于各种因素的制约,活动课程的实施在不同地区、不同学校和不同个体之间存在很大差异。量表各项总得分的平均值为3.13分,高于中间值2.5分,说明受调查学生的俄语学习活动整体状况较好。这组数据比研究者本人在2008年进行的一次相似调研中统计数据的平均值高出1.2[①]。从数据上可以看出,这7年间学生主动参与俄语学习活动的状况整体上有了明显的改善。由此可见,在新课程实施的几年中,俄语课程改革的成果比较显著,新课程倡导的活动教育方法与传统课程相比表现出了极大的优越性。"学生对待俄语课程的情感态度情况"总得分的平均值是量表各个维度中最高的,达到3.66分,说明本次受调查学生在"对待俄语课程的情感态度"方面表现较好,也就是说,学生在俄语学习方面拥有较高的积极性和热情。学生俄语学习中表现出来的较

[①] 常丽:《从黑龙江省俄语教育现状调查结果谈提高学生外语自主学习能力的迫切性》,《黑龙江教育学院学报》2008年第10期。

高热情与许多因素有关。本次调查的研究对象来自黑龙江省边境城市绥芬河市、黑河市以及黑龙江省会哈尔滨市。随着中俄两国在经济、文化与教育领域交流的不断加深,这些城市良好的俄语交流氛围以及学校新课程实施中呈现的新气象都在影响着学生们对待俄语课程的情感态度。"学生使用俄语进行板报或卡片制作情况"得分的平均值是各个维度中最低的,仅为2.72分。可见,受调查学生较少使用俄语进行板报或卡片制作。在中学阶段的俄语学习中,板报或卡片制作是学生综合性和创造性运用俄语的重要途径,所以在中学外语教育中积极倡导学生利用所获得的语言和文化知识进行创造性活动,对于推动俄语活动课程发展是十分必要的。

在描述性统计分析过程中,对分项样本的描述性分析同样也是非常重要的。本项分析从某些单项样本的平均值和百分比的统计入手,考察这些单项样本中学生的分布状况,同时也与其他的单项样本进行比较研究,找到最高分组和最低分组。采用人数和占比的方式来描述"学生主动参与俄语课内外相关活动情况",并用表格来直观呈现学生人数分布情况。统计结果如表 6-5 至表 6-8 所示。

表 6-5 学生在俄语课堂上主动参加与俄语学习相关的游戏活动情况

单位:人,%

	人数	占比
从未听说	5	2.6
没有	24	12.4
有时	80	41.2
经常	55	28.4
总是	30	15.5
合计	194	100.0

表6-6 学校或班级组织与俄语学习有关的话剧表演情况

单位：人，%

	人数	占比
从未听说	24	12.4
没有	64	33.0
有时	67	34.5
经常	28	14.4
总是	11	5.7
合计	194	100.0

表6-7 学生在学校或班级主动参加俄语歌曲及诗歌表演情况

单位：人，%

	人数	占比
从未听说	21	10.8
没有	77	39.7
有时	67	34.5
经常	17	8.8
总是	12	6.2
合计	194	100.0

表6-8 学生主动参加和俄罗斯学生交流活动情况

单位：人，%

	人数	占比
从未听说	15	7.7
没有	53	27.3
有时	75	38.7
经常	34	17.5

第六章　中学俄语活动课程实施情况的调查研究

续表

	人数	占比
总是	17	8.8
合计	194	100.0

上面几项是关于"学生主动参与俄语课内外相关活动情况"的统计结果，其中表6-5是"学生在俄语课堂上主动参加与俄语学习相关的游戏活动情况"的统计结果。数据资料表明：41.2%的学生在俄语课堂上"有时"主动参加与俄语相关的游戏活动；28.4%的学生"经常"主动参加，占比最低的是"从未听说"，约为2.6%，在194人中有5人表示"从未听说"过俄语课堂游戏活动。表6-6是"学校或班级组织与俄语学习有关的话剧表演情况"的统计结果。数据资料表明：34.5%的学生所在学校或班级"有时"组织与俄语学习有关的话剧表演；选择"没有"组织此项目的占比为33.0%，也就是说194人中有64人所在学校或班级没有组织过这种活动；只有5.7%的学生所在学校或班级"总是"组织此类话剧表演活动。表6-7显示：在参加俄语歌曲及诗歌表演方面，有39.7%的学生选择了"没有"，有34.5%的学生选择了"有时"，选择"总是"的学生占比为6.2%。表6-8显示：在"参加和俄罗斯学生交流活动情况"中有75名学生选择了"有时"，占比为38.7%；选择"没有"参加过此项活动的有53名学生，占比为27.3%。

在"学生主动参与俄语课内外相关活动情况"中，几项活动的统计结果与研究假设一致，其中占比最高的两项分别为"有时"和"没有"。其中"没有"这一选项在表6-7和6-6的统计结果中所占比例最高，分别为39.7%和33.0%，说明这两项活动在中学俄语课堂教学活动中的缺失状况比较明显。话剧表演是学生创造性地使用语言的最佳方式之一，《2022版课标》中指出，要努力发展学生的创新意识。在外语课程实施中，创新意识的培养体现在借助一定语言情境，通过与他人合作的形式完成一项语言实践的创新制作，这是一种很有益的活动项目，应该在外语课堂大力提倡。俄语歌曲、俄罗斯舞蹈、诗歌或其他形式的朗诵比赛是学习和完善俄语语音的最好方法之一，在中学俄语学习活动中应该大大增加俄语歌曲、舞蹈以及诗歌表演等活动的比例。游戏活动在活动课程中的重要作用毋庸赘述，结合课堂观察的情况可以看出，俄语课堂上的游戏活动与其他活动类型相比，所占比例很少，远远不能满足学生发展的需要。在"参加和俄罗斯学生交流活动情况"中35%的学生从来"没有"参加或"从未听说"过中俄学生的交流活动，17.5%的学生"经常"参与这种交流活动。本项研究选取的研究对象中，3/4的学生来自中国的边境城市，在这些地区，中俄两国学生间交流的机会要大大高于内地其他城市。学生间这种语言和文化的面对面交流能够激发学生学习俄语的积极性和热情，从而开阔学生的视野，促进学生的身心发展。

表6-9至表6-11是"学生利用课外书籍和多媒体学习俄语情况"的统计结果。

表6-9 学生利用网络查找俄语学习相关资料情况

单位：人，%

	人数	占比
从未听说	3	1.5
没有	30	15.5
有时	111	57.2
经常	31	16.0
总是	19	9.8
合计	194	100.0

表6-10 学生阅读与俄语或俄罗斯有关的课外书籍情况

单位：人，%

	人数	占比
从未听说	2	1.0

续表

	人数	占比
没有	37	19.1
有时	116	59.8
经常	28	14.4
总是	11	5.7
合计	194	100.0

表6-11 学生利用多媒体技术进行与俄语学习相关的制作情况

单位：人，%

	人数	占比
从未听说	10	5.2
没有	96	49.5
有时	67	34.5
经常	15	7.7
总是	6	3.1
合计	194	100.0

表6-9显示，57.2%的学生"有时"会利用网络查找俄语学习相关资料，"经常"使用网络查找资料的学生占比为16.0%，"总是"利用网络查找资料的学生占比为9.8%，"从未听说"的学生占比为1.5%。此项调查结果表明，目前我国中学俄语课程的实施中学生"利用网络进行俄语学习相关资料查找"情况处于较低的水平。表6-10显示："有时"阅读与俄语或俄罗斯有关的课外书籍的学生占比为59.8%，"经常"阅读相关课外书籍的学生占比为14.4%，"总是"阅读相关课外书籍的学生占比为5.7%，极少数学生不会阅读相关课外书籍，仅有2人，占比为1.0%。表6-11显示：大部分学生"没有"利用多媒体技术进行与俄语学习相关的制作，占比为49.5%；其次是"有时"参与此项制作，占

比为34.5%。从这里可以看出，中学生普遍缺乏利用书籍和网络等媒介获取信息的能力和习惯。究其原因不难发现，根据俄语课程标准的要求，义务教育初中阶段俄语课程应重视现代化信息技术在俄语教学中的运用，积极引导学生利用网络获取俄语信息和开展网上交流活动。而事实上，当今不少学校在现代化信息技术利用方面仍然处于较低水平。在信息技术迅猛发展的今天，与传统的课程资源形式相比，现代化信息技术能够为学生的学习提供更加丰富的信息资源和方便快捷的信息获取渠道。活动课程倡导主体教育的理念，而主体教育的关键是培养学生成为自由选择、参与学习活动的主体，在这方面现代化信息技术的利用为活动课程开辟了一条崭新的途径，所以活动课程要大力倡导学生积极利用各种工具进行设计与创造。在我国实行基础教育课程改革的十几年中，学校的多媒体技术课程设置普遍有所改善。然而，真正意义上让学生学会和利用现代化信息技术来获取自身发展所需要的资源，必须不断深化课程改革，尤其是在活动课程的研究和应用方面投入更多关注。

表6-12至表6-18是关于"学生对待俄语课程的情感态度"的统计结果，进行此项调查的目的是通过数据统计的方式，来分析学生在俄语课程学习活动中表现出来的对待俄语以及俄语课程的情感态度。

表6-12 学生对"非常喜欢学习俄语"的回答情况

单位：人，%

	人数	占比
不确定	21	10.8
完全不符合	6	3.1
不符合	19	9.8
符合	78	40.2
完全符合	70	36.1
合计	194	100.0

表 6-13 学生对"希望经常参加学校或班级组织的俄语活动"的回答情况

单位：人，%

	人数	占比
不确定	18	9.3
完全不符合	4	2.1
不符合	13	6.7
符合	91	46.9
完全符合	68	35.1
合计	194	100.0

表 6-14 学生对"喜欢与别人用俄语进行简单交流"的回答情况

单位：人，%

	人数	占比
不确定	12	6.2
完全不符合	8	4.1
不符合	19	9.8
符合	100	51.5
完全符合	55	28.4
合计	194	100.0

表 6-15 学生对"希望每周能多上几次俄语课"的回答情况

单位：人，%

	人数	占比
不确定	16	8.2
完全不符合	7	3.6
不符合	41	21.1
符合	81	41.8
完全符合	49	25.3
合计	194	100.0

表 6-16　学生对"希望将来能继续学习俄语"的回答情况

单位：人，%

	人数	占比
不确定	22	11.3
完全不符合	4	2.1
不符合	18	9.3
符合	75	38.7
完全符合	75	38.7
合计	194	100.0

表 6-17　学生对"俄语课的学习材料让我非常感兴趣"的回答情况

单位：人，%

	人数	占比
不确定	15	7.7
完全不符合	4	2.1
不符合	35	18.0
符合	77	39.7
完全符合	63	32.5
合计	194	100.0

表 6-18　学生对俄语课老师上课方式的满意程度

单位：人，%

	人数	占比
不确定	16	8.2
完全不符合	7	3.6
不符合	19	9.8
符合	72	37.1
完全符合	80	41.2
合计	194	100.0

从表6-12的数据统计结果可见：所占比例较大的选项是"符合"和"完全符合"，这两项的学生总数为148人（占比76.3%）；只有6人表示不喜欢俄语，占比为3.1%；还有10.8%的学生选择了"不确定"。这说明学生们对俄语学习充满了兴趣，兴趣是最好的老师，有了兴趣才能更加积极地参与课堂活动。表6-13显示：194名学生中有159人选择了"符合"和"完全符合"，占比达82%。这表明绝大多数同学希望能够经常参加俄语活动，只有2.1%的学生选择了"完全不符合"。表6-14表明：有100名学生（占比51.5%）选择了"符合"，另有55人选择了"完全符合"，说明共有155名学生（占比79.9%）愿意与别人用俄语进行简单的交流。只有13.9%的学生选择了"不符合"和"完全不符合"。表6-15表明：在这项调查中有130名学生（占比67.1%）选择了"符合"和"完全符合"，这些学生希望每周能多上几次俄语课，表明了他们对俄语课程的喜爱程度很高。有24.7%的学生选择了"不符合"和"完全不符合"。表6-16表明：在这项调查中有150名学生（占比77.4%）选择了"符合"和"完全符合"，绝大多数的学生表示将来愿意继续进行俄语学习。只有11.4%的学生选择了"不符合"和"完全不符合"。表6-17表明：在这项调查中有140名学生（占比72.2%）选择了"符合"和"完全符合"，72.2%的学生对俄语课的学习材料感兴趣，有20.1%的学生选择了"不符合"和"完全不符合"。表6-18表明：在这项调查中有80名学生（占比41.2%）选择了"完全符合"，另有72人选择了"符合"，有13.4%的学生选择了"不符合"和"完全不符合"。

从以上几项关于"学生对待俄语课程的情感态度"的分析结果可以看出，"学生对待俄语课程的情感态度"一项的平均得分是量表各个维度中最高的，达到3.66分，说明受调查学生对俄语课程的情感态度较好，在学习俄语方面拥有较高的积极性和热情。学生的情感和态度对于学习来说是非常重要的影响因素，正是因为喜欢俄语课，大多数学生在参与俄语课堂活动方面表现出了比较积极的态度。这是一项关于学生学习动机的调查，调查的结果显示学生的学习态度和参与活动的程度大体一致。这又一次验证了"积极的动机可以引起积极的行动"这一研究假设。从言语活动理论的角度分析，动机、兴趣以及需要等非智力因素是引起学生学习并促使智力与能力发展的内驱力，它对俄语学习的影响是通过付出努力、集中注意和积极准备实现的。所以中学俄语活动课程设计一定要关注学生正确动机的形成，仔细分析动机的各个影响因素。

4. 相关性分析

在外语教学中，影响学生学习和活动参与的因素有很多，有些因素之间存在一种相互依存的关系，所以，当一种因素发生变化时，往往会引起其他因素的相应变化。"学生主动参与俄语课内外相关活动"是自变量，它与因变量之间不是确定性关系，而是非确定性关系，也就是说，影响学生主动参与俄语课内外相关活动程度的不是一种因素，而是多种因素的相互作用。在相关性分析中，量表使用的是定序数据，故采用 Spearman 相关系数的方法计算各维度之间的相关性，统计结果如表6-19 所示。

表 6-19　相关性分析

	参与活动	情感态度	利用课外资源	板报或卡片制作	总 分
学生主动参与俄语课内外相关活动	1.000				
学生对待俄语课程的情感态度	0.438**	1.000**			
学生主动参与课外资源开发与利用情况	0.376**	0.386**	1.000		
学生使用俄语进行板报或卡片制作	0.573**	0.264**	0.382**	1.000	
总得分	0.810**	0.695**	0.680**	0.768**	1.000

注：** 代表 5% 的显著性水平。

统计结果显示各维度之间存在显著的相关性，"学生主动参与俄语课内外相关活动"和"学生使用俄语进行板报或卡片制作"的相关系数达到0.573；"学生主动参与俄语课内外相关活动"和"学生对待俄语课程的情感态度"的相关系数达到0.438，说明学生对待俄语课程的情感态度越积极，他们主动参与俄语课内外相关活动的热情就越高。数据统计证明二者之间存在相关性联系，这种联系未必一定是因果关系，但是相关性程度的高低说明了自变量和因变量之间联系的密切程度，这些因素之间的联系正是中学俄语活动课程设计和研究的重要参考依据。

5. 回归分析

为了考察"学生对待俄语课程的情感态度"对"学生主动参与俄语课内外相关活动"的影响程度，本项研究又进行了量表的回归分析。回归分析中的自变量为"学生对待俄语课程的情感态度"得分，"学生主动参与俄语课内外相关活动"得分为因变量，回归分析的结果如表6-20和表6-21所示。

表6-20 回归分析的F检验

	平方和	自由度	均方根	F	p
回归	21.194	1	21.194	45.587	<0.001
残差	89.262	192	0.465		
总计	110.456	193			

通过回归分析的F检验可知，回归模型是显著的（$p<0.05$），说明"学生对待俄语课程的情感态度"对"学生主动参与俄语课内外相关活动"有显著影响。曾经有人做了一项关于优秀生中学生的调查研究，研究结论有些出乎人们的预料，在所有的情感态度因素中对学生学业成绩影响较大的依次是——成就感、兴趣和需要。仔细研究发现，其实成就感、兴趣和需要三者是有内部关联性的，需要是动机因素中最重要的组成部分，任何一种活动的目的之一都是为了满足某种需要。当学生在活动中感受到需要得到了满足，他的成就感就会升高，兴趣也会随之增加，学生才能亲身经历成功的快乐，这种快乐能够极大地激发学生参与学习活动的热情。在活动中表现积极、主动的学生，他们的学习成绩往往与

其表现呈正相关,这一结果和假设一致。笔者在走访俄罗斯外语课教师的过程中发现,他们谈得最多的是与学生的动机和情感相关的问题,他们在日常教学活动中自始至终都在关注学生是否获得成功的体验,这种成功的体验是学生继续学习和参与活动的动力。

表6-21　回归分析的 t 检验

	B	标准误	标准化回归系数	t	p
常数	1.127	0.267		4.217	<0.001
学生对待俄语课程的情感态度	0.484	0.072	0.438	6.752	<0.001

通过回归分析的 t 检验可知,"学生对待俄语课程的情感态度"对"学生主动参与俄语课内外相关活动"的标准化回归系数是 0.438,是显著的($p<0.05$),这说明"学生对待俄语课程的情感态度"对"学生主动参与俄语课内外相关活动"有显著的正向影响,即学生对俄语课程的情感态度越积极,学生参与俄语课内外相关活动的积极性也就越高。二者相关性的研究结果表明正确的学习态度可以促进学生积极参与学习活动,而学生积极参与俄语课内外相关活动又可以激发学生对俄语课程的热情。在教育实践工作中经常会遇到这样一些教育工作者,他们因为找不到学生学习消极被动的主要原因而苦恼和抱怨,究其原因不难发现,传统课程影响下人们的一些错误观念造成了这一现象的存在。在传统课堂教学中,一般认为教师与学生都是为认知而存在的,所以针对学生的情感动机激励机制往往被忽视。

(五)分析与结论

在上面进行的数据统计分析过程中,本项研究先后使用了数据统计中的信度分析、效度分析、描述性分析、相关性分析以及回归分析等几种统计学方法。在统计过程中遵循科学研究的基本准则,准确、清晰地展示了几种有代表性的数据和建立在数据统计基础之上的分析结果。教育科学研究成果来源于实践,同时又服务于教学实践。此项调查研究的

第六章
中学俄语活动课程实施情况的调查研究

数据分析结果所反映出来的问题，正是中学俄语活动课程实施设计过程中所要关注和解决的问题。

1. 俄语课程实施中活动缺失状况显著

从统计结果可知，大部分学生对俄语活动课程有较好的情感态度，但是在参与活动的主动性和积极性方面却表现不佳，这是一个值得教育工作者深思的问题。为了弄清楚这个问题，本研究从样本中选取了一些单项进行高低分组、平均值及标准差的分析，分析后发现前7个（从表6-5到表6-8）单项检验的结果中，绝大部分"有时"项的分值远远高于其他各项，紧随其后的是"没有"选项。这两项的平均分值高，说明调查研究前关于"中学俄语课程实施中活动缺失"的假设基本得到了验证。课程实施过程中活动的缺失必然导致学生自主参与学习活动的积极性不高，长此以往，学生就会产生不良的情绪，甚至对学习目的和意义的认识出现偏差。这种情绪表现在学习态度上就是消极对待学习活动，甚至产生厌学心理。在这种情况下，活动课程给教育工作者提供了更加广阔的空间。俄语活动课程是在科学的言语活动理论指导下建构的现代外语教育课程形式，与传统课程相比，活动课程更加重视学生的直接经验，倡导知识的主动建构，以学生的兴趣和需要为课程组织的中心，有利于提高学生自主参与活动的积极性，发展学生以创新能力为核心的综合语言运用能力。

2. 学生参与学习活动水平存在明显的个体差异

研究团队在进行描述性统计分析时，首先对样本的整体状况进行了分析。从分析结果发现：量表各项总得分的最大值为4.61分，最小值是2.06分，这说明不同个体参与学习活动水平和程度存在显著的差异，这种差异不仅表现在学生个体之间，也表现在不同地域的学生之间。差异存在是必然的，然而如果差异过于显著就会表现出许多问题。在调查过程中，研究人员发现，由于各种因素的制约，活动课程的实施在不同地区、不同学校和不同个体之间存在很大的差异。活动课程的原则是发展学生的主动精神，促使学生在发现新知识、新事物、新规律的活动过程中得到发展。在课程改革的十几年间，基础教育课程研究和实践虽然取得了显著成效,但是长期以来在人们教育观念中形成的错误认识却根深蒂固,这导致一些地区或学校漠视活动课程。正是由于人们的错误观念,学校教育中教学活动被片面地看成学生的特殊认知活动,在日常教学活动中教师的"教学"掩盖了学生的"活动",学生主体性发展问题也没有得到应有的重视。贯彻活动教育是《2022版课标》倡导的重要原则之一,建构适合我国国情的中学俄语活动课程实施体系,有助于提高学生参与学习活动的积极性和主动性。

3. 学生对待俄语课程的情感态度良好

根据哲学认识论的观点,参与认知过程的两方面因素——智力因素和情感因素之间存在相互联系与相互制约的关系。外语学习过程中情感、态度以及动机等是影响学习结果的重要因素,虽然这些非智力因素不直接参与认知过程,但是非智力因素对外语学习具有动力、定向、维持和激励等功能。按照心理学的观点,人的身心是一个有机联系的整体,学习者的智力因素与非智力因素共同参与俄语学习过程并发挥作用。基于对此问题的理解,研究人员在几所中学里进行了关于"学生对待俄语课程情感态度"的调查,调查结果与预想的似乎有些不同,学生对俄语课程表现出了很高的热情。这与老师、家长、学校和社会的努力有很大的关系。随着中俄两国关系的不断发展,人民之间的交流日益频繁,一些关于俄罗斯政治、经济和文化方面的信息不断涌入,再加上俄语目前拥有很好的就业前景,这些都极大地激发了学生对俄语的学习热情。作为俄语教学工作者要紧紧抓住这个机遇,努力研究适合中学生俄语学习的方式方法,只有这样才能使俄语知识、能力以及态度倾向的形成和发展成为一个同步协调的过程。

4. 学生主动参与课内外活动的状况有待改善

此次调查研究进行了四个类别的项目调查,在"学生主动参与俄语课内外相关活动"的几项调查中,"有时"和"没有"两个选项的平均分值较高,而且在每一项调查中二者所占比例之和都超过了半数。这些数据表明,学生在过去的时间里参与俄语课内外活动的主动性不高。学生主动参与活动的程度是学生在学习过程中积极思考和情感投入的外在表现，这些表现能够很好地反映学生主体性的发展程度，而学生主体性发展的标志之一就是主动参与学习活动。我国基础教育新课程反对实施过程中过于强调接受学习、死记硬背、机械训练，倡导自主、合作和探究的学习方式，使学生在教师的指导下主动和创造性地学习。新课程所倡导的主体性教育思想，有助于学生在知识的获得过程中身心得到和谐的发展。学生主体性发展是一个多因素影响的综合发展过程，中学俄语活动课程是一种以促进受教育者身心发展为宗旨的特殊实践活动，这种实践活动是主体之间借助各种中介进行的对象性的认知活动，通过情感、态度、动机等多方面的人际合作与相互作用得以实现。

5. 学生主动参与活动状况与情感态度呈正相关

此次调研发现了这样一个普遍的问题：为什么俄语成绩好的学生学习态度始终不错，而俄语成绩不好的学生，尽管老师们想尽办法，其学习态度却很少有改变。老师们经常苦口婆心地教导学生，或是进行个别辅导，但是收效甚微。即使这些学生有所改变，但是往往坚持不了多久，很快又恢复到了原来的状态，这是一项非常值得研究者关注的课题。为了进一步探究中学生俄语学习效果的影响因素，本次调查研究还进行了 t 检验的回归分析。其结果显示，"学生对待俄语课程的情感态度"一项相对于"学生主动参与俄语课内外相关活动"的标准化回归系数是 0.438，结果是显著的（$p<0.05$）。这说明"学生对待俄语课程的情感态度"对"学生主动参与俄语课内外相关活动"有显著的正向影响，即学生对待俄语课程的情感态度越积极，那么学生主动参与俄语课内外相关活动的积极性也就越高。这种相关性的发现对研究者制订科学的活动课程计划有极大的帮助。对于人所参与的活动而言，现实的主体就是活动的人本身，而作为活动主体的人，又是思想、情感和行动的统一体，所以情感、认识和实践主体的人，作为一个整体很难被截然分开。

此项研究分析建立在言语活动理论的主体发展思想之上，通过实证研究的方式来考察和分析我国中学俄语教育中存在的问题。研究结果显示，学生的问题多半不是智力方面的原因。情感、态度与动机等因素对学生学业的影响至关重要。由此可见，为了提高学习活动的效果，中学生需要以一种积极的方式进行对象性和互动性的活动，并作用于他们周围的环境，而中学俄语活动课程所倡导的精神符合现代基础教育倡导的人文主义教育的核心思想。

二 课堂观察

本项研究以"义务教育俄语活动课程实施状况"为对象进行了调查研究。研究主要围绕学生参与学习活动的动机、对待俄语课程的情感态度以及信息资源利用等情况。为了更加准确地观察和研究学生在课堂上的学习活动情况，研究人员在进行调查研究的同时走进了中学俄语课堂。课堂活动教学是活动课程实施的主要环节和步骤，教师根据社会发展的要求，通过启发和引导学生内在的学习活动需求，创设和谐、宽松、民主的教学环境，进行各种有目的、有计划的教学活动。简单来说，活动教学是一种培育和发展受教育者主体性的实践活动。俄语活动课程坚持活动的原则，以课堂教学为主阵地，强调系统的课堂学习活动设计和有计划的活动课程实施。因此，俄语活动课程倡导以课堂活动教学为中心，积极促进教学和学习方式的改革，而不是活动场所的转移。随着教育界学校课堂研究的逐渐兴起，课堂观察作为研究课堂的一种方法开始逐渐受到教育研究者的关注。

（一）研究背景

随着活动教育研究的不断深入，活动课程在实践中的应用研究也有了较大的发展。黑龙江省的部分初中学校开始探索适合学生素质发展的俄语活动课程模式，其中包括实践成果显著的绥芬河第二中学及哈尔滨市嵩山中学等学校开展的自主－互动课堂教学模式。绥芬河市位于黑龙江省东南部，与俄罗斯滨海边疆区接壤，它是中国东北地区对外开放、参与国际合作交流的重要窗口和桥梁。由于特殊的地理位置和经济发展特点，俄语成为绥芬河市走向国际市场的重要交际工具。因此，基础教育中的俄语人才培养就成为绥芬河市发展的一项重要任务。绥芬河第二中学的这次课程改革可以说是对传统教学的一次颠覆性变革，通过学习和借鉴国内外先进的教学改革经验，结合学校的实际状况，率先在全校开始课程教学模式的创新改革，确定了自主－互动课堂教学模式。通过短短几年的实践探索，学校基本形成了一套系统的自主－互动课堂教学模式，并在全省普及推广。绥芬河第二中学的课堂教学模式改革取得了良好的教学效果，得到了社会的普遍认可和高度评价。全国先后有多个地区的学校来绥芬河第二中学参观学习。绥芬河第二中学被确立为黑龙江省中学课程改革名校培训基地，成为黑龙江省初中教学改革的楷模。

自主－互动课堂教学模式以学生自主探究、小组合作、互动交流、互学互评为基本特征。教学实施过程分为五个环节：自主学习、小组互动、教师指导、成果检测、总结提升。自主－互动课堂教学模式有利于培养学生自主学习能力，促进学生个性全面发展。这种课堂教学模式，能让所有的学生都参与学习过程，给予他们充足的时间和空间，采用自主学习、小组讨论、互帮互学等方法，变单向交流为双向或多向互动交流，促进学生的自我发展，使他们在宽松与和谐的学习气氛中愉快地获取语言知识和言语技能。

在自主－互动课堂教学模式中，教师的角色发生了改变，由课堂主导者变成学习活动的组织者和指导者。教师按照学生自愿的原则，对学生的认知水平、学习能力、性格特点等方面进行综合评定，把班级学生分成5~6个小组，每组人数一般为4~6人，各组之间无明显差异。座位安排以小组为单位，利于小组学习交流。小组讨论交流的内容主要有课上遇到的疑难问题、问题的不同解决方法、成果收集审议等。学生讨论时，教师可以参与其中，了解学生参与学习活动的情况以及各小组的研究成果。对于表现较好的小组及时表扬，对于不能很好开展讨论的小组加以指导。

这一学习模式旨在转变教师传统的思维方式、教学观念和教学方法，彻底改变学生被动和消极的学习态度与学习方法，使学生真正成为学习的主人。自主－互动课堂教学模式作为一种能够体现主体教育思想和俄语活动课程理念的实践探索，为研究注入了新的活力，让研究人员看到了活动课程理论联系实际的可操作性。自主－互动课堂教学模式是对学校教育过程中存在的问题进行解决的学习发展策略，目的是通过活动课程模式的研究与推进，促进教师把先进的教育理念转化为教学行为，使课程与教学过程更加符合学生的认知发展规律，促进学生的全面发展。自主－互动课堂教学模式获得了成功，且成果显著，绥芬河第二中学曾经连续几年在全市中考成绩中名列前茅，一跃成为全市初中学校的排头兵。同样，哈尔滨市嵩山中学也在进行课堂教学改革，自主－互动俄语教学模式使嵩山中学成为全市以"俄语"著称的初中学校。然而，在接下来的几年里，自主－互动俄语教学模式受到了极大挑战。曾经俄语教学改革成效显著的几所学校，都经历了前所未有的考验。改革没有一帆风顺的，总会有新的问题不断出现，改革有时会陷入比较艰难的困境之中，但是，只要教育工作者坚定课程改革的信念，一切困难都能被克服。

（二）研究问题

本项研究在对绥芬河第二中学和哈尔滨市嵩山中学的自主－互动教学模式进行质性研究与量化研究的基础上，通过对比分析，研究课堂情境中学生的学习活动、教师的教学活动以及活动中师生们的言语和行为表现，探讨影响俄语活动课程有效实施的主要因素，为俄语活动课程的有效实施提供了可参考的实践框架。在统计分析中，本项研究还关注了自主－互动教学模式中教师与学生课堂言语及行为相较传统课堂教学的变化，这是本项研究需要解决的重要问题之一。自主－互动教学模式是以学习者自主参与活动为中心设计的课程教学模式，课堂观察研究还包括这一模式具体操作过程中各种影响因素的协调关系，如教师因素、教学资源以及评价机制等相关问题。

（三）研究对象

本项课堂观察研究对象是绥芬河第二中学和哈尔滨市嵩山中学七年级、八年级、九年级三个年级的部分俄语学生。课题组研究人员根据研究计划，记录了2014~2015年绥芬河第二中学和哈尔滨市嵩山中学50多节俄语课堂的真实情况，并利用SPSS 17.0统计软件对其中的39份样本数据进行了相关统计分析。鉴于样本的代表性和普遍性，本项研究在问卷样本选择上,最大限度地保证了其在各年级的均衡分布,以确保调查结果的可靠性和有效性。

(四)研究过程

1. 观察量表设计

本项研究对俄语活动课堂情境中学生的学习活动、教师的教学活动以及活动中师生们的言语和行为表现进行分析,如师生之间的互动对话、学生的行为表现以及教师教学手段和方法的运用等。课堂观察能够更加直观地看到课堂上究竟发生了什么,观察的结果有利于研究者对教师或学生进行行动研究。当然,课堂观察研究过程中非常重要的一项内容是关于观察记录工具的设计,为此,本项研究在东北师范大学外语学院刘永兵教授从国外引进的最新《外语课堂教学系统观察量表》(见附录二)的基础上进行了重新设计,使它更加符合中学俄语课程标准及俄语课堂教学的特点。

量表共分两个部分。第一部分是"课堂架构",包括以下几项:学生座位安排、课段划分、教师课堂话语类型、学生参与程度、课堂氛围、互动空间等。量表的这一部分设计主要测量教师课堂组织过程中话语类型、学生参与活动的程度、课堂上学生的活跃程度以及课堂是否为学生积极参与学习活动提供空间。第二部分是"知识架构",包括以下几项:教师的话语控制、教师使用教学工具、学生使用工具、语言教学焦点、学生语言技能、学生话语产出、学生知识深度以及语码转换等。课堂"知识架构"的几项测量主要针对两类问题:课堂上教师的行为和话语表现;课堂上学生的行为和话语表现。对教师课堂上的话语结构类型和教师教学焦点等情况进行测量,可以分析教师的教育理念、教学方法以及教学策略等。而对学生"语言技能""话语产出"等方面的测量和统计能够反映学生的学习状况。

2. 预测试

为了保证课堂观察结果准确、科学,在正式进行测试前研究人员先进行了课堂观察预测,在黑龙江随机选取了三所中学,记录了共计15

节俄语课。在记录和转写过程中，考虑到课题组不同人员在记录过程中有可能出现偏差，首先进行了人员培训。培训的主要内容是对标准进行统一，让课题组所有成员按照统一标准对 15 节俄语课进行记录和转写，然后一一对照，统一意见，把偏差降到最低。

3. 正式测试

为了进一步分析课堂活动的结构特征及各要素之间的关系，研究人员在课堂观察时首先进行的是课堂实录。课堂实录是研究者将其所研究的优质课尽可能详细地记录下来，并加上教学后记或听课评价的一种教育实用文体，所以课堂实录能够更加准确和清晰地展现课堂上孩子们真实参与活动的情景。也就是将课堂上发生的一切尽量原原本本地记录下来，然后再进行转写与统计分析。本项研究先进行课堂实录，采用叙事的方法把整个学习活动过程内容全部记录下来，包括师生之间以及学生之间的对话、教师和学生课堂活动中的表现等。在每一段描述之后再加上简要的评述，指出本节课体现的核心理念和先进教育思想，提出问题并给予相应的建议。

（五）数据统计

1. 信度与效度检验

信度最早起源于心理测量，指测验结果的一致性程度或者可靠性程度。如果用直观的方式来表达，信度就是测量结果的稳定性，如果多次重复测量的结果都很接近，则认为测量的信度很高。信度检验分为内在信度检验和外在信度检验，本项研究主要通过 SPSS 17.0 对观察量表的内在信度进行检验，统计结果如表 6-22 至表 6-25 所示。

表 6-22　信度可靠性统计

Cronbach's alpha 系数	项数
0.646	62

表 6-23 模型效度检验

模型	R	R^2	调整后的 R^2	标准估算的错误
1	0.559	0.313	0.294	0.493

表 6-24 方程显著性检验

模型		平方和	自由度	均方	F	显著性(p)
1	回归	4.091	1	4.091	16.842	0.000b
	残差	8.986	37	0.243		
	总计	13.077	38			

表 6-25 系数检验

模型		B	标准误	Beta	t	显著性(p)
1	（常量）	3.606	0.363		9.945	0.000
	课段	0.289	0.070	0.559	4.104	0.000

表 6-22 的统计结果显示，信度系数为 0.646，信度主要用于衡量各个变量的可信度，即各个变量的一致性或稳定性程度。本项研究是以 Cronbach's alpha 系数来衡量统一变量（或统一维度）下各个问项之间的一致性。Cronbach's alpha 系数 ≥ 0.70 时，属于高信度；0.35 ≤ Cronbach's alpha 系数 < 0.70 时，属于信度尚可；Cronbach's alpha 系数 < 0.35，则为低信度。一般来说，信度系数大于 0.8 是可以接受的，信度系数小于 0.6 则检验不通过，本项研究的信度系数为 0.646，表明该观察量表的信度通过检验。在表 6-23 中可以看到，R 为 0.559，R^2 为 0.313，表示方程具有较高的拟合优度。如表 6-24 所示，在方程显著性检验中，p 值为 0，F 值为 16.842，p 值小于 0.05，通过方程显著性检验。由表 6-25 可知，课段的 p 值小于 0.05，也就是说"课段"变量是显著的，且与语码转换存在显著的正相关关系，也就是说，"课段"数值越大，语码转换的对应数值就越

大。上述这些数据表明，此项量表在信度和效度上具有较高的可信度，信度和效度数据都在正常范围内，是一个科学性较高的课堂观察量表。

2. 分项数据统计

本项观察量表共分为两个部分，第一部分"课堂架构"测量包含以下几项：学生的座位安排、课段划分、教师课堂话语类型、学生参与程度、课堂氛围、互动空间等。量表中"课堂架构"的设计可以测量教师课堂组织过程中的话语类型、学生参与活动的程度、课堂上学生的活跃程度以及课堂气氛是否为学生积极参与学习活动提供空间等，结果如表6-26至表6-30所示。

表6-26 课堂课段划分

单位：%

		次数	百分比	累积百分比
有效	其他	5	12.8	12.8
	4	4	10.3	23.1
	5	20	51.3	74.4
	6	5	12.8	87.2
	7	5	12.8	100.0
	总计	39	100.0	

表6-27 教师课堂话语类型

单位：%

		次数	百分比	累积百分比
类别	课堂组织话语	3	7.7	7.7
	课堂规约话语	7	17.9	25.6
	应试技巧话语	10	25.6	51.3
	课堂教学话语	16	41.0	92.3
	课堂闲话	3	7.7	100.0
	总计	39	100.0	

表 6-28 学生课堂活动参与程度

单位：%

		次数	百分比	累积百分比
有效	2	1	2.6	2.6
	3	7	17.9	20.5
	4	31	79.5	100.0
	总计	39	100.0	

表 6-29 课堂氛围

单位：%

		次数	百分比	累积百分比
有效	2	2	5.1	5.1
	3	3	7.7	12.8
	4	34	87.2	100.0
	总计	39	100.0	

表 6-30 互动空间

单位：%

		次数	百分比	累积百分比
有效	1	2	5.1	5.1
	2	2	5.1	10.3
	3	11	28.2	38.5
	4	24	61.5	100.0
	总计	39	100.0	

（1）课段划分

从表 6-26 可以看出，俄语课堂活动"课段"划分数量的最大值为 5 个，占比达到了 51.3%，高于其他各项的和，从这一点可以看出自主 - 互动课堂教学模式的一个突出特点就是教师的教学形式灵活多样。如果

"课段"划分数量过少，说明课堂形式过于单一，不利于激发学生学习兴趣。但是如果"课段"划分的数量过多，学生在课堂上就会过于忙乱，不利于其掌握具体知识。通过对课堂实录内容的研究，可以得出如下结论："课段"数量为5个左右较为适中，可以满足课堂活动灵活多样的需要。自主－互动课堂教学模式选择较多的是小组活动、小组演示、齐声重复朗诵这三种课堂组织形式。独白讲授、测验、全班提问与讨论以及座位上的个人活动和教师主导全班演示这类组织形式所占比例较少。

（2）学生参与程度、课堂氛围、互动空间

从"课堂架构"的其他几项分析结果中可以看出，这几项测量的结果均达到了令人非常满意的程度。从学生参与活动的程度上看，选择"100%"的人数最多，占比为79.5%。关于"课堂氛围"一项，选择"很活跃"的占比为87.2%，说明被观察学生在课堂上表现得十分活跃。课堂上学生之间以及教师与学生之间的互动空间大，互动次数多，选择"很大／多"的占比达到了61.5%，这些数据表明自主－互动课堂教学模式是成功的。该模式的最大优点是把学生参与课堂的积极性调动了起来，课堂上学生主动参与活动成为一种行为习惯。正因如此，课堂氛围也变得更加活跃，这一切都与基础教育课程改革有着密切的关系。通过学生的行为表现可以看出，整个课堂学习过程中学生的参与程度都很高，这说明课程改革后的俄语课堂教学中，在教师的组织和调动下，学生的积极性和主动性得到了极大的提高，几乎所有学生都能参与到学习活动中。自主－互动课堂教学模式实施中，学生积极参与课堂活动，课堂氛围轻松愉快。教师不仅对教学指导充满热情，还能够在指导过程中及时鼓励学生，使学生顺利完成学习任务并对参与学习活动充满兴趣，有利于学生在掌握知识的同时获得主体性的发展。

（3）课堂话语类型

表6-27显示的是关于教师"课堂话语类型"的观察结果，运用"课堂组织话语"的占有效样本总量的7.7%；运用"课堂规约话语"

的占有效样本总量的 17.9%；运用"应试技巧话语"的占有效样本总量的 25.6%；运用"课堂教学话语"的占有效样本总量的 41.0%；运用"课堂闲话"的占有效样本总量的 7.7%。这项结果反映出教师良好的职业语言特点，总体来说，大多数教师使用的语言都属于教学语言。在自主－互动课堂教学模式实施过程中，教师的教育观念发生了转变，他们不再只关注知识的讲授，而是合理安排学生的学习活动，让学生更多地参与到活动中来。自主－互动课堂教学模式有利于培养学生自主探究学习的行为和积极参与课堂学习活动的合作精神。此外，通过课堂观察，研究人员还了解到，由于需要组织和控制学生参与学习活动的具体操作步骤，教师要合理安排时间，以保证课堂教学活动正常进行，所以在课堂活动中教师的"课堂教学话语"所占比重较高，其次是"应试技巧话语"。应试技巧是中学课堂教学中离不开的话题，尤其是学生到了九年级的时候，因此在本项研究观察和实录的每一节课中教师都离不开"应试技巧"方面的语言。由此可见，应试教育对活动课程实施有很大的影响，改革活动课程下的评价制度和评价体系是进行俄语活动课程研究与教学设计的重要组成部分。

（4）课堂话语控制、教师工具利用情况

课堂观察量表的第二部分是有关"知识架构"的课堂观察研究。"知识架构"的课堂观察研究包括以下几个方面，如表 6-31 至表 6-33 所示。

表 6-31　课堂话语控制

单位：%

		次数	百分比	累积百分比
有效	1	9	23.1	23.1
	2	20	51.3	74.4
	3	10	25.6	100.0
	总计	39	100.0	

表 6-32 教师工具利用情况

单位：%

		次数	百分比	累积百分比
有效	多媒体设备	1	2.6	2.6
	黑/白板	2	5.1	7.7
	幻灯片	26	66.7	74.4
	课本	8	20.5	94.9
	实物	2	5.1	100.0
	总计	39	100.0	

表 6-33 课堂教学知识深度

单位：%

		次数	百分比	累积百分比
有效	高级概念	3	7.7	7.7
	过程知识	2	5.1	12.8
	基本知识	29	74.4	87.2
	语言运用	5	12.8	100.0
	总计	39	100.0	

从"知识架构"中的"课堂话语控制"的统计分析结果可知：选择"教师控制"的占有效样本总量的 23.1%，选择"学生控制"的占有效样本总量的 51.3%，选择"师生共同控制"的占有效样本总量的 25.6%。"教师工具利用情况"的统计分析结果显示，选择"幻灯片"的有 26 人，占 66.7%；选择"课本"的有 8 人，占 20.5%；选择"实物"的有 2 人，占 5.1%。从上述分析结果来看，教师在课堂上普遍使用幻灯片，其次是课本。幻灯片是现代课程学习中不可缺少的教学工具之一，教师们每天利用多媒体技术进行课程内容和学习目标的设计，充分体现了教师教学观念的转变，即不再只局限于传统教学中以课本为中心的讲授。课堂观察研究中大部分受访者都认可课堂的主角是学生，而教师是

学习活动的组织者和计划的制定者。由此可见，自主－互动课堂教学模式下人们的教育观念发生了根本转变。作为现代课程理论的具体实践，与传统课程相比，自主－互动课堂教学模式内容更加广泛和丰富，形式更加灵活多样，体现了以学生为中心、以活动为中心的主体教育理念。

（5）教师语言教学焦点、学生语言技能程度

"语言教学焦点"的统计分析结果显示，选择"语言形式"的占有效样本总量的74.4%，选择"语言功能"的占比只有5.1%，选择"语言使用"的占比为12.8%，选择"交际策略"的占比为7.7%。在"学生语言技能程度"的统计分析结果中，选择"读""读写"和"读译"的占比为87.2%，而选择其他几项语言生成性言语技能的只占12.8%。从教师"语言教学焦点"分析结果可见："语言形式"的选项占比达到了74.4%，而其他各项的总和不足30%。这说明，课堂教学活动的主要内容是"语言形式"而非其他。"语言形式"指语言本身的形式变化，如动词变位、名词变格、动词的时间范畴和动词体的变化。众所周知，俄语属于屈折语，和其他语言相比有着丰富的词尾变化，正因如此，俄语课堂教学内容过多关注语言的形式变化，而忽略了语言的使用以及交际功能。这是俄语课程中普遍存在的问题，也说明了俄语课程内容深受应试教育的影响，所以改变落后的测试和评价体系迫在眉睫。

（6）学生话语产出、知识深度

"学生话语产出"的统计分析结果显示，52.8%的学生话语产出类型为"简短口语应答"，其次是"口头翻译"，占比为22.8%。"课堂教学知识深度"的统计分析结果显示，选择"高级概念"的占比为7.7%，选择"过程知识"的占比为5.1%，选择"基本知识"的占比为74.4%，选择"语言运用"的占比为12.8%。学生的"话语产出"和教学的"知识深度"情况在一定程度上反映了课堂教学中的教学目标设定以及教学重点内容。上述分析结果与教师"语言教学焦点"的分析结果共同说明：我国基础教育应该把发展学生的综合语言运用能力和语言交际能力放在俄语课程目标与内容设计的首要位置。在测试评价方面也应该适应现代外语课程的需要，改革落后的评价内容和评价

标准，这是活动课程有效实施的关键。

（六）结果分析

在对课堂观察量表进行统计分析的基础上，结合课堂观察的实际状况，可以得出如下几点结论。

第一，自主－互动课堂教学模式的课程架构合理，学生参与活动时表现出了很高的积极性。从以上统计分析结果可以看出，在自主－互动课堂教学模式的实施中，无论是整体课堂气氛，还是学生参与课堂活动的程度，都显示出极好的一面。自主－互作课堂教学模式活跃了课堂气氛，改变了传统课堂教学中"教师讲、学生听"的被动教学形式。

第二，课堂互动程度提高，学生的活动参与程度明显提高。自主－互动课堂教学模式倡导自主与合作的学习方式，课堂教学中学生参与互动的机会大大增加。学生通过互动的方式，互相帮助、取长补短，在课堂上形成了一种愉快的学习气氛，学生在这种愉快的气氛中积极参与学习活动。这种愉快的学习气氛有助于提高学生综合语言运用能力，同时能够增强学生的主体合作意识。

第三，知识架构不够合理，课堂学习活动过于注重语言形式的训练。在对绥芬河第二中学的课堂观察测量和实际观察中，研究人员发现：课堂教学内容过于注重语言形式的训练，比如动词变位、名词变位以及形容词的性、数、格等。外语学习的最终目标是让学生在具备一定语言知识的基础上形成综合语言运用能力，这是任何一门外语学习都不能避开的主题，因此在日常教学中应该加强语言运用以及交际策略等方面的学习活动，比如"情景对话"、"接续故事"和"看图说话"等，通过这些练习提高学生的综合语言运用能力。

三　课堂实录

为了进一步验证课堂观察测量得出的分析结果，本项研究采用了课堂实录的方式，把课堂上发生的一切原原本本地记录下来，并加以评述。下面展示的是绥芬河第二中学的一堂俄语公开课的内容。研究者将课堂活动内容尽可能详细地记录下来，并加上教学后记或听课评价。表6-34展示了这节课的主要活动步骤，准确和清晰地展现了课堂上学生参与活动的真实过程和情境。

表6-34　俄语课堂教学活动步骤

内容		全日制义务教育阶段七年级全一册第七单元"Семья"
学习目标		学习与"家庭"主题相关的句型结构及表达方式，掌握主题句式中的重点词汇 вставать-встать /ложиться-лечь 的变位和用法，学会在实际运用中使用钟点表示法
阶段	活动主题	"Семья"
阶段一	热身活动	小组交流两分钟，小组长组织组内成员用所学过的句式准备4分钟自由对话。成员自主参与表演，要求表演时不怕出错、大胆表达，小组如果全员表演，则双倍加分。其他同学认真倾听，并给予简洁明了的评价，给进行评价的同学加分
阶段二	课堂展示	独学1分钟并口述动词 вставать-встать /ложиться-лечь 的变位形式 个人展示：书写与口述 对学：相互检查动词的变位形式是否掌握，已经检查完的同学坐下
阶段三	巩固练习	独学：2分钟理解并识记动词 запомнить 的学习内容，4分钟完成练习 对学：2分钟对子交换互批、交流 展示：主动讲解内容，主动讲解者加分
阶段四	实践训练	独学：2分钟学习俄语句式"Вы не забыли…" 对学：起立，2分钟对子之间练习时间表达法，使用 который час? 的句型结构
阶段五	拓展运用	独学：起立，2分钟自读短文，完成后坐下，准备群学 群学：找到短文中有疑问的地方，并练习短文中动词的用法

以下为课堂实录内容：

活动一：热身活动

教室四周悬挂各种各样的励志话语："有了以后的灿烂，再苦也值得""用行动见证梦想""为中考加油"……

铃声响起，开始上课……

教师：Здравствуйте, ребята!

全班：Здравствуйте, учительница!

教师：同学们，这是我们今天的导学案，请大家看黑板。

教师：我们进行第一个环节——俄语论坛。请同学们根据导学案的要求，四组同学用2分钟时间准备自由对话。

（2分钟过后，以教师击掌为令，展示活动开始，同学们纷纷举手）

学生A：—Это моя семья. Я сестра. Меня зовут Наташа. Мне 15 лет.

学生B：—Я брат. Меня зовут Алёша. Мне 18 лет.

学生C：—Я мама. Меня зовут Сао Ли. Мне 32 года.

学生D：—Я папа. Меня зовут Андрей. Мне 30 лет.

进到班级发现，班级的布置与众不同，座位没有像以往其他学校那样设置，而是几张桌子相对摆在一起，学生们按照小组的形式面对面地坐在一起。教室四周除了窗子一侧，其他三面都挂着黑板，黑板上有学生的姓名。每块黑板上都有几位同学的名字，看得出来，黑板被划分给了各个小组。从班级的环境和学生座位安排可以看出来，这是一个小组合作学习的课堂形式。

活动二：课堂展示

"俄语论坛"是课堂展示的第一个环节，是一项学生间的自由对话练习。之后教师用PPT展示导学案《Семья》的内容，引导学生了解课堂的教学目标和教学内容，然后直接进入主题。学生们按照预先分好的角色，进行简单的言语交际活动。主题情境是家庭成员人物关系介绍，学生利用新的口语句型"Кому + сколько + лет"，介绍了人物各自的名字和年龄。通过这段对话练习，学生在实践运用中掌握了年龄表示法。在这一活动中教师只说了两句话，大多时间都在倾听学生的"表达"。中间没有给学生纠正语言错误，学生自由表达，课堂气氛宽松、无拘束感。此外，学生在创设的情境中，通过亲眼所见、亲耳所闻来激发学习兴趣，拉近自己与学习内容的距离，并使之成为自己生活的一部分。

活动三：巩固练习

　　教师：同学们，现在请几个人归纳总结主要句型结构，其他人对他们的表现做出评价。

　　学生A：Кому + сколько + лет。

　　学生B：还有可能是 год。

　　学生C：或者 года。

　　学生D：我觉得她说的不对。她刚15岁，她的妈妈怎么能30岁？

　　学生F：是呀，她的哥哥都18岁了，爸爸才30岁？（众人大笑）

　　学生G：还有，她的妈妈是中国人，可是她的爸爸怎么能是俄罗斯人？（众人大笑）

　　学生H：她说她是医生，在医院工作，不应该说"Я на работе в больнице"，应该说"Я работаю в больнице"。

　　教师：这几位同学的评价都很认真、很好，他们几位获得今天的加分。（同学们鼓掌）

　　上面的课堂片段是学生互评环节。教师让学生利用互评的方式对小组活动表现进行评价。本项活动符合当前俄语课程标准中培养学生核心素养的基本要求，在活动中发展主体性教育，激发学生参加活动的积极性，有利于全班同学共同参与活动，体现了评价方式的多元化和教学设计的灵活性。学生在互相评价的过程中，能发现诸多问题，这些问题往往就是教学活动中经常忽略的问题。

活动四：实践训练

　　教师：同学们，我们现在做一个练习，学会本单元中两个中心动词的使用。现在开始独学1分钟，然后口述两个动词的人称变位形式。虽然我们每天学的不多，但是长期积累，到中考时就能取得好成绩。

　　……（1分钟后）

教师：各组第4位同学请到自己小组的黑板前，写出两组动词的变位形式。

……（2分钟后）

教师：现在请每组第4位同学读出你们写的内容。

学生A：встаю-встаёшь-встают-встану-встанешь-встанут …

学生B：встаю-встаёшь-встают-встану-встанешь-встанут …

学生C：ложусь- ложишься- ложатся- лягу- ляжешь- лягут …

学生D：ложусь- ложишься- ложатся- лягу- ляжешь- лягут …

教师：好了，今天写错或读错的同学，请各小组长自习课时再检查一遍。

这个课堂教学片段展示的是教师带领学生围绕语法项目进行练习，并通过不断重复加深记忆的过程。语法学习是俄语课堂教学中不可或缺的环节，俄语语法体系的特殊性使语法学习成为语言学习的一项重要内容。本环节中教师指导学生较多关注语法形式的变化，训练项目仅针对单词本身的形式变化，没有情境和活动设计。然而，基础教育阶段俄语学习中，教师应该引导学生更多关注言语技能的综合训练和语言实践运用。初中阶段学生的俄语学习更应该融入丰富多彩的活动，让学生在真实的情境中，通过活动学习俄语语法知识，实践证明，这能够极大地丰富学生的语法学习体验。因此，教师在开展初中俄语语法教学时，应当通过语法活动设计让学生在真实情境中感受语法规则的变化。

活动五：拓展运用

教师：同学们，我们现在来完成这个任务，大家看看这道题，请小组先讨论答案，然后请一位同学大声说出你们的答案，并请小组同学讲解选择答案的理由。

学生A：Каждое утро папа встает в 6 часов.

学生B：因为是每天早晨，所以要用未完成体的现在时，第三人称单数做主语。

学生C：Обычно мы ложимся спать в 11 часов.

学生D：这里是说我们通常11点睡觉。

学生E：Сегодня они встали рано.

学生F：今天他们起床很早，而不是昨天，也不是平时，所以要用完成体过去时。

学生G：Вчера мама поздно легла спать.

学生H：昨天妈妈很晚才躺下睡觉，是过去时。

教师：现在请同学们对他们的回答进行评价。

学生N：第四个解释得不清楚，应该说完成体过去时，如果只说了过去时，还有未完成体呢。

学生O：第三个解释得太啰唆，就因为是今天一次性完成的动作。

学生P：第一个答案也可以用过去时，如果爸爸过去每天早晨6点起床，现在改成7点了呢？

教师：同学们，我们今天学习了动词的完成体和未完成体在意义上的区别，并围绕动词体学习了三对动词，请同学回家后用每个动词模仿造句。今天的课就上到这里，家庭作业是复习今天学习的关于动词体的内容。

全体：Да свитания, учительница!

上面的课堂片段是一个拓展运用练习。这一环节是针对新学习内容巩固练习项目进行的语言拓展运用练习。学生通过小组之间的配合，完成了四道题目的学习任务。这种方法体现了现代外语教学中合作学习的理念，同时也是很好的思维训练活动。学生们在活动中积极思考，不仅解决了语言运用中存在的问题，经过判断、比较、分析，也提高了综合解决问题的能力。在评价环节，老师仍然采用了学生互评的方式，让学生之间评价判断内容是否符合一般标准，一方面提高学生参与学习活动的兴趣，另一方面用学生间的互相评价来激励学生不断努力和积极进取。

最后的课堂小结部分，教师总结本课内容，布置家庭作业。

课堂是一个创造奇迹的地方，学生在教师的引导下参与活动，并在活动中不断进步。这堂俄语课的整个教学过程充分体现了活动教育理念，突出"自主学习能力"培养的人文主义教育思想。整个教学过程由"热身活动"、"课堂展示"、"巩固练习"、"实践训练"和"拓展运用"五大教学板块组成。教学设计科学、严谨，充分体现了现代课程基本理念。教师通过恰当的组织和引导，充分调动了学生的积极性，使学生在宽松、愉悦的氛围中，通过互动交流和自主学习的方式达到了学习目标的基本要求。教师把现代教学手段与传统教学方式有机结合，进一步优化了教学过程，调整了教学时间结构，顺利完成了教学任务。在俄语课堂实录中，通过对学生课堂话语的分析，可以看出学生潜在的分析问题与解决问题的能力。学生在完成每一项任务时都要先两人对学，再组内学习，最后群学。学生之间通过交流与互动，增加了信息的输入量，能够及时发现问题并找到解决问题的路径，这种学习方式十分利于培养学生发现和解决问题的能力。

当然，在课程实施过程中也存在一些问题，比如课堂活动过于程式化，教师所运用的方法还不够灵活，在教学过程中过多关注语言形式的学习，而忽略了语言文化的内涵和语言交际的运用。虽然课程实施中存在这样或那样的问题，但是，活动课程对学生积极参与活动以及主动与他人合作等方面有很大的促进作用。可以说，自主-互动课堂教学模式总体上体现了人文主义教育思想，发挥了学生学习的主动性和创新性，使学生潜能得到极大的发展和提高。自主-互动课堂教学模式从开始实施，经历了几年的尝试，取得了明显的效果，学生的精神有了很大的改变。按照绥芬河第二中学原校长的话，"学生们脸上有了笑容，成绩有了显著提高"。事实确实如此，自从实施课程改革以来，绥芬河第二中学的学生们各科平均成绩均有明显提高。在2014年中考中，绥芬河第二中学共有150名学生参加中考，学生升学率达到了84%，这是以前从未有过的辉煌成绩。当然，课程改革要求有相应的考试评价改革与之呼应，但是，课程改革绝不能以牺牲学生的成绩为代价，关于这一点，绥芬河第二中学和哈尔滨市嵩山中学在课程改革实践探索中取得的成绩给出了很好的证明。

在之后的几年中，研究人员从绥芬河市基础教育俄语教研员处了解到，除了中考之外，绥芬河第二中学的学生俄语学科月考成绩也提高很快。其中有几年时间，八年级、九年级学生俄语成绩平均分、优秀率和及格率远高于本市其他两所学校。通过对月考成绩的对比分析，研究人员还发现，课程改革后，这所学校月考中不及格的人数明显减少，比例要低于其他两所学校。由此可见，绥芬河第二中学的课程改革大大促进了学生学习成绩的提高，减少了不及格人数所占的比例。自主－互动课堂教学模式为中学活动课程的顺利实施提供了宝贵的经验，是俄语活动课程研究与教学设计的重要参考和实践指南。

四 研究结论

通过调查研究，研究人员掌握了俄语课程改革以来活动教学实施的状况及存在的问题。在课堂观察和课堂实录中，近距离地了解了自主－互动课堂教学模式的实施过程。自主－互动课堂教学模式是一次改变传统课堂教学形式、引导学生主动参与课堂学习活动的大胆实践尝试。学校以课程改革为契机，大力推进课程创新，让课堂活起来，让学生动起来，实现课堂教学的有效性和高效性。教师的教学理念、教学过程设计、教学评价方式都发生了较大的变化，虽然自主－互动课堂教学模式的实施过程中也存在一些问题，但是总体来说，在实施的短短几年时间里，的确取得了令人惊喜的成绩。

（一）关注活动过程，促进学生主体性发展

关注学生的主体性、培养学生自主学习能力、促进学生潜能发展是现代教育的目标和特征。学生的主体性表现在他们的主观能动性上，在积极参与活动的过程中主观能动性能够得到发展，因此，教师要关注课堂活动过程，恰到好处地对学生进行引导，有效掌控课堂节奏。自主－互动课堂教学模式符合现代教育的目标追求，经过短短几年的课程改革，绥芬河第二中学的学生们在课堂上的面貌发生了很大改变。学生们积极参与学习活动，主动和同学合作，乐于助人，游离于课堂之外的学生少了，学生们的自主合作意识不断增强。学生们也变得更加自信乐观，学习兴趣浓厚，学习热情高涨，综合素质也有显著提高。从课堂教学实录中学生展示的方式来看，合作学习是这一模式的主要特征，大大提高了小组成员的活动参与度。自主－互动课堂教学模式为不同层次的学生尽可能提供了展示机会，满足了个体发展的需要，增强了学生的自信心和团队合作意识。课堂上学生之间相互交流的方式包括质疑对抗、求助解惑等，这些都有利于学生不断发现新的方法、新的问题，从而激发自身的创新精神，培养独立思考能力，促进主体性发展。

（二）激发学习动机，提高学生参与活动的积极性

课堂观察量表中关于"课堂结构"的几项测量分析结果显示，"课堂氛围"与"学生参与程度"的测量结果均达到了令人非常满意的程度。研究人员曾采访过绥芬河第二中学李校长，她在谈起这个问题时说过"对学生就是使用多种刺激手段调动他们的积极性"。这里的"多种刺激手段"其实就是对学生的评价管理，也就是说，在学生展示的过程中，教师及时、有效的激励性评价是非常重要的。众所周知，影响学生学习的因素有很多，学生的学习动机、兴趣、情感和意志力等往往在学习中起到决定性作用。兴趣是一种能激发思维活动的内部诱因，学生有了兴趣才能积极地思考和参与学习活动。认知理论的教育思想特别强调发展学生潜能的重要意义，主张在教学中应当注意培养学生的兴趣，通过强化对认知活动的需要来调动学生的兴趣。中学阶段的俄语学习要在一个民主与快乐的课堂氛围中进行，让学生充分发挥自己的天性，这对于培养学生的主动性和积极性起到很大的促进作用。

教师对学生要进行积极的引导和鼓励，要让他们经常感受到自己的进步和成功的喜悦。在俄语课堂教学过程中，可以适当通过话剧表演、课堂游戏等方式来提高学生俄语学习的兴趣和对学习的自信心。教师要持续关注学生的学习兴趣、态度和行为变化，以促进学生全面发展。在

教育教学中，学生个体在活动中的表现有被动型和主动型之分。教育家苏霍姆林斯基主张教师要采取恰当的方式引导学生积极参与活动，反对那种让学生被动参与活动，并且带有强制性的教育方式。教师在教学过程中要关注学生参与认知活动时表现出来的心理、情绪以及个性特征的综合状态，要注重培养学生强烈的认知兴趣和坚强的意志。自主－合作课堂教学模式为人们展示了一种新课程改革中较为成功的活动课程实施典范。然而，任何一种新的课程模式在其发展过程中都要经历反复改进，才能走向完善。

（三）尊重个体差异，促进学生身心全面发展

青少年学生在认知活动中通常会表现出一些共性特征，认知水平和心理发展呈现一定的规律性。一般来说，学生的思维品质、解决问题的能力以及创造力等方面是可塑的，可以在积极参与学习活动的过程中得到提高。教师在进行俄语教学活动时，既要考虑学生的共性特征，又要关注他们的个体差异。学生具有强烈的求知欲望和探索精神，兴趣广泛、思维活跃，喜欢各种设计活动，在积极参与活动的过程中往往表现出很高的创作热情。他们努力证实和展示自己的能力与才华，极力想摆脱过去那种"被动接受"式的学习方法以及对书本知识的依赖。然而，青少年学生的特点还表现在身心发展的未成熟性，特别是他们参与学习活动和交往活动时在深度及广度方面存在很大限制。由于在大脑中积累和存储的知识经验不同，他们在自我意识和自我认知能力以及认知水平方面也表现出了很大的差异性，因此大部分学生难以独立和自觉地调控自己的学习行为。

按照因素分析法，人们通常把学习活动的影响因素分为外部因素和内部因素。内部因素有两个方面：智力因素和非智力因素。非智力因素不直接参与认识过程，其对认识过程的制约主要表现在对认识过程的动力作用和调节作用等方面。非智力因素中的个体差异对学生参与学习活动有很大影响，其中个性品质、年龄及认知风格等是相对比较稳定的心理结构系统。在态度表现特征中，由于他们对待学习的态度不同，最后

取得的成绩也有很大的差别。学生在学习过程中表现出来的学习动机、兴趣及情感态度等应该在教育和学习活动中依靠正确的方式和方法来引导。关于这一点,研究人员通过课堂观察发现,教师们很少轻易否定学生的答案,表现出了对学生的充分信任,提高了学生回答问题和参与辩论的积极性。同时,教师在分组时考虑到了学生的个体差异,根据学生的学习水平和个性特点,让他们参与不同难易程度的学习活动,这一点在绥芬河第二中学的自主-互动课堂教学模式实施中表现得非常明显,也获得了较大成功。

(四)改善知识结构,提高学生综合语言运用能力

课堂观察量表中关于"知识结构"的测量结果让人有些担忧。教师"语言教学焦点"中选择"语言形式"的占比高达74.4%。把这个数字与课堂实录结合起来,不难看出这样一个事实:教师在课堂上太过重视对学生进行"语言形式"方面的训练,而忽略了对学生言语理解和言语表达能力的培养。在缺少语言使用情境的情况下,教师带领学生反复进行大量的语法练习,这种学习相当于"无意义学习",学生无法把学习内容与实际生活结合起来,从长远发展来看,不利于学生语言能力的提高。在课堂上,即使教师使用了多种"刺激"手段来激发学生的学习兴趣,但在长时间的学习中学生也会慢慢失去兴趣。所以,俄语课堂上教学实施的形式固然重要,但是更重要的是让教师改变传统的俄语教学理念。

《2022版课标》倡导素养导向的课程实施,强调教学过程的实践性特征。言语实践是掌握语言的主要路径,言语实践要贯穿俄语学习的整个过程。应不断加强课程实施的实践性,促进人才培养方式变革。突出对学科思维方法的领悟,重视探究式学习,加强"做中学、用中学"。以学生为本、能力为重,重视对学生学习能力、实践能力和创新能力的培养,重视俄语学习的实践性和应用性。活动教学倡导围绕主题创设真实语言情境,从发展学生核心素养出发,开展多样化言语活动。中学阶段言语活动主要指听、说、读、写等言语实践活动形式。作为基础教育阶段俄语教学的主要手段,言语实践活动在俄语学习中占很大比重。语

言教学目标是提高学生综合语言运用能力，创造性地运用语言是根据具体交际情境以新的方式重新利用语言手段的过程。所以，应积极鼓励教师在教学中创设真实的主题情境，通过主题情境把言语训练同语言能力的培养最大限度地统一起来，为学生设置更多接近真实的教学情境。只有在真实的交际情境中，言语行为个体才能不断积累经验，扩大和丰富词语的内涵，不断促进综合语言运用能力的发展。

（五）丰富教学形式，应对考试评价的严峻挑战

活动教学模式倡导在日常学习过程中对学生表现出来的素养水平进行表现性评价，评价目的是激发学生的兴趣和自主学习意识，评价方式应多样化。然而，活动教学模式的实施同样受到了应试教育的严峻考验。前文曾经讨论过关于"语言形式"的问题，在课堂观察的结果分析中可见："语言形式"与"语言使用"在俄语课堂教学中的比例是失衡的，究其原因，与现行的中考和高考不无关系。在现行的中考和高考中，笔试成绩占最终考试成绩的绝大部分，而且"语言形式"项目的考察占了很大一部分分值。部分省份为了所谓的"公平"，甚至去掉了考试中的听力部分，口语考试更是无从谈起。这也就很好地证明了为什么在"语言技能"测量中"听"和"说"的分值最低。我国自从实行基础教育课程改革以来，花费大量人力和财力对教师进行各种形式的培训，教师的教学理念也发生了很大变化。然而，教师面对如今的中考和高考，常常摇摆在课程改革和传统教学之间，无所适从。绥芬河第二中学的自主－互动课堂教学模式也遭遇同样的困境。当然，中考和高考在内容与考题形式方面需要改革，使考试评价更加符合现代课程理念，这是不争的事实。然而，必须明确一点，任何课程改革都不能以牺牲学生成绩为代价。所以丰富课堂教学形式、改变过于程式化的教学模式、应对考试评价的严峻考验是课程改革不得不思考的迫切问题。

从上面的实证研究中可以看到，这些年来由于基础教育课程改革的不断深化，中学俄语活动课程实施过程中虽然还存在一些明显的不足，但是，活动教学对学生在课堂上积极参与活动以及主动与他人合作等方

面有很大的促进作用。可以说，课程改革总体上是社会文明进步的表现，新课程倡导的活动教学思想是基础教育应该始终贯彻的教学原则。当然，在课程实施中会有各种各样的问题出现，然而，课程改革是全世界教育发展的总体趋势，同时也是人文主义教育理念发展的重要标志，活动课程在未来一定会显现出更加强大的生命力。俄语活动教学是在教师指导下，学生通过活动的方式，自主地、能动地和创造性地进行俄语认知与实践的活动。它是以促进中学生全面发展为宗旨，以学生在学习活动中主动参与为特征，以小组活动学习为基础，以营造开放、和谐的课堂氛围为前提，让不同层次学生都积极、主动、愉悦地参与学习活动的一种教学方式。众所周知，俄语课堂学习活动是一种交往活动，教学过程中注重活动性体验，强调理性认识与非理性认识统一的过程。只有通过积极主动的实践活动，作为外部经验的教学内容才能转化为学生的内部经验，并形成新的、特定的认知结构。根据辩证唯物主义的实践认识论，人的主体性不是与生俱来的，而是通过人的自觉能动的活动获得的。活动教学的目的是培养具有主体素质的人，中学生正处在身心发展的高峰期，学校教育应该抓住学生发展的黄金时期，教师更应该采取多种多样的教育方式与教学手段来促进学生的全面发展。活动教学是学生全面发展的重要途径，教师可以通过活动教学的各个环节有意识地向学生渗透活动教育的基本理念。通过学校、社会以及家庭的共同努力，促进学生的身心健康发展。

  2010年以来，新课程的实施确实使俄语教师的教学方式和学生的学习方式得到了很大改善。虽然改革已经进行了十多年的时间，但在学校俄语课堂上仍然存在不少问题，"赶时髦、走形式"的现象屡见不鲜。黑龙江、内蒙古、新疆作为处于中俄边境的省份，在俄语学习方面有着得天独厚的地缘优势。但近十几年来，由于各方面因素的影响和冲击，俄语课程规模萎缩的形势越来越严峻，目前的俄语课程实施中存在的问题仍然十分突出。在很多教师的常态教学中，以教师为中心的"满堂灌"教学方式仍然笼罩大部分俄语课堂。很多教师追求知识讲授的系统性，却忽视了学生这一学习主体的认知发展规律。许多学生在课堂上对教学内容毫无兴趣，完全处于被动或游离状态，课堂教学和学生学习效率极其低下。有些学校虽然对课程进行了较为系统的改革，但是由于基础理论研究方面的薄弱以及教育实践缺少科学方法论的指导，辛辛苦苦进行的课程改革并没有取得预期的效果。

第七章 中学俄语活动教学设计

本书前几章介绍了中学俄语活动课程的基础理论以及对俄语活动课程实施状况的实证研究。本章将研究视角集中在活动课程实施的关键环节——活动教学设计。依据俄罗斯言语活动理论，参考俄罗斯中学外语活动教学设计的基本理念，针对目前我国中学俄语活动课程实施现状，以义务教育初中阶段俄语活动教学设计为例，进行了一项应用研究。研究的宗旨是推进中学俄语活动课程科学、有效地实施。课程实施设计是一项复杂的系统工程，它包括课程要素的选择、组织、安排，以及课程实施和对课程结果进行评价等一系列过程，所以对活动课程进行应用研究本质上是一项非常有价值的实践工作。基于言语活动理论的中学俄语活动教学更加强调言语知识的综合性，主张以完成交际任务为中心，以主题活动和文化体验的方式获取知识，强调"表达"和"交流"等语言运用能力，重视直接体验，让学生在实践活动中把智力活动与操作任务紧密结合起来，达到"知"与"行"的统一。

一 活动教学设计的基本原则

教学设计是教学实施的具体计划安排，一般包括目标设计、内容设计、实施方式、实施过程及评价等几个方面的内容。基于言语活动理论，考虑到中学生的身心发展特点，俄语活动教学设计不能只关注传统理论所强调的学生现有的发展水平，还要关注学生发展的潜在能力。中学俄语活动课程强调俄语学习应以主题活动为主，突出言语实践，并在活动中充分调动学生的主动性和积极性，激发学生的参与兴趣，使他们乐于参加言语实践活动。因此，基于言语活动理论，结合《2022版课标》的基本要求，在进行中学俄语活动教学设计时，应遵循五个方面的活动课程设计基本原则：目的性、动机性、差异性、系统性和发展性。

(一) 目的性

20世纪50年代，苏联著名心理学家加里培林（Галипелин П.Я.）继承了维果茨基的高级心理机能理论，提出了"儿童想象、理解和思维等智力活动来源于外部活动"的观点，发表了著名的"智力活动按阶段形成"理论。加里培林指出了学生完成活动的三个方面：定向活动（ориентировочная деятельность）、执行活动（исполнительная деятельность）和监控活动（контрольная деятельность）。[①] 根据加里培林的智力阶段理论，教学设计首先要明确外语言语活动的意向，然后借助实物或物质化形式等进行外语言语活动，继而转化成不借助实物或物质化形式的有声言语活动，最后才能进入外语的内部言语活动。加里培林的智力阶段理论特别强调言语活动的目的性，他认为人的活动是有目的、有动机和有意识的活动。言语活动具有直觉性，是一种自觉的活动，其目的和动机是完成一定的交际任务，而这种交际任务可能是独立的，也可能从属于更广泛和更普遍的交际课题。[②] 言语活动的过程又是实践的过程。在俄语活动教学设计中，从活动目标的确定到活动内容和教学方法的设计，再到课程的实施和结果的检验等各个阶段，始终离不开对学生学习动机的激发。活动设计的关键在于活动目标的确定，这一阶段目标的确立要符合学生的认知水平，并考虑学生参与活动的兴趣点和积极性。活动教学设计要求尽可能突出语言的灵活性，避免完全依照教材内容进行机械讲授。在教学实施中努力培养学生自主参与学习活动的积极性，使学生的主体性得到最大限度的发展。在活动课程评价反馈中坚持"以活动促发展"的基本理念，评价不仅要关注学生现有的发展

---

① Леонтьев А. А. Психолингвистичесие основы обучения неродному языку. М.：2001，c.63-64.

② Леонтьев А. А. Психолингвистичесие основы обучения неродному языку. М.：2001，c.63-64.

水平，而且要关注学生发展的潜在能力。

（二）动机性

言语活动同实践活动、认识活动一样属于人的智力活动，活动的动机性与目标的确立密不可分。言语活动的动机性和目的性主要体现为学习活动的设计首先要完成一定的交际任务。任何一种教学形式都必须具备明确的目标，俄语活动教学也是如此。活动教学设计的第一要素就是确定课程目标。课程目标要明确规定学生在一定学习阶段内必须达到的预期水准，否则课程的自身价值就不能实现。确定活动教学目标时，除了要依据国家的教育方针、反映国家当前的教育总体规划外，还要遵循国家课程标准中明确规定的义务教育阶段课程实施的活动教育原则。以活动课程开发为核心的《2022版课标》符合现代人文主义教育理念，倡导改变传统的以语言知识传授为主、忽视交际能力和情感态度的做法，强调建构真实的俄语学习环境。《2022版课标》主张通过"主题活动"等形式，提高学生学习的积极性，培养学生参与学习活动的正确动机。活动教学设计的动机性要求在进行活动教学设计时充分考虑学生的兴趣因素，从"学习者"本身去寻找教学设计的出发点和目标是活动课程设计的最主要环节。

俄语活动教学设计还要关注语言情境。真实的语言情境是活动教学有效实施的关键因素。关注课程中学生的动机因素激发以及学生的价值观和情感教育。与此同时，教学的"情境化"设计要注重外部环境的建设以及资源的开发，这些外部条件在很大程度上影响课程实施的状态。根据外语学习情境性理论，本章的俄语活动课程设计大量增加了目的语国家社会文化信息的输入，充分考虑了学生的需要、动机和兴趣等非智力因素对教学活动产生的影响。也就是说，俄语活动教学设计除了要实现教学目标，完成相应教学内容，还得兼顾学生的身心发展规律和特征。以学生主体发展为本，是中学俄语活动教学设计的精神内核。关注学生主体发展，就要充分考虑在课程实施过程中如何激发学生参与活动的积极性、自觉性和创造性，最终完成以学生发展为中心的俄语活动教学设计。

此外,活动教学设计的动机性还要求教师在进行课堂教学设计时要关注每一堂课的导入环节,努力思考采用何种方法能够唤起学生参与学习活动的兴趣和热情。这一环节的设计通常需要加入新的信息,教师应尽可能采用丰富多彩的形式,如影片、歌曲、图片以及中俄文化对比等激发学生的兴趣,唤起学生继续获取信息的渴望,借此导入新课程的学习内容。所以在进行活动教学设计时,导入环节是至关重要的。但是在许多学校的课堂上,很难见到十分精彩的课堂导入设计。多数教师还停留在复习知识和检查作业等方面,每天都用这种方式开始新的课程学习,周而复始,长时间单一的教学形式只会使学生逐渐背离课程学习内容,结果就是无法实现既定的课程目标。

(三)差异性

按照言语活动理论的基本观点,个体的发展永远离不开人与人之间的共同活动,认知活动不能被视为个体对直接经验和间接经验的机械反应,言语经验(речевой опыт)的获得是人主观意义上的选择,因为在同样的社会情境中不同个体的体验感受和认知结果各不相同。由此可见,个体的社会化和个性化是人成长过程中既对立又不可分割的两个组成部分,教育的社会功能和个体功能具有内在联系,并在实践活动中共同发挥作用。因此在进行俄语活动教学研究时既要考虑学习者的共性特征,又要关注他们的个体差异。现代青少年学生的认知水平和心理发展呈现一定的规律性,学生在认知方面表现出明显的信息化特征。他们具有强烈的求知欲望和探索精神,兴趣广泛、思维活跃,喜欢各种制作活动,在文体活动中表现出极高的创作热情。中学阶段又是学生自我意识高涨的时期,他们要证明和展示自己的能力与才华,极力想摆脱过去那种被动接受式的学习方法以及对书本知识的依赖。此外,由于学习活动和交往活动在深度和广度方面受到限制,青少年学生的特点还表现在身心发展的未成熟性。他们在大脑中积累和存储的知识经验有限,而且在自我意识、自我认识能力以及认知水平方面也表现出了很大的差异性,因此大部分学生对自己的学习行为难以独立和自觉地实施计划与调控。

此外，中学生在认知活动中通常会表现出一些共性特征，一般来说，他们智力因素中的思维能力、解决问题的能力以及创造力等都是可塑的，可以通过学习活动来提高。按照因素分析法，人们通常把认识活动的影响因素分为外部因素和内部因素。内部因素中的两个方面，我们称为智力因素和非智力因素。非智力因素虽然不直接参与认识过程，但是其对认知过程的直接制约表现在对认知过程的动力作用和调节作用方面。非智力因素中的动机、兴趣、情感和需要等应该在教育中特别是课程活动中依靠正确方式和方法来引导。学生个体差异表现中，个性品质、年龄及认知风格等是相对比较稳定的心理结构系统，学者对此有不同的理解和看法。但一般认为，个性品质（личность）是一个人对待现实的稳固态度以及与之相适应的行为方式的独特结合。性格在个性品质中起核心作用，对性格结构的认识，常见的有两种看法：一种是从性格表现的倾向性来划分的，认为性格包括内倾和外倾两种；另一种是按照性格的动力结构来划分的，认为性格包括态度特征、意志特征以及情感特征。在态度特征中，个体对待学习的态度与智力活动有着密切的联系。在研究中，人们经常发现，一些智力水平相当的中学生，由于他们对待学习的态度不同，最后取得的成绩也有很大的差别。

（四）系统性

中学俄语活动教学设计要关注活动设计的系统性。系统的活动教学设计应建立在对现代青少年认知发展规律和特点的研究基础上，同时在教学活动过程中强调语言能力的综合发展。活动教学设计的系统性也指活动设计的系统性。中学俄语活动教学设计的系统性表现在以下两个方面。一方面，同一类型的活动项目，不同年级学生的参与水平和程度不同，所以在设置活动任务时要根据学生的认知能力和活动水平，差别对待；另一方面，同一年级的学生由于认知内容不同，活动类型的选择也不尽相同。系统活动观在俄罗斯基础教育课程领域的应用时间较长，取得了丰富经验。系统活动观作为一个特殊概念被引入俄罗斯教育领域是在20世纪80年代，作为俄罗斯基础教育新课程标准的首要方法论原则，它的目标指向是儿童的个体发展。根据俄罗斯言语活动理论，活动具有完整的系统结构，其内部结构可以从纵向和横向两个方面来研究：纵向结构通常指按照时间顺序，由目标确定、计划制定、活动实施以及结果检验等过程组成的不断循环的动态结构系统；而横向结构通常指由动机、目的、需要以及活动实施的各个要素组成的心理结构系统。列昂捷夫认为，需要、动机、目的以及达到目的的条件与活动过程的具体操作共同构成了活动的动态结构系统。[①]根据他的分析，外语学习过程可以通过发展学生的言语活动功能，促进与功能相对应的个性品质特征的发展。因此，学生言语活动水平和个性特征发展程度是衡量其外语能力的重要指标，同时也是个体发展指向外语教育的目标追求。

从心理学层面讲，活动总是系统的。俄语课堂教学设计的目标是通过系统的活动设计，培养学生主动参与活动的意识，包括目标确定、活动设计以及独立或与他人合作解决问题。俄语系统活动教学倡导在活动的具体任务情境中，培养学生的行为习惯，使学生获得今后学习中应该具有的基本素质和能力。这些基本素质为学生提供了成功获取新知识、发展各方面能力的基础和条件，其中包括组织学习的能力，也就是学会学习。中学俄语活动教学设计的系统性要求学生获取的不是现成的俄语知识体系，而是学会如何系统掌握俄语的方法体系，并且去不断完善这个方法体系，以促进良好学习行为能力的形成。中学俄语系统活动教学设计的目标是发展学生的行为能力，这也是当前我国教育领域所提倡的素质教育和终身教育实现的有效途径，完全符合联合国教科文组织在全世界倡导的"学习化社会"教育理念。

（五）发展性

维果茨基的"最近发展区"理论强调教育必须要考虑学生的特点，这是发展性教育理念的核心思想，俄语活动教学设计也是以此为立足点。中学俄语活动教学设计不能将学生的智力局限于传统理论所关注的学生

---

① Леонтьев А. А. Психолингвистичесие основы обучения неродному языку. М.: 2001, с.178-179.

现有的发展水平，而是要关注学生的发展潜力。基于这种考虑，在进行学习活动设计时，尽量做到每堂课都有新的信息输入，不仅如此，教师还要以喜闻乐见的形式组织活动的实施。此外，要让学生真正进入角色扮演，而不是为了完成语法形式训练来说一些没有内容信息、为了练习而不得不说的话。所以说，学生在参与活动时的角色意识极为重要。当然，在角色扮演前为学生扫清语言方面的障碍也是非常关键的，所以言语习得是在熟练掌握语言形式基础上进行的情境中交际运用的练习。维果茨基从他的高级心理机能理论出发，提出了关于教育的新主张：教育要着眼于儿童的未来发展。维果茨基反对传统意义上针对儿童智力发展的心理测试，认为测试不能只停留在儿童原有的水平上，教育最伟大的功能是发现儿童的最大发展潜能。维果茨基的这种新观点使人们看到了儿童发展应该遵循的规律：今天儿童靠成人帮助完成的事情，明天他自己就能独立完成。言语活动理论强调外语学习是一个创造性的过程，所以在进行设计的时候，"程序化"并不意味着活动形式的"刻板、千篇一律"。《2022版课标》强调俄语学习活动过程要符合学生的身心发展规律，教学方法力求科学化和多样化。所以在进行活动设计时要坚持灵活多样的设计原则，学生在通过直接参与俄语实践活动发展自己综合语言运用能力的同时，不断激发并提高学习兴趣。

综上所述，影响俄语活动教学设计和实施的因素非常复杂。但是活动教学设计坚持的基本原则不变，活动教学目标决定了课程内容及主题设置，实施过程是活动教学成功的关键。而结果的检验与反馈同时又能促进活动教学目标的完善与内容的修订。俄语活动教学设计应该关注学生的认知活动，培养学生的正确动机，注重学生的个性差异，做到因材施教，多从学生发展的角度考虑问题，让学生提高自身的元认知能力，提高自主参与活动的积极性。基础教育俄语活动教学关注学生的发展和活动的过程，通过"主题活动"的形式提高学生的认知能力，改进学习方法。从一定意义上说，关于言语活动理论的研究对于基础教育俄语活动课程设计来讲更具备实践指导性，所以说基于言语活动理论的俄语活动教学更加体现了人文主义教育思想的实质：以学生主动参与学习活动为中心，关注学生的全面发展。教学设计强调实施的方式和过程，重视激发学生的主动性，提倡通过讨论的方式让学生探究解决问题的方法。

《2022版课标》提出了课程"核心素养"的概念，并将其定位于适应信息时代个人和社会发展所需要的正确价值观念、必备品格和关键能力。为了加强课程的综合性、实践性，促进人才培养方式变革，突出对学科思维方法的领悟，课程倡导采用活动教学方式，以学生为本、能力为重，重视对学生学习能力、实践能力和创新能力的培养，提高学生自主学习能力，以适应终身发展的需要。基于课程标准的要求，活动教学设计要遵从课程目标的规定，从发展学生核心素养出发，重新整合并系统规划教学目标、教学内容、实施过程及评价方式。

二 活动教学设计的目标维度

义务教育俄语新课程旨在落实立德树人根本任务，通过开展多种形式的言语活动，帮助学生扎实掌握语言知识、文化知识，发展学生的俄语听、说、读、写等言语技能，推动学生形成初步的综合语言运用能力。在教学中，首先要进行科学和系统的目标设计，努力促进学生心智全面发展，提高学生的综合人文素养，引导学生成为具有坚定理想信念、家国情怀和国际视野的社会主义建设者和接班人。俄语活动教学主张教学目标设计要关注学生的动机、兴趣以及价值观等个体心理结构要素在认知活动中的发展，在提高学生语言能力的同时，培养他们的实践创新意识，提高学生在真实情境中完成交际任务和解决问题的能力，本节将从四个维度对俄语活动教学目标设计进行阐述。

（一）知识目标

北京师范大学副校长陈丽在2019年的GES大会上提出了关于知识学习的新倡议：新时代的到来引发了知识内涵的变化，传统标准化、以知识传授为目的的教育无法满足学生对个性、灵活、终身教育的需要。当代社会更多需要的是具有创新精神和实践能力的人才，而通过学校教育让学生拥有终身学习能力、创新思维和开拓精神，是学生征服未知世界的关键。知识内涵的变化对传统学校教育的确产生了很大的冲击,那些固守旧的教育教学理念的人们应该认真思考一下这个问题。俄语学科教学要改变传统的知识观念,关注学生俄语思维能力的发展。中学俄语教育是很值得思考的问题,学生从初中到高中,甚至大学都在学俄语,可是几年之后在学校中获得的语言知识和技能保留下来的有多少？面对这种情况,学校教育到底要教给学生什么样的知识以及怎么教,是基础教育俄语学科不能回避的尖锐问题。要回答这个问题,首先要弄清楚一件事情:是"教知识"还是"用知识教"？这是一个关于知识教学的价值取向问题。教师们天天在教知识,学生们天天在学知识,但是究竟什么知识更重要？

　　北京教育学院季苹教授在进行大量知识教学案例研究和理论分析的基础上,指出了知识客观存在的四个层面——事实性知识、概念性知识、方法性知识和价值性知识。事实性知识要求将知识放在具体情境中,给学生发现事实本身的机会。概念是人脑对事物本质特征的认识,因此关于概念性知识的教学要有整体性,概念学习也要围绕事物的内涵和外延分层次进行。方法性知识从本质上看,是规律转化而成的思维与行为规范。价值性知识与前几种知识密不可分,是知识的高级形式。从另一角度来看,四种知识的划分是思维形成过程的外在表现形式。从事物的现象出发,经过理性思考,进行抽象概括,形成共性的普遍规律,并以此来衡量各种现象,进行价值判断。这四种知识的分类在一定意义上几乎涵盖了人们对知识的全部理解,决定了课程设计者关于知识价值的判断。教师在选取教学内容时要考虑到知识的特点及其价值所在。所以"用知识教"从一定意义上讲是通过课程内容促进学生的发展,可以理解为:学生学习知识不仅仅是为了"知识",而是为了发展。因此,这些外在的客观知识如何成为学生发展智慧、提升能力的内在动力,是当前教育要解决的主要任务。教师不能只局限在"教知识"上,要学会对知识进行分析与整合,找到一条或多条知识学习与能力发展的有效路径。

　　知识是课程的基本要素,不涉及知识问题的课程是不存在的。所以说,知识问题是课程理论和实践的经典问题,历史上任何一次课程改革,都反映了人们对知识的理解。基于上述分析，本项研究对俄语教学的知识目标维度从具体到抽象进行了四种分类：语言知识、文化理解、学习策略、元认知，扩大了传统意义上关于知识的理解范畴。根据知识的科学分类，认知过程涉及学习过程中的六个行为表现，依据认知复杂程度由低到高依次为：记忆、理解、应用、分析、评价和创新。俄语活动课程更加强调语言知识的综合性，主张以完成交际任务为中心，以主题探究和文化体验的方式获取知识，强调"表达"和"交流"等语言实际运用能力，重视直接体验，学生在实践活动中把智力活动与操作活动紧密结合，达到"知"与"行"的统一。

与传统课程相比，俄语活动课程更加强调认知过程的实践活动特征，俄语学习就是学生参与学习活动的过程，不只是依靠单纯的知识记忆。活动课程所追求的认知目标是研究如何将外部信息经过转化、生成、应用、评价和反馈等过程变成自身知识结构的一部分。初中阶段的学生经过儿童时期的发展，具备了一定的认知能力，可以通过科学的课程实施设计，使学生具备比较扎实的知识基础。在活动课程设计中坚持知识与实践活动统一的原则，强调在语言习得过程中实践活动的重要性。活动课程注重学生的亲身体验，其课程内容和目标并非只有书本上经过前人实践认证的经典文化传承等显性知识内容，更多的是在活动过程中效果不断呈现的隐性知识内容。

（二）技能目标

《2022版课标》坚持以学生为中心、以能力为重的课程理念，提出了指向学科核心素养发展，由主题、话题、知识、言语技能和学习策略五个要素构成的课程内容结构体系。言语技能是课程内容结构体系的重要组成部分，学生的语言能力通过在主题情境中的言语实践活动得以发展。听、说、读、写等言语技能既是言语活动的结果，又是言语活动的过程和方法，是认知、理解和运用语言，借助语言进行思维活动，获取信息、表达与交流的重要手段。初中阶段的教学目标要求听、说、读、写等言语技能在学生语言能力形成过程中相辅相成、相互促进、协调发展。在教学过程中，要求教师首先关注学习过程，提倡言语技能综合训练。语言知识要转化为言语技能，必须经历知识的"内化"过程，即对所学知识的理解、消化和吸收。在这一过程中，学生需要在教师的指导下，积极参加言语实践活动，经过分析与综合等思维活动，把外界知识内化为个人的知识结构，在此基础上不断反复和强化，形成言语行为习惯。在这个过程中，学生的语言能力、思维品质得到发展，因此在俄语日常教学中，要关注学生的学习过程，及时发现问题，进行科学的学习方法指导。知识转变为技能的"内化"过程并不是单纯的记忆，它需要大量的听、说、读、写等言语技能训练，创设大量接近真实情境的言语实践活动。因此，无论是语言知识学习，还是言语技能形成，都是通过言语实践活动对知识内化的过程。在语言知识转化为言语技能的过程中，言语实践活动起到重要作用。学生只有在形式多样、接近真实情境的言语活动中才能形成自身的言语技能，发展语言能力。

  首先，关注学生听、说、读、写等言语技能的综合训练，一般来说，听、读是语言信息的输入，说、写是语言信息的输出，它们之间是相辅相成的。然而，感觉所接触的外界语言信息并不会被全部接收，那些不被注意的语言信息很快就会消失，不会在大脑中留下什么痕迹。即使是进入人的短时记忆内的信息，也会因为没有及时复现而被淡忘。这是因为信息输入和信息输出常常不是对等的，输入经常大于输出。因此，学生尽管学过了很多词语，可在说话和写作时，却往往找不到合适的词或者合适的表达方式。这说明从输入到输出存在一个转换的过程。在这个过程中，教师的教学设计起到很大作用，好的教学设计能够缩短这个转换过程。教师应尽可能设计一些综合的学习任务，比如听读、听说、读写等。应该根据学生的认知与思维发展规律，进行科学和系统的教学活动设计。教师要运用语言材料设计大量言语技能训练活动，引导学生在感知、理解和运用语言知识的过程中，形成初步的言语熟巧。依据语篇情境设计形式多样的言语活动，引导学生在情境中综合运用言语技能表达思想、交流情感，使言语理解与表达有机结合、协调发展，从而促使学生形成综合语言运用能力。义务教育俄语课程标准实现了课程核心

第七章
中学俄语活动教学设计

素养的引领作用，强调学生在掌握语言知识的基础上，进一步发展听、说、读、写等言语技能，形成初步的俄语交际能力和良好的思维品质，增强创新意识，为之后的俄语学习和终身发展奠定基础。

其次，加强言语产出练习，以促进学生语言能力发展。义务教育俄语课程标准规定，教学设计与实施要符合核心素养的内在逻辑和学生身心发展规律，课程实施要关注实践性和综合性。然而，目前的中学俄语课堂教学多呈现为碎片化的教学，课堂活动流于形式，学生的思维难以得到锻炼。除此之外，还存在对主题意义缺乏挖掘与探究、言语技能训练缺乏综合性、学生在产出环节遇到困难等一系列问题。要解决这些问题，就要在言语技能发展过程中正确处理好语言知识和言语技能之间的关系。语言知识和言语技能是语言能力的两个重要方面。对于俄语学习者来说，掌握语言的理论知识与提升言语的实践能力具有同样重要的意义，二者的有机结合构成了语言能力的核心要素。

最后，通过课堂言语活动设计，帮助学生形成言语习惯。俄语学习在一定程度上讲就是语言能力的获得过程，而语言能力的获得离不开言语活动的两个过程，即言语理解（восприятие речи）和言语生成（порождение речи）。与儿童母语获得过程相似，外语学习者言语理解能力的获得经历了这样的路径：由外部信息输入开始，经过思维信息加工的内化，最后根据交际情境的要求进行语言信息输出。两个过程相互依赖，缺一不可。然而在教学实践中，学生在言语产出方面遇到了更大的困难，也就是说学生在"说""写"方面的技能更加薄弱。根据结构语言学的观点，语言现象虽然庞杂，但语言是高度结构化的体系，是由不同层次的结构组成的，因此在口语和书面语表达练习中，可以以"句型"为中心，经过模仿、记忆、练习，反复实践，形成言语习惯。俄语言语技能的形成也是一种新习惯的养成，所以在进行教学设计时应关注学习活动实施的过程与体验，关注学生言语行为和言语习惯的变化，目的不仅在于掌握学生言语技能的发展程度，更是希望学生在言语活动过程中获得一种积极的学习体验，进而实现新课标倡导的学习方式的变革。在进行口语和书面语表达练习时，教师要明确给出具备表达意义的"句型结构"。

综上所述,活动教学设计坚持"以活动促发展"的基本指导思想,强调"以能力发展"为核心、"以素质整体发展"为取向,在活动教学实施过程中关注学生的自主性发展。俄语活动教育理念及教学实践研究开辟了一条解决俄语教育领域问题的最佳路径。俄语活动教学更加强调语言知识和言语技能的综合性运用,主张以主题探究和文化体验的方式获取知识,强调"表达"和"交流"等语言实际运用能力,重视直接体验。活动教学设计与实施是一项复杂的系统工程,它包括要素的选择、内容的组织以及对活动结果的评价等一系列过程,所以进行俄语活动教学设计研究本质上是一项非常有价值的工作。

(三)策略与方法

自20世纪50年代布鲁纳(J.S.Bruner)提出"认知策略"以来,学习策略就开始出现在教育心理学领域。多年来,国内外教育学、心理学研究者对学习领域进行了大量研究,为外语教育教学研究与实践积累了丰富经验。近年来,随着素质教育的全面实施,"学会学习"的呼声越来越高。学习者对学习策略和学习方法的掌握与使用水平,在很大程度上决定了学习的效率,是教育工作者应该重视的问题。学习策略是学习观念、管理方法和学习方法的总称,是学生为了有效地学习语言和使用语言而采取的各种行动及步骤。恰当的学习策略有利于形成和发展学生的综合语言运用能力以及自主探究学习的行为品质,是培养思维品质、提高学习效率的必备条件。

《2022版课标》倡导改变传统教学方式,从发展核心素养出发,围绕主题开展多样化教学活动,激发学生的学习兴趣,鼓励学生在活动中自主选择学习方法,探索个性化学习策略,提高学生的自主学习能力。学习策略符合"中国学生发展核心素养"自主发展框架中的"乐学善学"和"自我管理"的要求,是核心素养形成的重要维度。俄语新课程标准的实施过程中,学生有效的语言学习策略架起了课程内容和课程目标之间的桥梁,使基于核心素养的课程目标在学习活动中得以实现。《2022

版课标》对每个年级学生学习策略的内容要求更加具体，由简单到复杂，符合学生的认知心理发展顺序，更加突出对学生自主学习能力的培养，旨在改变传统的接受学习方式。学生通过独立分析与问题探究，找到解决问题的途径，实现学习目标。通过不断反思，调整学习方法，养成良好学习习惯。《2022版课标》更加强调培养学生积极参与课堂学习活动的重要意义，提倡通过与同学合作的方式，共同完成主题活动任务。

　　学习策略的形成是一个循序渐进的过程，教师应在日常学习活动中潜移默化地培养学生良好的学习习惯和学习策略。鼓励和引导学生在学习活动过程中运用多种学习策略，并在学生完成活动之后对策略的使用情况和实际作用进行讨论与反思。在课前预习活动中，教师可引导学生采用主动学习、合作学习以及探究式学习的方式；在课堂学习活动中，鼓励学生主动参与情境创设和交际活动；在课外学习活动中，积极鼓励学生运用现代化的网络和多媒体技术丰富自己的学习成果。例如在俄语的游戏活动中可以使用一些多媒体资源，这些方法手段能够优化活动，降低和消除学生的疲劳感。

　　在进行中学俄语活动课程设计时，教师应该深入领会学习策略和学习方法在中学俄语活动课程中的真正意义。学习策略不同于单一的方法，它是一套方法系统。教师要将学习策略训练贯穿教学全过程，注意观察学生在学习过程中的行为变化。任何学习策略的使用都依赖于学生主观能动性的充分发挥，因此要将学习策略的培养融入语言知识与言语技能的教学中，创设真实的语言情境，因为真实的情景更容易让学生学会使用学习策略，从而训练学生在语言实践活动中不断地将学习策略内化为自己的学习能力。此外，教师要根据俄语学习的特点，为学生提供一些具体的学习策略指导。比如，学生在初学俄语时，往往会遇到单词记忆的难题，这种情况下，记忆策略、联想策略对于学生的词汇学习会有极大的帮助。在听说教学中，教师要采取必要的措施，降低学生的焦虑情绪，增加信息输入，提高学生的听说能力；在阅读教学中，指导学生正确采取精读和泛读相结合的方法，提高阅读速度；在写作教学中，指导学生正确使用语篇衔接手段，使文章逻辑通顺，扩写、缩写以及读后续写均为提升俄语写作能力的较为实用的方法。在参与学习过程中，教师还要指导学生根据学习任务，制订学习计划。

由此可见，中学俄语活动教学设计的"策略与方法"目标维度是活动课程目标体系的重要组成部分。在俄语活动教学设计与研究中要关注学生学习策略与方法的培养。策略与方法是学会学习的关键，是学习者获得语言知识和形成言语技能的方法，是学习者形成个体思维能力、判断能力和问题解决能力的基础和前提，这些方法都是今后学生实现终身发展的必要手段和能力。

（四）情感态度与价值观

"情感态度与价值观"目标可以追溯至20世纪50年代到60年代布鲁姆（B.S.Bloom）教学目标分类研究成果中的"情感领域"目标。情感态度与价值观属于人的非智力因素，一个人的态度、兴趣、价值观念都属于"情感领域"目标。《2011版课标》发布之后，许多研究者都对"情感态度与价值观"目标进行了解读。他们普遍认为对这一目标的理解不应局限于字面意思，而应该结合时代发展背景和学生发展需求来理解，即这一目标体现了俄语课程的核心价值。《2022版课标》指出俄语课程应落实立德树人根本任务，强调了俄语课程的育人价值，坚持德育为先、育人为本、能力为重的课程理念。进一步强调俄语课程的基础性和实践性，突出学生主体地位，强化学生自主学习能力的培养；将中国学生要发展的核心素养与俄语课程核心素养融会贯通，落实在课程目标、课程内容、学业质量和课程实施上；依据主题意义，融入习近平新时代中国特色社会主义思想、中华优秀传统文化、爱国主义教育、劳动教育等内容，科学构建德智体美劳五育并举的义务教育俄语课程体系。

俄语的复杂性导致大量中学生不能自始至终地坚持学习，很多人都是半途而废。在中学俄语课堂观察中，研究人员发现存在许多被动活动和被动学习的现象。学生虽然也参与了俄语言语活动过程，但是看得出来，他们不是"我想说，我想做"，而是"为了说而说，为了做而做"，其实这是俄语教育教学不成功的地方。那么，究竟是什么原因影响了孩子们的积极性和主动性？有人曾经做了一项关于中学生动机与情感的调查研究，得出的结论显示：在所有的情感和动机因素中，系数最大的分别是成就感、兴趣和需要。进一步研究发现，其实三者之间是有内部关联性的，需要是动机因素中最重要的项目，任何活动的目的之一都是为了满足某种需要。当人在活动中感受到需要被满足，他的成就感就会提高，兴趣也会随之增加。由此可见，学生只有亲身经历了成功的快乐，才能够极大地激发自身积极参与学习活动的热情。学生的成绩与他们在活动中的表现呈正相关，这一结果与之前假设的结论一致。

"情感态度与价值观"目标维度主要包括三个方面的内容：情感、参与活动的积极性以及对待世界、祖国、人民的价值观念。教师在教学中需要高度重视培育学生的情感态度及价值观念，将其作为课堂教学的根本目标，贯穿课堂教学的全部过程，设计丰富多彩的教学活动，关注学生动机和情感的激发，让学生获得成功的体验。让每个孩子都能感受到外语学习带来的成就感和快乐，这是俄语教育工作者应该考虑的一个很重要的问题，也是俄语教学活动设计的主要内容之一。现代学校教育中真正缺少的不是所谓的知识获取方式，而是那种容易让基础教育工作者掌握和驾驭的方法上的突破。"情感态度与价值观"目标维度是四个目标维度中最难以把握，但是又非常重要的内容，它直接关系到其他三个目标维度能否达成或者达成的效果如何。

综上所述，基于言语活动理论，俄语活动教学目标设定的基本原则是系统性原则，在制定目标的时候，要充分考虑到基础教育各阶段课程目标的系统性问题。由于俄语的特殊性，一般把义务教育初中阶段设定为俄语教育的起始阶段，所以"知识目标"和"技能目标"设计侧重课程的基础性和实践性。知识主要在实践活动过程中获得，而不能单纯依赖传统意义上的知识传授。中学生正处于良好学习行为习惯养成的关键时期，所以在这一阶段，学习方法和学习策略培训的适当增加将非常有利于学生形成良好的学习品质，而情感态度与价值观是学生有效学习的动力保障。四个维度目标构成了一个有机整体，协调发展，缺一不可，是进行俄语活动教学设计的关键所在。

下面以初中俄语教学为例，根据我国新课标核心素养的总目标，结合我国义务教育初中阶段课程内容要求，如表7-1所示，对中学俄语活动教学的培养目标进行简单分解。

表7-1 义务教育初中阶段俄语活动教学目标设计

俄语活动教学目标设计	知识目标	1. 掌握俄语语言系统的基础知识与规范 2. 了解俄罗斯基本国情、文化习俗及跨文化交际的基本常识 3. 掌握俄语学习常用的方法和学习策略
	技能目标	1. 掌握听、说、读、写等基本言语技能 2. 培养熟悉的情境中的言语理解与言语表达能力 3. 具有跨文化交际的基本能力和素养 4. 培养借助工具书和网络资源开展课外阅读、获取有益信息的能力
	策略与方法	1. 在学习活动中形成良好的学习行为和习惯 2. 形成自主学习能力，学会使用探究式学习方法 3. 提高在具体情境中分析和解决问题的能力
	情感态度与价值观	1. 具有浓厚的俄语学习兴趣和正确的价值观念 2. 能在主题活动中主动探究较为复杂的问题 3. 能积极参与主题活动，在活动中主动与他人合作，完成学习任务 4. 能适时调整俄语学习计划，反思与评价学习效果，能借助各种信息技术手段进行探究学习

义务教育阶段的俄语教学旨在培养学生的综合语言运用能力，为学生终身学习和发展奠定基础，这符合言语活动理论的发展性原则。在教学设计中强调激发学生的学习兴趣，让学生在获得必要的俄语知识和技能的同时，形成积极的情感态度和正确的价值观念，努力改变传统俄语教学理念下教师传授、学生被动接受的局面，使中学俄语学习成为教师指导下学生主动建构知识、积极参与学习活动的过程。活动教学设计倡导重视学生的俄语活动学习过程，主张按照俄语知识的内在逻辑结构，精心设计贴近学生生活、有益于学生终身发展的"主题活动"，旨在帮助学生在观察、模仿、体验和探究的学习活动过程中形成主动参与活动的意识和习惯。

三 活动教学内容的主题化设计

（一）研究背景

党的十八大以来，党和国家坚定不移实施科教兴国和人才强国战略，大力推进教育领域综合改革，加速推进教育现代化。十九大明确提出建设教育强国是中华民族伟大复兴的基础工程，必须把教育事业放在优先发展位置，深化教育改革。2018年全国教育大会上，习近平总书记和李克强总理在讲话中发出了加快教育现代化的动员令，为办好人民满意的教育做了全面部署。为深入贯彻党的十九大精神和全国教育大会部署，深化教育教学改革，2019年中共中央、国务院颁布《关于深化教育教学改革全面提高义务教育质量的意见》（以下简称《意见》）。《意见》提出了深化教育改革的指导纲要：树立科学的教育质量观，构建德智体美劳全面培养的教育体系。健全立德树人落实机制，着力在坚定理想信念、厚植爱国主义情怀、加强品德修养、增强综合素质教育等方面下功夫。坚持全面发展，为学生终身发展奠基，让学生成为生活和学习的主人。《意见》还特别提出提高课堂教学质量的实施办法：优化教学方式，引导学生主动思考、积极提问、自主探究，探索基于学科的课程综合化教学，开展研究型、项目化、合作式学习等。党和国家的教育发展方针明确了加快推进教育现代化的指导思想，为基础教育课程改革提出了发展方向和育人理念：以德育为先，全面发展，关注素质教育，培养学生的实践能力。由此可见，坚持科学发展观，关注课程的社会及文化功能，认识和反思课程发展的人文价值，深化育人方式改革已经成为时代发展的需要。义务教育课程标准的修订完成，标志着我国教育为适应发展新需要，改革工作重心已由规模发展向内涵发展转变。

（二）设计思路

第一，落实立德树人根本任务，发挥俄语课程育人功能。义务教育俄语新课标以习近平新时代中国特色社会主义思想为指导，全面落实立德树人根本任务，充分发挥俄语课程的育人功能。教学设计要深入贯彻新发展理念，以培养学生核心素养为目标，充分体现课程的育人功能和价值。引导学生在掌握语言知识、获得言语技能的过程中发展语言能力，培养文化意识，形成思维品质，提高学习能力，成为具有文化自信、国际视野和跨文化交际能力的社会主义建设者和接班人。

第二，确定主题活动内容主线，注重教学内容系统设计。义务教育俄语新课标符合核心素养的内在逻辑和学生身心发展规律，关注学生的共同基础。教学设计要做到内容结构合理，多学科知识融合，具有层次性与系统性。主题活动统领课程内容，语篇与情境相辅相成，知识与技能内含其中，学习策略贯穿始终。目标与内容、活动与过程、评价与反思等要素有机融合，使各课程结构之间密切关联。

第三，以学生为主体理念，建构合理的课程内容体系。义务教育俄语活动教学内容设计聚焦学生核心素养，体现"以学生为主体"的理念，符合学生的认知心理特点。主题聚焦"人与自我""人与社会""人与自然"；话题贴近生活，体现时代性与育人价值；知识传授关注素养，技能训练关注实践，策略实施关注方法。课程设计彰显课程内容结构及价值取向，培养学生综合语言运用能力。

第四，推动传统教学方式的变革，培养学生自主学习能力。义务教育俄语课程倡导活动教学，从发展学生核心素养出发，围绕主题创设真实言语交际情境，开展多样化教学活动，激发学生的学习兴趣，提高学生的主体意识；提倡合作与探究式学习，鼓励学生在活动中自主选择学习方法，探索个性化学习策略；运用各种信息技术手段，丰富课程资源，拓宽学习渠道，提升学生自主学习能力。

（三）内容设计

《2022版课标》坚持高质量发展理念，倡导突出内容的结构化设计，关注学生的全面发展。规定了课程内容由主题、话题、知识、言语技能和学习策略等相辅相成的五个要素构成。课程内容设计以主题为主线，围绕"人与自我""人与社会""人与自然"确定主题内容。新课标突出了主题意义的育人价值，其中"人与自我"以"我"为视角，围绕"人"的生活、学习和工作展开活动，包括做人做事和与人交往，内容突出关爱他人、礼貌谦让、助人为乐、尊敬师长、诚实守信等主题意义。"人与社会"以"社会"为视角，围绕"人"的社会生活展开活动，包括社会活动和社会文化，内容突出爱国主义、中华文明、革命传统、国家安全、健康生活等主题意义。"人与自然"以"自然"为视角，围绕"人"与自然的关系展开活动，包括自然生态和环境保护，内容突出热爱家乡、文明行为、保护环境等主题意义。在进行教学内容设计时，要关注主题意义并深入探究。话题作为教学单元设计主要内容，选择时要根据学生的年龄特点，依据学生的生活经验，遵循由近及远、由易到难、循序渐进的认知规律。

综上，活动教学目标设计为活动教学内容组织提供了方向。教学内容要符合教学目标要求，经过合理的设计、实施和评价，使课程目标得以实现。主题是课程内容的核心精神，教学的全部安排都围绕着"主题"进行。传统的中学俄语课程内容在编排方面，主要按照语言知识的逻辑顺序来组织教学内容，大多数俄语教材和课堂教学材料都是以语法为纲来组织和编排的。这种教材的编写顺序和课堂教学组织形式在一定程度上限制了活动课程的发展，不利于主题活动项目的开展。这里所说的主题活动项目指那些与学生学习和生活密切相关，并且能够激发学生学习兴趣的内容。

以义务教育八年级全一册俄语教材（人教版）为例，分析俄语教学内容的主题化设计情况。如表7-2所示：教材内容以"单元"为单位进行组织和设计，每个单元内容按照教学目标的要求包含了必须掌握的语法项目和词汇范围。与传统教材相比，此教材最大优点是满足了俄语学习者的交际需要，信息量大、内容丰富、形式新颖。这些内容和主题的设计符合《义务教育俄语课程标准（2011年版）》倡导的素质教育的基本理念，教材的内容涉及日常生活的各个方面，有日常购物、节日、天气以及俄罗斯人的风俗习惯等。然而，调查发现，许多中学教师对现行教材似乎并不满意，他们认为教材内容烦琐，在日常的教学中难以抓住重点，学生学起来非常吃力。带着这些问题，研究人员对教材进行了研究，结果发现教材在主题设计方面存在以下一些问题。

表 7-2　义务教育八年级全一册俄语教材主题设计项目

单元与主题	认知目标	语法项目	语篇课文
Урок 1： Что вы делали вчера? 你昨天做了什么？	学会动作过去时的叙述方式，如"自己或朋友昨天做了什么事情""昨天在哪儿""发生了什么"等	动词过去时 Быть 的用法	Где мой портфель?
Урок 2： Что вы уже сделали? 你做完了什么？	学会结果意义的叙述方式，如"做了什么""学会了什么""写完了什么""复习完了什么"等	动词体的用法 第四格用法	Я хотел …
Урок 3： Что вы будете делать？ 你明天要做什么？	学会将来时的讲述，如"明天你要做什么""夏天你或者朋友要在哪儿休息"等	动词将来时 第四格用法	Неделя
Урок 4： Кому ты звонишь？ 给谁打电话	能用俄语说出自己的手机号码，打电话向朋友讲述自己学校和家里的事情	名词单数第三格、第二格、第六格的用法	Разговор в автобусе
Урок 5： Как вы себя чувствуете？ 你感觉如何？	学会俄语年龄表示法，学会表述身体不适，掌握生病时注意事项的简单俄语表达	形容词和代词第三格用法	Как я выпил лекар-ство？
Урок 6： Чем вы интересуетесь? 你对什么感兴趣？	掌握兴趣爱好的表达用语，如"喜欢什么""对什么感兴趣""以后想成为什么样的人""父母亲是做什么工作的"等	名词第五格用法	Женя
Урок 8： С кем вы познакомились? 你认识了谁？	学会关于结识朋友的表述方式，如"你认识了谁""把某人介绍给某人"等	形容词和代词第五格用法	Пельмени с подарком
Урок 9： Куда вы идёте? 你去哪儿？	学会关于方向的表达方式，如"你正在往哪儿走""你坐车去哪儿""去谁那儿"等	第四格和第六格的用法与区别	Музей косманавтики
Урок 10： Куда вы ездили летом? 夏天你去了哪儿？	学会乘坐交通工具出行的表述，如"你通常去哪儿""你朋友通常去哪儿"等	定向动词和非定向动词	Бабушка

续表

单元与主题	认知目标	语法项目	语篇课文
Урок 11: Какая сегодня погода? 今天天气怎么样?	学会关于天气和气候的表达方式,如"什么季节天气热""什么季节天气冷"等	第六格的用法	Погода в Москве
Урок 12: Что вы хотите купить? 你想买什么?	学会在商店里购物的表达方法,如"多少钱""给谁买礼物""买了什么""在哪儿买礼物"等。	动词体的用法	Как я покупал собаку?
Урок 13: Кого вы поздравляете с праздником! 祝贺节日快乐	掌握节日祝福用语,如"祝某人节日快乐""希望某人……""给某人准备礼物""收到了某人的礼物"等	形容词和代词第二格用法	День рождения

教材中前三个单元的主题分别为"Что вы делали вчера?"(你昨天做了什么?)"Что вы уже сделали?"(你做完了什么?)"Что вы будете делать?"(你明天要做什么?)。这三个单元的课程内容与其说是按照"主题"线索进行设计,不如说是按照"语法"项目来进行编排。从标题上看不出主题类别,只是动词"时间"和动词"体"等不同的内容排列在一起,那么活动内容的主题是什么?很明显,这应该是语法项目的内容区分。由此可以看出,教材编写者虽然希望按照课程标准的要求,以"主题活动"为线,来展现课堂教学内容,但是同时又希望能在学生的认知结构中建立一个完整的语法体系,这种矛盾反映了现代俄语活动教学与传统教学之间的差异。所以,在目前的中学俄语课堂上,即使进行了十几年的课程改革,人们的观念和认识还没有完全摆脱传统教学方式的束缚。

当然,外语学习不可能脱离语言规则,但是,如果活动教学内容的主题设计完全受语言规则限制,那么,俄语活动课程将很难实现自身的目标要求。所以在进行俄语活动课程主题设计时,首先要考虑活动主题如何尽可能贴近学生的生活,选择那些能够唤起学生兴趣的主题内容,尽可能避免那些过于抽象、繁杂的事物。教材后面几个单元主题内容的选择相对科学，同时又是青少年学生日常生活中离不开的话题："今天天气怎么样"（Какая сегодня погода?）"你们要买什么"（Что мы купим?）"节日快乐"（С праздником!）等。所以说，俄语教学内容虽然离不开基础的语言知识和规则，但它并不是众多语言知识和规则的简单堆砌，而是由专家学者精心设计、合理编排，经过一段时间的试用和意见征求，再反复修改，才能最终完成的一门优秀的教材范本，同时它也是富有内在逻辑关系，由简单到复杂的教学内容典范。

传统的俄语教学内容为了便于传授知识，往往以俄语语言规则中的逻辑结构为线索来进行安排和设计，而活动课程内容倡导学生通过主动参与活动，自己去发现语言使用规则。教学内容设计也由过去的静态语言和语言知识呈现，逐渐转向过程化与活动化的设计发展方向。其实，在进行中学俄语活动教学的主题化设计时，教师可以参照目前设计和编排均较为完备的俄罗斯原版对外俄语教材，如 «Дорога в Россию»（《走遍俄罗斯》全四册）。这是近些年俄罗斯对外俄语教材中编写比较成功的教材范本，从初级到高级的设计均较为完整、系统，按照主题化和任务式进行的学习活动内容丰富，涉及人们日常生活、学习和工作中最常见的各类主题。«Поехали! Русский язык для всех»（《大众俄语》）共三册，是俄罗斯目前比较常用的一套对外俄语教材，内容设计比较贴近现代的口语和话题。此外，卡列耶娃（Галеева М.М.）等编写的 «Учебник русского языка»（《俄语课本》）也是一本俄罗斯教育部大力推荐使用的中学优秀教材。这本教材把语言规则的练习和话题的设计结合起来，主题设计鲜明，内容安排灵活多样，非常适合作为中学生的初、中级俄语教材，也是俄语活动教学主题化设计的重要参考。

俄语活动教学的目标维度与传统俄语课程存在差异，因此中学俄语活动教学设计中活动内容的选择和安排同以往课程相比，也有较大的不同。俄语活动教学内容的选择要符合学生的认知水平，学生应具有相应的接受和理解能力，同时还应尊重学生的兴趣、爱好和需要，关注学生的实际生活。一方面，俄语活动教学内容的设计以"主题活动"为主要形式，与传统教育中以语言知识系统为线索的内容设计有较大差异，活动教学内容设计将传统教学中的静态知识转化为动态发展的社会经验与个体经验的综合。另一方面，俄语活动教学以转变学生的学习方式为出发点，在内容的设计方面关注活动过程与体验，在活动中关注学生学习行为的变化，其根本目的在于让学生在活动过程中获得一种积极的学习体验，进而实现新课程标准倡导的学习方式的变革。

（四）设计方案

下面以义务教育八年级全一册俄语教材第五单元阅读课《Как найти больше свободного времени?》为例，呈现并分析俄语活动教学内容的主题化设计方案。如表7-3所示，在这一活动项目的设计中，首先依据活动课程目标和内容确定活动主题"Как найти больше свободного времени?"（如何拥有更多空闲时间）。

表7-3 俄语活动教学内容的主题化设计方案

内容	以"Как найти больше свободного времени?"为主题情景的短文阅读活动 语法项目：俄语钟点表示法	
课时	45分钟	
目标设计	知识目标	1. 掌握本课中生词的内涵及钟点表示法的俄语语法基本规范 2. 了解俄罗斯时间作息相关的文化习俗及常识 3. 掌握俄语学习常用的方法和策略
	技能目标	1. 熟练掌握听、说、读、写的基本言语技能 2. 培养在熟悉情境中的言语理解与言语表达能力 3. 培养借助工具书和网络资源开展课外阅读、获取有益信息的能力
	策略与方法	1. 通过归纳的方法自主掌握俄语动词过去时的简单构成 2. 提升自主完成学习任务的能力 3. 提升在具体情境中分析和解决问题的能力
	情感态度与价值观	1. 通过小组比赛的形式增强团队合作精神 2. 从比赛结果中获得成就感，从而提高学习俄语的动机与兴趣 3. 通过查找文化关键词提高国际理解能力

续表

活动方式	小组竞赛、表演活动、小组讨论	
活动步骤	教学活动内容	学生活动设计
方案与计划	预习短文《Как найти больше свободного времени?》，同时在短文的后面给出了10个关键词：время, уроки, спорт, музей, вставать, рано, работать, заниматься, отдыхать, быстро 任务1：要求学生画出一张图，以这10个词为中心，可以无限扩展 任务2：查找资料，说明人一天中什么时候读书最好	教师提前给每个学生一篇内容相同的阅读短文，同时提出任务和活动方案 活动设计： 活动1：学生课外阅读短文并找到文中的10个关键词 活动2：学生利用多媒体及网络技术查找完成任务所需要的资料
活动呈现与展示	任务1：学生圈出意义相关联的两个词语，并在没有关联的词语旁边加上自己认为有关联的词语	活动1：学生在黑板上用粘贴画的形式标示出每个图片所描述的关键词 活动2：用连线的形式把黑板上有关联的词语连接起来
活动呈现与展示	任务2：讲述词语之间的意义关联，可以是个人的理解（建立概念联结） Миша：время … свободный … заниматься（意义关联：在空闲时间可以做什么） Витя：уроки … делать … быстро（什么时候做功课效率比较高） Валя：рано, вставать, музей（早晨早起要去图书馆） 任务3：判断对错并用да, нет回答问题（巩固概念间的联结）	活动3：讲述关键词之间的意义联系 活动4：快速回答问题，判断命题正误
结果与评价	任务1：学生自我评价 任务2：学生小组评价 任务3：共同评选出最佳小组和优秀个人	活动1：学生进行自我评价 活动2：学生小组互相评价，并推选出最佳小组，最佳小组及成员获得奖励 活动3：教师对学生行为表现和活动结果进行评价，奖励表现优异的学生和小组
反思与拓展	任务1：去图书馆查找资料，说明一天中各个时间段做什么比较合适，并阐明道理 任务2：整理资料，撰写研究报告，在撰写过程中进行实践考察	活动1：进行一次资料阅读与查找，回答问题，并简述理由 活动2：撰写实践研究报告，教师进行总结并提出修改意见，鼓励学生不断进行实践考察，完善报告内容

第七章
中学俄语活动教学设计

"时间"是一个与生活密切相关的主题，也是一个容易让人产生丰富联想的情境。在这一主题下，俄语活动教学设计的关键就是如何围绕目标和活动主题的要求，通过一系列的活动方法，让教学目标得以实现。首先，为了达到知识与技能的目标维度，首先让学生通过小组竞赛活动找到《Как найти больше свободного времени?》一文中的几个关键词，这一环节的目的是唤醒学生的注意，这是通过阅读活动获得概念的第一步。在策略与方法设计中，通过归纳的方法让学生自己从语言现象中提炼和概括语言规则。在活动过程设计中，展示了四种基本的活动形式：预习活动是课前的热身和准备，这一活动的主要内容是学生查找信息，找出问题；展示活动是一种汇报性质的活动，活动安排可以灵活多样，包括游戏、表演、比赛、图片或幻灯片展示以及课堂讨论等。通过这种方式提高学生在具体情境中分析和解决问题的能力，进一步激发学生自主参与学习任务的积极性。然后通过角色表演的形式，把每个人的故事展现出来，把知识的获得置于情境中，以此来建构并丰富学生知识结构。活动结果分析和学生行为分析是反馈环节中十分必要的内容，一方面是对活动内容所达到的结果进行评价，另一方面是针对学生在活动中的行为表现进行反馈评价。研究活动鼓励学生继续进行探究，以进一步巩固和拓展自己获得的知识与经验。

语言与文化是俄语活动教学设计的重要内容，俄语新课程标准关于跨文化教育的规定中增加了文化素养教育的内容，对于俄语学习者来说，国际文化理解教育十分重要，应该从义务教育中学阶段逐步培养学生以多种形式进行文化"对话"，鼓励不同国家和不同文化学生之间进行文化活动交流，形成对自己祖国文化的热爱和对其他民族文化的理解与宽容，这也是人文主义主体性教育思想的具体体现。每个民族都在用不同的方式创造着不同的文化，不同的文化也用不同的方式创造着各个民族。俄罗斯历史上曾经出现过最辉煌的时期，从19世纪下半叶至20世纪初的短短几十年间，俄罗斯社会完成了由封建主义向资本主义的过渡，涌现了大批的天才人物，为世界贡献了大量杰出的科学成果、思想巨著和艺术精品。俄罗斯民族文化是世界文化不可分割的组成部分，俄罗斯文化丰富了人类的历史,同时也以自己的独特方式影响着其他文明的进程。语言是文化的载体,也是文化的组成部分,是文化产生、传承与发展的重要形式,任何文化活动以及文化的创造与发展都离不开语言。俄语同世界其他语言一样,既有所有语言的共性,又存在语言的个性,这种文化现象被称为"语言文化"。俄语活动课程内容设计中融入了大量的"语言文化"相关内容,并通过"文化关键词"的形式来探究语言背后的文化内容,旨在提升学生的跨文化交际水平以及国际理解能力。

综上所述,中学俄语活动课程作为教育观念和方法论体系的综合,与其他课程教育体系相比,更多地关注外语学习中个体潜在能力的发展,主张在教学过程中及时挖掘学生的心理发展潜能,以保证活动教育理念的顺利实现。当然,还应该指出,传统课程范式在长期的发展过程中积累了丰富的经验,在现代课程体系中仍然发挥着重要的作用。然而,一种新课程范式的出现,并不意味着否认过去的一切,活动课程设计既保留了对传统课程范式的继承性,又具有创新性,不仅为我国外语教育提供了可以参考的理论指导,更让人们看到了其在实践方面的可操作性。我国的活动课程研究正处于起步阶段,理论与实践相结合、建构恰当的活动课程实施模式是今后基础教育俄语活动课程研究工作的重心和难点,也是我国现代俄语课程与教学领域亟须解决的重要问题。

四 活动教学实施的系统化设计

从言语活动理论的系统活动观出发进行中学俄语活动教学实施设计时,应充分考虑俄语学习的特殊性。俄语学习是一个系统的积累过程,语言能力是一个持续发展的过程。系统活动观作为活动课程的方法论原则,它的目标指向是学生的整体发展。活动理论的奠基者维果茨基依据辩证唯物主义的实践认识论,从社会与人、社会性和个性化相互统一的辩证角度来理解发展与活动的关系,在研究高级心理机能社会起源的基础之上,提出了青少年的个体心理发展是社会经验的获取过程,在这一过程中活动是发展的动力因素,个体的动机系统在活动中发挥着非常重

第七章 中学俄语活动教学设计

要的调节作用，发展的目标是向更高一级心理机能的自然转化。根据俄罗斯活动理论，作为一个事物的整体，活动具有完整的系统结构特征。按照活动完成的时间顺序，一个完整的活动通常由目标确定、计划制定、活动实施以及结果检验等几个过程组成，是一个不断循环的动态操作系统。作为一个重要的心理学概念，活动通常指由动机、目的和需要以及完成活动的各个要素组成的心理结构系统，活动的这些构成要素与活动过程的具体操作共同构成了活动的动态结构系统。

言语活动理论的继承者、苏联心理学家加里培林（Гальперин П.Я.）的"智力活动按阶段形成"（Теория поэтапного формирования умственных действий，以下简称"智力活动"）理论认为：任何一种形式的活动都是学习，因为在完成活动的过程中，人获得了新的信息和技能，并且这种被获得的信息和技能又具有了新的品质。[①]加里培林从言语活动视角论述了智力发展活动的五个阶段及其形成规律，俄语听、说、读、写等言语活动过程可以分为以下几个阶段：感知阶段、理解阶段、巩固阶段、运用阶段和反馈阶段，如图7-1所示，每个阶段对应着活动的具体组织和安排。

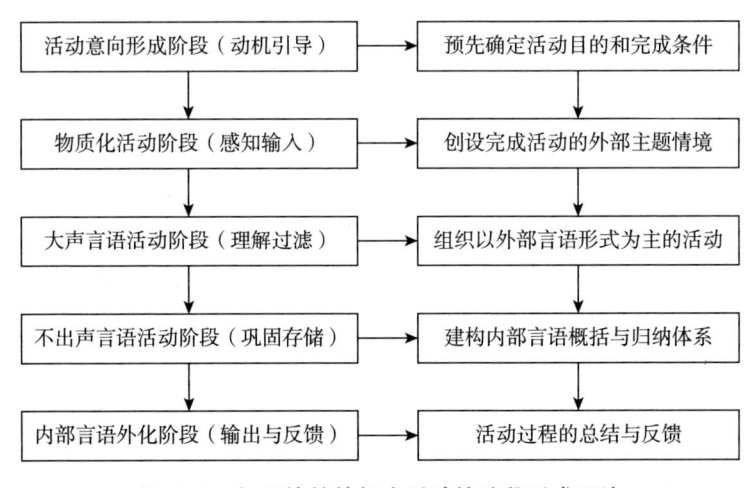

活动意向形成阶段（动机引导）	→	预先确定活动目的和完成条件
物质化活动阶段（感知输入）	→	创设完成活动的外部主题情境
大声言语活动阶段（理解过滤）	→	组织以外部言语形式为主的活动
不出声言语活动阶段（巩固存储）	→	建构内部言语概括与归纳体系
内部言语外化阶段（输出与反馈）	→	活动过程的总结与反馈

图 7-1 加里培林的智力活动按阶段形成理论

---

① Леонтьев А.А. Язык и речевая деятельность в общей и педагогической психологии. Воронеж: НПО МОДЭК, 2001, с.156-157.

按照加里培林的智力活动理论,从言语活动角度看,首先要明确外语言语活动的意向,在这一阶段的活动设置中,可以通过主题情境的预设引起学生的注意。然后借助实物或物质化形式进行外部言语活动,继而转化成不借助实物或物质化形式的内部言语活动,然后才能进入内部言语的外化活动阶段。在这几个阶段的活动设计中,活动的安排由简单到复杂,由关注言语的外部形式到注重语言的内在逻辑,最后借助一定的言语手段和交际情境完成言语活动的整个过程。加里培林的智力活动理论特别强调活动的目的性,他认为人的活动是有目的、有动机和有意识的。中学生外语学习的言语活动具有直觉性的特点,同时又是一种自觉的活动,其目的和动机是解决一定的交际任务,这种交际任务可能是独立的,也可能从属于更广泛和更普遍的交际课题,言语活动的过程同时又是实践的过程。综合上面的分析,可以看出,任何言语活动都是一种智力活动,俄语学习活动同样也是一种智力活动,因此它具有所有智力活动的特点。当然,活动课程根据活动类型的不同在内容的选择方面具有个性差异,但是,从活动课程具体实施过程的先后顺序来讲又有共性可循。本项研究依据加里培林的智力活动理论,将俄语活动教学实施设计分为以下四个阶段。

(一)确定方案

活动方案的设计指根据活动教学目标要求制定详细的活动实施步骤。方案设计在整个活动课程设计中非常重要,直接决定了活动课程的实施效果。方案的设计是否成功,取决于设计者在课程的主要维度上是否进行了深思熟虑和系统处置。本项研究中的活动教学方案设计实施主要从以下三个方面进行。

第一,活动教学的横向要素结构方面。这里所说的横向要素结构指活动教学的四个目标维度。前文已经详细分析了活动教学的四个目标维度:知识目标、技能目标、策略与方法、情感态度与价值观。在确定方案时,要充分考虑教学过程中各目标之间的协调一致,关注学生的学习过程。在课程内容的选取方面,本着以主题活动为主、突出交际的目的,让学生通过直接参与和他们生活密切相关的俄语实践活动来发展语言能力，同时发展学生的主体性和能动性，从而达到促进学生全面发展、提升学生创新能力的目的。

第二，活动教学的纵向动态系统方面。在本项研究中，活动教学的动态系统指活动教学设计的纵向时间顺序，也就是说，设计者要充分考虑到俄语活动教学实施的先后顺序。一般来讲，往往要依据从具体到抽象、从简单到复杂的"依次递进"原则，教学活动的组织与安排要充分考虑到这种特殊性，关注活动设计的先后顺序以及活动之间的连续性。即便是相同的主题情境，也要根据学生的认知发展水平，设置不同的任务和不同的活动方法。在学习的初期阶段多增加一些语言文化体验活动，可以采用小组合作的方式。当学生有一定的知识经验储备后，探究活动对于学生深度学习、思维发展的益处便逐渐凸显。可以让学生主动参与活动的设计与组织，查阅资料，并主动对活动结果和自己的行为进行评价与反馈。

第三，活动教学的关联整合范围方面。设计方案时除了要考虑课程内容和时间顺序外，还应该考虑课程内容之间的关联性，以及如何更好地整合那些零散的知识单元。俄语学习过程中知识、言语技能以及知识单元之间的关联性是目前中学俄语活动教学设计的重点，也是设计者容易忽略的方面。通过分析义务教育初中阶段八年级全一册俄语教材发现，语法体系内容的相关性比主题内容的相关性略好，语法的内容设计基本上按照从简单到复杂、从零散到整合的逻辑顺序。然而，主题内容之间的相关性还有待提高，这就需要在进行俄语活动课程设计时，关注主题内容之间的相关性，努力做到前一次主题活动的结果是下一次主题活动的开始。

（二）创设情境

情境教学的提出始于美国进步主义教育家杜威，核心就是主题情境的设置，其教学模式可以分为"设置主题情景－确定问题或课题－拟定课题解决方案－执行计划－总结与评价"等几个过程。布鲁纳的发现法也同样主张在教学中创设主题情境,他认为,学习者在一定的情境中经历对学习材料的亲身体验,这一发展过程才是学习者最有价值的东西。布鲁纳主张教育教学要着眼于儿童创造性思维能力和意志品质的培养,倡导教育教学过程要以问题为中心,注重学生的独立活动。学生有了问题,才能去主动探索,才能找到解决问题的途径。

创设情境是学习活动的准备阶段,它具有基础、铺垫和先导的作用。有目的、有选择地创设主题情境,可以激发学生的求知欲,调动学生的积极性,还可以帮助学生确定思考的方向、明确研究的目标,让学生真实体验探究的过程,发现未知世界带来的快乐。创设问题情境在俄语活动教学实施中尤其重要,从中学俄语活动课程实施现状的调研中发现,中学俄语课堂教学中还存在大量只关注语言形式操练的教学场景,教学还停留在一支粉笔和一块黑板"满堂灌"的情况。其实,俄语课堂上一些简单的情境创设是每个教师都能够做到的,哪怕是一些实物或图片都可以引起学生特别的关注,信息和网络时代给教学情境的创设带来了诸多便利条件。

创设主题情境是课堂教学活动的开端,情境的创设可以激发学生的学习兴趣。中学生是一个个充满好奇心的个体,当听到一个故事的开始,他们总希望知道故事的结尾,然后在故事中展开自己的想象并发挥创造能力。下面是一堂初中俄语公开课中的一个片段,教学主题是九年级全一册俄语教材中的《给妈妈的礼物》(«Подарок маме»),教师用简短、精彩的故事开始了教学活动:

... Это было в детстве, когда мне было 9 лет ...

(……这件事发生在我小的时候,当时我只有9岁……)

老师讲述了自己童年时发生的故事,一个自己与母亲之间的真实故事。故事讲完后,她留给学生一个问题:母亲节给自己的妈妈准备什么礼物?经过小组讨论,学生们总结出了多种送妈妈礼物的计划方案:

第七章
中学俄语活动教学设计

表 7-4　学生们为妈妈准备礼物的计划方案

1.Завтрак в постель（把早饭端到妈妈床前）— конечно, встать придётся значительно раньше её.
2.Сделает подарок своими руками（为妈妈制作礼物）— а кто сказал, что его обязательно покупать?
3.Уборка（收拾卫生）— и ничего, не скучно! Во-первых: вполне могут найтись засунутые неизвестно куда наушники, а во-вторых: это справедливо!
4.Помощь в приготовлении праздничного стола（帮助家人准备节日宴）— в идеале слово «помощь» вычеркнуть, и взять всё на себя.
5.Украшение дома（装点房间）— задание творческое! Воздушные шарики, цветы, плакаты, гирлянды – в общем, всё, что создаст атмосферу праздника.
6.Признание собственных ошибок（主动向妈妈承认错误）— по возможности, просим прощения за свои шалости не в тот момент, когда мама несёт что-то горячее или балансирует на табуретке.

除了通过故事创设主题情境外，教师还可以通过电影片段、歌曲、图片、幻灯片和图表等形式引起学生的注意，然后提出问题，正确引导学生参与活动，让学生在活动中得出结论并对结论进行验证。当然，还要强调的是，创设主题情境很重要，情境应尽可能是真实、生动、新颖和感人的故事，使创设的情境足够引起学生的心理共鸣，让学生学会观察、感受，促使学生身临其境地体验和发现新的事物与规律，引起学生的探究兴趣。

（三）组织实施

关于教学活动的组织与实施，学界目前普遍存在这样一种观点：教学活动实施问题就是研究一个教学活动方案的执行情况。对活动组织与实施的研究重点就是考察教学活动方案中所设计内容的落实程度。这种观点将教学活动方案看作固定的、不可变更的，而活动的组织和实施实际上是一个执行的过程。至于活动实施的效果如何，取决于课程活动执行者对活动方案的理解水平和落实程度。活动教学的研究者始终赞同另外一种观点，即课程教学的实施是作为一个动态的过程而存在的。因此，课程活动组织与实施的问题不只是研究课程方案的落实程度，还要研究教师在执行一个具体活动的过程中，是否考虑到了教学活动的实际情况，以及是否以此为依据对活动进行了调整。活动是在一个连续和动态的发展过程中实施的，学生作为活动课程的主体，应该被赋予更多的自主权。

此外，在活动的组织和实施过程中是否运用了恰当与合理的方法手段，也是决定活动实施成功与否的重要因素。根据教学理论与实践经验，研究人员提出了中学俄语活动教学组织与实施的基本方法，即体验、探究、参与及合作，这是研究和设计中学俄语活动教学的基础与出发点。活动教学理念以"学生、经验和活动"为核心，强调教育要尊重并适应人的自然天性，强调学生的主体性和中心地位，强调通过俄语认知活动促进青少年语言文化经验的积累和个人成长。

还应看到，目前关于活动教学实施模式的研究出现了多元化的发展趋势：布鲁纳的发现模式、布卢姆的掌握学习模式、奥苏贝尔的认知-同化模式，等等。虽然这些教学实施模式彼此各不相同，也有着各自的理论依据和实践考察，但是有一点是共通的，那就是它们都不约而同地把教学目标指向了学生的发展，主张通过探究、体验、参与及合作等方式积累认知经验。活动教学实施过程设计不同于传统教学，传统教学按照教学内容逻辑安排先后顺序，而活动教学设计按照活动顺序展开，一堂俄语课可以由简单到复杂设计3~4项活动，所有活动实施方案均指向教学目标的达成。

（四）总结与评价

总结与评价是整个教学实施的最后阶段，是对活动过程和活动效果的评价。其目的是通过对活动实施成效的及时检验和评价，促进认识及理念的升华，为后续的活动提供参照性的建议。对活动过程和结果的总结与反馈包含对学生行为的客观评价以及对活动过程与结果的分析。如何科学、合理地进行总结与评价是活动设计者和组织者无法回避的问题，也是课程实施设计不可缺少的重要环节。科学的评价手段可以充分发挥评价的导向作用，更好地激发学生参与学习活动的积极性，达到改善课堂学习效果的目的。同时，对活动进行恰当的评价，能够充分发挥评价的激励功能，加强学生之间以及师生之间的交流。对活动的评价通常可以分两个方面进行：一方面，从学生在活动中的行为表现出发，关注学生在活动过程中情感、策略以及文化素养等方面的变化和发展，公正、客观、全面地评价学生在学习活动中的行为表现；另一方面，基于活动过程与结果做出评价。

在活动过程与结果的评价中，教师要对活动中学生所习得的知识进行归纳和提炼，要关注学生参与学习活动时的表现。评价学生的活动过程指对学生参与活动的积极性与热情、学习方法、协作精神以及合作能力等方面进行评价。评价学生学习活动的结果是为了帮助学生了解自己的学习成果以及每个阶段取得的成绩等。总结与评价的目的在于激发学生学习的积极性，同时帮助学生获得更好的学习效果，优化学生的学习策略与方法。综上所述，从活动课程实施设计的全过程来看，上述几个阶段在任何一种活动类型设计中始终存在，各个环节、过程相互衔接、相互渗透，形成一个有机的整体，也可以被看作一个动态发展系统。

五 活动教学评价的多元化设计

义务教育俄语课程学业评价以全面提高学生核心素养为目标，推进教学高质量发展。课堂教学在考查学生知识与技能的过程中，注重文化意识、思维品质和学习能力的表现，倡导形成性评价与终结性评价、定性评价与定量评价相结合，注重评价的诊断功能，体现评价目标多维化、评价主体多元化和评价方法多样化，促进学生个性和谐发展。多元评价体系是中学活动教学评价设计的总体构想，所谓多元评价体系，在本项研究中指评价内容、评价方法和评价手段的多元化设计，多元化评价体系的设计研究是中学俄语活动教学顺利实施的重要条件和保障。

（一）理论基础

在行为主义占据心理学统治地位的时期，人们对智力活动的研究基本局限于因素分析层面。传统智力理论研究在行为主义的支持下，似乎只专注行为的结果和心理活动的产物。当人们的研究从特质分析逐渐转向对过程的研究，人们终于意识到了，要理解行为，需要研究过程。行为主义把可以观察到的行为视作研究对象，而认知主义则把行为视作

"心理过程的指标",产生外显行为的心理过程才应该成为心理学合适的研究对象,所以对智力的研究一定要考虑产生外显行为结果的内隐心理过程。对学生课堂学习状况进行评价符合认知心理学的理论,即将学生的学习活动理解为一个完整的活动系统,旨在通过对外在行为的衡量研究学生的心理活动过程。

美国认知心理学家戴斯的智力模型理论以苏联神经心理学家卢利亚的大脑功能区理论为研究基础,论证了人脑的三级功能区及对应的主要认知功能:功能注意-唤醒系统对应大脑的一级功能区,同时-继时编码系统对应大脑的二级功能区,计划系统则对应大脑的三级功能区。[①]可以说,关于智力活动的研究已经开始从特质分析转向内部心理过程分析,从静态分析转向动态分析,从关注智力的内部结构转向关注智力活动的社会性和实践性。

俄罗斯言语活动理论反映了智力活动研究领域的开放性、多元性、过程性以及社会性,也进一步证实了每个学生都拥有无限的发展潜力,只是表现在不同的领域而已。维果茨基从他的心理机能发展理论出发,提出了对儿童智力发展心理测试方式进行改革的主张,他认为测试不能只停留在儿童原有的水平上,教育最伟大的功能是发现儿童的最大发展潜能。此外,维果茨基的高级心理机能理论还强调人在实践中各种能力协调发展的重要意义,强调教育应该为解决学习、生活以及工作中的问题做好准备。[②]由此可见,学校教育中的俄语教学评价首先要考虑学生综合能力的协调发展,活动评价设计要以促进学生发展为中心,关注俄语学习活动的趣味性和发展性,使学生能够在学习活动中获得成功体验。

中学俄语活动教学课堂评价是学生学业质量评价的重要组成部分,也是教学活动的重要环节,通过课堂评价能了解学生参与活动的情况和学生的发展状况。研究中学俄语活动课程中学生课堂评价设计问题,首先必须清楚活动教学的实质和目的,然后才能设计出科学合理的评价标准。活动教学着眼于学生的未来发展,它与传统教学不同,倡导以"活

---

① 霍华德·加德纳:《多元智能》,沈致隆译,新华出版社,1999,第102页。
② 王光荣:《维果茨基与现代心理科学》,《西北师大学报》(社会科学版)2003年第5期。

动"的方式，围绕社会生活各个领域精心组织设计教学内容，并使学生通过直接参与活动获得经验的积累。因此，对活动教学课堂的评价不能完全按照传统课程量化评价的方式进行，要采取多样化的评价方法和手段，不仅要关注学生获得的具体语言知识和言语技能，还要对学习活动过程以及在学习活动中表现出来的情感态度、学习兴趣以及进步程度等进行综合评定。

（二）评价设计

1. 评价内容的多元化设计

俄语活动教学课堂评价同教学目标密切相关，俄语活动教学多维目标决定了学生课堂评价内容和评价方法的多元化。在评价内容的设计中，学习者通过活动获得的知识和经验既是教学预期的结果，也是活动教学课堂评价的标准。传统俄语学习更多依靠单纯的语言知识记忆，中学俄语活动教学则更加强调俄语认知活动过程，也就是说，俄语学习被看作学生参与学习活动的过程。活动课程所追求的认知目标是将外部信息经过转化、生成和应用等过程变成自身知识结构的组成部分。根据俄语活动教学的四个目标维度，结合我国义务教育初中阶段俄语课程标准的要求，本项研究分别从四个方面设计了俄语活动教学课堂活动评价内容，如表 7-5 至表 7-8 所示。

表 7-5 "知识目标"维度下的俄语活动教学课堂活动评价

评价内容	优秀	良好	较好	一般	较差
1. 在活动前进行准备的程度					
2. 俄语语言知识掌握的程度					
3. 俄罗斯基本国情及文化习俗掌握的程度					
4. 将所学的知识迁移到实际问题中					
5. 跨学科的综合性知识运用能力					
6. 对俄语语言知识的运用程度					
7. 对俄罗斯文化的兴趣					
需要改进的意见与措施：					

表 7-6 "技能目标"维度下的俄语活动教学课堂活动评价

评价内容	优秀	良好	较好	一般	较差
1. 参与学习活动的程度					
2. 积极与他人合作完成交际任务					
3. 独立思考、钻研及创造能力					
4. 将所习得的言语迁移到实际问题中					
5. 用俄语清楚地表达自己的观点					
6. 俄语语言技能灵活运用的程度					
7. 用自己的话语去解释和表达活动的内容					
8. 在交际情境中语言的使用情况					
9. 正确理解俄罗斯文化关键词和文化现象的程度					
需要改进的意见与措施:					

表 7-7 "策略与方法"目标维度下的俄语活动教学课堂活动评价

评价内容	优秀	良好	较好	一般	较差
1. 主动思考问题的能力					
2. 主动探索,寻求正确答案					
3. 其他同学回答问题时,自己也在积极思考					
4. 自主进行学习和活动的能力					
5. 在体验活动中感到快乐					
6. 经常记录和主动完成作业					
7. 愿意主动与同学合作					
8. 不会的问题经常请教老师和同学					
9. 愿意参与讨论,积极发言					
10. 积极与同学进行交流					
需要改进的意见与措施:					

表 7-8 "情感态度与价值观"目标维度下的俄语活动教学课堂活动评价

评价内容	优秀	良好	较好	一般	较差
1. 喜欢与教师共同研究活动计划					
2. 对课堂上的问题感兴趣					
3. 积极参与活动,采取多种方法解决问题					
4. 学习活动形式新颖,方法多样					
5. 主动参与学习活动					
6. 与老师的关系融洽、和谐					
7. 对新事物或有挑战的任务感兴趣					
8. 进行自我管理的情况					
9. 进行自我评价的情况					
10. 乐于参与学习活动,喜欢上课,及时完成作业					
需要改进的意见与措施:					

如表 7-5 所示,"知识目标"维度下的俄语活动教学课堂活动评价表设置了 7 项内容,分别对学生的语言知识、文化知识、知识运用等多个方面进行评价,此项评价旨在强化言语知识习得过程中活动的重要意义。活动教学除了要求学生在语音、语法与词汇构成的俄语语言知识体系方面具有比较扎实的语言基础和言语技能外,还注重学生的亲身体验,其课程内容并非只有书本上经过前人实践认证的经典文化传承的显性知识内容,更多的还有在活动过程中,随着活动的深入不断呈现的隐性知识内容,这同样是中学俄语活动教学课堂活动评价的重要内容。

如表 7-6 所示,"技能目标"维度下的俄语活动教学课堂活动评价表设置了 9 项内容,分别从言语技能掌握程度、言语技能实践运用以及不同情境中言语的迁移使用等方面进行评价,"技能目标"重点考查学生在实践中的综合语言运用能力。实践是获得言语技能的主要途径,言语实践要贯穿俄语学习的整个过程,加强课程的综合性、实践性,促进人才培养方式变革,突出对学科思维方法的领悟,重视探究式学习,加强"做中学、用中学"。强调以学生为本、能力为重,重视对学生学习能力、实践能力和创新能力的培养,重视俄语学习的实践性和应用性,培养学生的自主学习能力。从发展学生核心素养出发,围绕主题创设真实交际情境,开展多样化教学活动,激发学生的学习兴趣。

如表 7-7 所示,"策略与方法"目标维度下的俄语活动教学课堂活动评价表设置了 10 项内容,重点从探究、体验和合作交流等几个方面考查学生参与学习活动的状况。"策略与方法"是学生获得语言知识、形成言语技能以及在实践中综合运用语言能力的重要保障,是完成交际任务和解决问题的基础与前提,更是学生终身学习和发展的手段。因此,在进行中学俄语活动教学课堂活动评价设计时,应该深入领会学习策略和学习方法在中学俄语活动教学中的真正意义,采用恰当的方法和手段,对学生在俄语学习过程中所使用的方法和策略进行正确的评价。

如表 7-8 所示,"情感态度与价值观"目标维度下的俄语活动教学课堂活动评价表设置了 10 项内容,分别从学生的学习动机和情感态度等方面进行考核和测量。义务教育初中阶段俄语新课程关注学生核心素养的培育,为学生终身学习和发展奠定基础;积极倡导活动教学的方式,力求改变偏重语言知识讲授、忽视学生学习动机和情感态度培养的做法。俄语活动教学有利于激发学生的学习兴趣,让学生在获得语言知识和言语技能的同时,激发对语言学习的热情以及参与学习活动的积极性,形成正确的价值观。学生的情感态度是激发和维持个体参与学习活动,并促使自身朝一定目标努力的内部心理状态,是推动学生进行学习的内在动力。所以考查学生参与学习活动的动机和情感态度是整个评价设计的重要环节。学生对待新事物和具有挑战性问题的态度、参与学习活动的积极性与学生的情感态度直接相关。新颖的课堂教学形式和灵活多样的学习活动是帮助学生获得优异成绩、激发学生学习兴趣的直接因素。

综上,中学俄语活动教学内容多元化评价研究正是基于活动课程的教育理念,努力改变传统外语教育中教师传授－学生被动接受的局面,使中学俄语学习成为教师指导下学生主动建构知识、训练技能以及发展个性品质的过程。为了适应俄语活动教学目标的基本要求,本项研究对评价内容进行了多元化设计。从上面几个列表中可以看出，活动教学内容评价设计的整个过程是围绕教学目标四个维度来进行的。中学俄语活动教学评价从学生发展的角度出发，坚持以活动促发展的理念。当然，在课堂评价设计中也存在需要改善的方面，比如指标体系内容测量者在等级程度把握方面有较大的困难，所以为了更好和更客观地进行评价，对测量者进行必要的培训和指导是评价实施必不可少的环节。

2. 评价方法的多元化设计

活动教学评价以俄语课程核心素养目标为依据，把学生参与学习活动的表现作为对象，准确把握学生的学习状况。新课标鼓励加强过程性评价，教师应对学生的学习过程进行观察、记录与分析，在分析的基础上形成科学的评价。突出评价的激励和诊断功能，努力实现以评价促进学习、促进学生全面发展的作用。传统俄语教学评价方法比较单一，多采用纸笔测试，考察的重点通常是语言规则的掌握程度，而学生学习过程、学习努力程度和参与学习活动的情感与态度往往被忽略。因此，要综合运用多种评价方法，增强评价结果的全面性和科学性，注重提高学生参与学习活动的积极性和自信心，关注学生在活动中表现出来的兴趣和价值观念。俄语活动教学课堂评价兼顾俄语教学的四个目标维度，重点考查学生知识与技能的掌握和实践运用程度、学习方法与态度以及在参与学习活动中表现出来的情感及价值观念。坚持评价方法多元化的基本原则，在评价的使用操作中要做到以下两个结合。

第一，坚持量化评价与质性评价相结合。量化评价一般将课堂学习活动分解成若干不同的要素，运用观察量表进行记录并分析。在进行课堂学习活动的观察时，观察者往往借助事先选好的观察工具对需要的信息进行记录。观察工具的设置和科学使用非常重要，它能帮助观察者完整、准确地记录课堂活动中学生和教师的言语及行为状况。在进行评价结果分析时，结合学生参与学习活动的行为表现，综合分析，得出结论。质性评价方法的目标在于对评价信息的收集、整理，并以非数字的形式呈现评价的内容与结果。观察、访谈、自我评价等都是重要的质性评价方法。俄语活动课程坚持量化评价与质性评价相结合的方式，符合目前我国中小学教育质量综合评价改革的总体目标，以建立体现素质教育要求、以学生发展为核心、科学多元的质量评价制度为宗旨，改变单纯以学生学业考试成绩和学校升学率评价中小学教育质量的倾向，促进学生全面发展、健康成长。

第二，坚持形成性评价与终结性评价相结合。形成性评价是相对于传统教学终结性评价而言的。所谓形成性评价，指对学生日常学习过程中的表现、所取得的成绩，以及所反映出的情感、态度、策略等方面的发展做出的评价，是基于对学生学习过程的持续观察、记录、反思而做出的发展性评价。评价的目的是激励学生学习，帮助学生有效调控自己的学习过程，使学生获得成就感，增强自信心，培养合作精神，因此鼓励评价者从发展的角度看待学生的学习行为。在课程实施过程中，形成性评价具有明显的反馈功能，对活动课程设计的调整和决定有着十分重要的意义。在评价过程中通过连续不断的记录和观察，学生学习情况及课程信息能够及时得到反馈，以便调整接下来的活动设置和组织工作，使学习活动始终处于优良的状态之中，保证学习活动的顺利进行，并取得优异的效果。而终结性评价是对教学目标的完成情况进行评价的一种方式，是在教学活动结束后为判断其效果而进行的评价。一般来说，一个单元或一个学期教学结束后对最终结果所进行的评价都可以说是终结性评价。科学地对学生进行学业质量评价，两种评价方式有机结合才能充分发挥评价的正确导向作用。表 7-9 是本项研究针对活动教学课堂评价提出的一些常用的评价方法。

表 7-9　俄语活动教学课堂评价方法

评价方法	评价建议
课堂观察	借助观察测量工具，观察并记录学生在课堂上参与学习活动的状态及表现；在评价时做到量化评价与质性评价相结合，使评价结果更加准确
纸笔测验	纸笔测验是书面形式的测验方法，主要侧重评价学生在学业知识方面学习成就的高低或在认知能力方面的发展程度，评分较为客观，评价方法快速，是一种有效的学业评价方式

续表

评价方法	评价建议
实践报告	实践报告是课堂教学的拓展和延伸,是培养学生实践能力和综合素质的重要途径,对学生实践报告的评价应重点关注学生参与实践活动的准备情况、实施过程和活动带来的收获
座谈讨论	通过与学生面对面座谈交流的方式,了解学生的学习状况,发现问题,改进教学方法,促进学生发展
自评互评	鼓励学生自评和互评是让学生主动参与活动、亲自实践和体验学习的一个过程,通过自我评价和小组互评,让学生在思考、判断对错的过程中,巩固所学知识,能够使学生在和谐友好的气氛中交流经验,分享收获。
学习档案	通过书面或电子方式记录学生在学习过程中所做的努力、取得的成绩和存在的问题,为评价参考和学生自评提供数据来源,激发学生主动参与活动的积极性和学习热情。
问卷调查	通过问卷调查方式帮助教师全面了解学生的学习行为和态度,也可以通过问卷调查了解学生家长对学校和教师教育教学方式的看法,有助于教师反思教学过程,促进教学改革。

俄语活动教学评价应关注评价方法的合理性和多样性,要采用多种方法收集和整理学生课堂学习和课外活动的相关信息,也要对各种评价方法的效果进行分析比较,以提高评价的有效性。表 7-9 中介绍了几种常见的评价方法,以及几种特别容易被教师们忽略的方法,如自评和互评、实践报告、学习档案等方法都值得教师们认真研究,在实践中广泛使用。俄语活动教学评价应该反映学生在学习过程中的表现,帮助学生认识自己在学习方法上的优点和不足,起到激励学生学习的作用,帮助教师诊断学生在学习中存在的困难,及时调整和改善课堂教学过程。为了改变过去单独由教师评价学生的状况,提倡适时采用学生自我评价、小组互评等形式,激励学生的内在兴趣和动机。自我评价是一个自我认知、自我分析和自我提高的过程。学生通过自觉总结学习活动中的经验教训,在此基础上进行自我监控、自我管理和自我完善。自我评价旨在发展学生参与学习活动的自主性和创造性,同时也是学生主体性发展的重要途径。小组互评和师生互评也是课堂评价的重要途径之一,小组互

评和师生互评有利于从多个角度去观察和评价学生的各种表现，从而恰当地评价学生的优缺点，让学生从评价的被动接受者转变为评价的积极参与者，帮助学生及时有效地调控自己的学习过程，从中获得成就感和自信心。实践报告是课堂教学的拓展和延伸，是培养学生实践能力和综合素质的重要途径。俄语活动课程的实践报告可以是针对某一语言现象的调查研究，也可以是对一些相关概念或问题的扩展研究。学生们经过观察、分析、比较与总结，积累了经验，巩固了所学知识，拓宽了视野。建立学习档案，对于教师而言是对学生进行评价及持续管理的有效方式。课堂评价的结果可以通过档案袋的形式记录下来，以便更好地展示学生的动态发展过程，体现学生在学习过程中所做的努力、所取得的进步以及所获得的学习成果。学生之间可以相互学习和借鉴，教师可以及时予以肯定，使评价活动成为学习过程的有机组成部分，这既促进了学生的发展，又利于教师进行教学反思。档案袋通常可以包括以下几个方面的内容：学习行为记录，如课上参与朗读、朗诵、回答问题和角色扮演等情况的记录；学生的书面作业样本；图片或多媒体制作成果；教师对学生学习情况的课堂观察评语；学生对课堂学习的自我评价与反思以及其他同学的评价和评语等。

总之，进行俄语活动教学评价设计是中学俄语活动课程研究的重要组成部分，活动评价设计是活动课程得以顺利实施的重要保障。活动教学评价设计不仅要保证俄语课程实施过程的活动特征，而且特别强调应该通过活动的方式，达到最终实现学生语言能力、认知能力与人文素养最大化发展的要求，促进学生形成正确的态度和价值观。中学俄语活动教学评价以形成性评价为主，坚持质性评价与量化评价相结合的原则，注重对活动过程的评价，使评价成为俄语学习活动的重要组成部分。中学俄语活动教学评价突出俄语学科特点，与俄语新课程标准和学业质量标准保持高度一致，重点关注学生语言能力、文化意识等方面的发展。除此之外，评价注重对日常学习和活动过程的观察、监控与记录，关注学生的个性特征、学习效果和发展潜能。

第八章　俄语活动课程研究与教学实践的启示

当今社会，科学技术发展迅速，网络新媒体广泛普及，人们生活、学习、工作方式不断改变，儿童青少年的成长环境发生了深刻变化，人才培养面临一系列新挑战，我国义务教育也面临诸多新的考验。义务教育是由国家统一实施，所有适龄儿童、青少年必须接受的教育，是国家予以保障的公益性事业。党的十八大以来，以习近平同志为核心的党中央坚定不移实施科教兴国和人才强国战略，大力推进教育领域综合改革，加速推进教育现代化。十九大明确提出建设教育强国是中华民族伟大复兴的基础工程，必须把教育事业放在优先位置，深化教育改革。2018年全国教育大会上，习近平总书记和李克强总理在讲话中发出了加快教育现代化的动员令，为办好人民满意的教育做出了全面部署。

为深入贯彻党的十九大精神和全国教育大会的部署，深化教育教学改革，2019年中共中央、国务院颁布《关于深化教育教学改革全面提高义务教育质量的意见》（以下简称《意见》）。《意见》提出了深化教育改革的基本要求：树立科学的教育质量观，构建德智体美劳全面培养的教育体系；健全立德树人落实机制，着力在坚定理想信念、厚植爱国主义情怀、加强品德修养、增强综合素质上下功夫；坚持全面发展，为学生终身发展奠基，让学生成为生活和学习的主人。《意见》还特别提出提高课堂教学质量的实施办法：优化教学方式，引导学生主动思考、积极提问、自主探究，探索基于学科的课程综合化教学，开展研究型、项目化、合作式学习等。党和国家的教育发展方针明确了加快推进教育现代化的指导思想，为基础教育课程改革提出了发展方向和育人理念：以德育为先，全面发展，关注素质教育，培养学生实践能力。由此可见，坚持科学发展观，关注课程的社会及文化功能，认识和反思课程发展的人文价值，深化育人方式改革已经成为时代发展的需要。义务教育课程标准的修订完成是我国教育适应发展的重要成果之一，也是基础教育改革工作重心由规模发展向内涵发展转变的重要标志之一。

俄语活动课程研究与教学设计以辩证唯物主义实践认识论和人文主义教育思想为指导，吸收了国内外各种先进课程理念，旨在为我国基础教育俄语课程与教学实践提供参考和借鉴。俄语活动课程的产生既是对活动教育理论的提炼与升华，同时也是对现代俄语课程与教学实践的反思，为我国外语活动教学设计提供了可操作的参考框架。作为现代课程理念和方法论体系的综合，俄语活动课程与以往的课程体系相比，更加关注人的发展，关注学生主体性和潜能发展。俄语活动课程充分体现了以人为本的教育思想，课堂教学活动以培养学生的自主探究和实践能力为重点，活动课程设计以学生主体性的发展水平和特点为依据，遵循个体发展规律，符合现代课程与教学的目标要求。由于我国基础教育俄语教学研究长期受到传统知识观念的影响，主体教育思想没有得到应有的重视，未来的俄语活动课程研究领域还面临许多问题。

一　加强课程基础理论研究

基础理论研究的不足是俄语活动课程实践环节缺少系统理论指导的主要原因。长期以来，我国学者在活动教育研究领域过多重视理论批判，缺少实质性的基础理论建构，尤其是关于活动课程的基础理论研究，目前很多学者仍偏重于对教育理论的分析。学者往往擅长运用思辨的方式寻找问题存在的原因，一旦涉及教育内部问题时，就显得力不从心，从而出现理论研究与问题解决脱节的现象。教育与课程的问题十分复杂，因此在寻求理论帮助的同时，应该更多地关注如何解决问题。理论基础是解决问题的根基，从理论中找到问题解决的途径是进行理论研究的宗旨和目标。在这一方面，俄罗斯教育哲学领域的系统活动观、言语活动

第八章
俄语活动课程研究与教学实践的启示

理论以及西方国家的人文主义教育思想为本研究开辟了新的视角，提出了解决问题的路径。俄语活动课程研究离不开活动理论的指导，活动理论结构系统及其实践应用成果为俄语活动课程研究提供了可参考的总体纲领，同时也对活动课程研究起到规范作用。俄语活动课程的研究与实施是一项系统工程，要在科学的理论指导下进行。俄罗斯言语活动理论奠基人列昂捷夫和维果茨基等的研究成果为俄语活动课程的研究与设计提供了科学指导，俄罗斯当前的外语课程改革经验从不同的视角给予俄语活动课程研究很大的启示。

人文主义教育思想强调关注人的发展潜能和价值，认为最成功的学习不是静态的知识学习，而是掌握获得知识的方法。进步主义教育思想综合了经验主义和自然主义的教育观点，主张知识起源于经验，经验是在人与外界的交往和互动中形成的，教育的成功之处在于让儿童学会主动参加实践活动，在实践活动中获得经验、发现问题和解决问题。此外，教育者要始终坚信学生拥有巨大的潜能，在课程设计中注意学生的个性化特征，充分发掘每个人的优势。追求成功是学生的精神需求，教师的责任是运用激励的手段，促使学生产生内驱力。元认知理论启示人们，多次的成功体验可以转化为学生想要成功的认知动力，学生只有在实践活动中才能不断提高自我认识和自我教育的能力。

总之，教育基础理论是从事俄语活动课程研究的指南，是活动课程理论建构的重要内容。研究发现，中学俄语课堂上许多令人不解的现象都是教师教育基础理论薄弱造成的。俄语活动课程的实施首先要求教师改变传统的教育观念，这样才能把先进的课程与教学理念运用到教育实践中。在课程实施过程中，教师的方法和引导非常重要，教师的言语和行为直接影响学生学习活动的结果。众所周知，认知本身是一个最令人感到神奇的过程，激励性的评价能激发学生高昂和持久的兴趣。事物的本质和事物之间的相互关系、人所创造的一切都包含着无穷无尽的兴趣源泉。然而这种兴趣的源泉往往隐藏在深处，需要教育工作者去发现，这一切都离不开基础理论的指导。这里所说的基础理论，其实就是能够使人们观念发生变化，能够从根本上改变人的思考方式和行为方式的思想观念。

二 推进活动课程实践探索

任何一种新教育理念,都有其存在的意义和历史渊源。俄罗斯个体发展指向的现代基础教育课程实施模式既保留了对传统范式的继承性,又具有新时代的开创性,不仅为我国基础教育俄语活动课程研究提供了可以参考的理论指导,更让教育工作者看到了实践方面的可操作性。在实践应用研究中,俄罗斯外语活动课程丰富的案例为我国俄语活动课程的设计与体系建构提供了可参考的实践框架。俄罗斯外语活动课程体系建立在对言语活动理论的研究与实践探索的基础上,在活动内容、主题设计中充分考虑了中学生心理发展的规律和个性特征。由于外语活动课程的设计与实施是一个十分复杂的过程,加之在课程实施中存在许多不确定性因素,对俄罗斯活动课程体系的研究及案例分析就显得非常重要。为了进一步探讨俄罗斯基础教育活动课程的实施情况,为我国中学俄语活动课程寻找到一条既科学又可行的路,研究者先后走访了多所俄罗斯国际语言学校和中小学外语课堂,实地考察并记录了基础教育活动课程实施的状况。当前,我国基础教育课程改革正处在关键阶段,理论与实践相结合、建构科学的活动课程实施模式是今后研究的重心和难点,也是我国现代基础教育课程改革迫切需要解决的重要问题。从目前的研究成果中可以看出,活动课程领域的研究多集中在论证课程实施的可行性和必要性上,但是课程的可操作性研究却不多见,因此课程理论研究与教学实践脱节是我国目前课程改革研究面临的主要问题。

为了加强俄语活动课程的实践应用研究,更好地指导教学实践活动,有效实现活动课程的价值,本项研究从活动课程的设计和实施入手,根据俄语课程核心素养的培养目标,重新规划设计了中学俄语活动教学目标体系。遵循理论联系实际的基本原则,进行了义务教育初中阶段俄语活动教学的内容主题化设计、实施过程的系统化设计以及课堂评价的多元化设计。本项研究旨在探索适合中学俄语活动课程的发展路径,但是受研究条件和本书篇幅所限,一些关于实践应用的问题在本书中没有呈现，还需要进行进一步的应用探究及数据分析。但是有一点是所有研究人员必须面对的问题，那就是只有立足于课程与教学实践上的应用研究，才能解决存在的问题。课程改革的组织者和倡导者面对新课程实施中存在的问题经常不知所措，他们对教育教学研究成果的渴望是研究人员难以想象的，这或许就是研究人员在艰难的探索中继续前行的动力。所以说，课程与教学要改革和发展，就必须面对现实问题，加强教育实践研究。

三　关注学生人文素养教育

关于人文素养，目前学界还没有统一的界定，通常所说的人文素养一般指一个人自身具有的基本品格和对待人生与世界最基本的态度，以及可以正确处理自身在社会中与他人关系的一种能力。人文素养是学生素质教育中的重要内容之一，俄语学科对培养学生人文素养肩负着重要的使命和责任。将人类的优秀文化知识通过课程与教学渗透进学生的人格，内化为学生思维言行中的信仰及价值观，这既是俄语学科本身的教学目标之一，也是当前俄语教学改革的需要。然而在俄语教学改革的呼声越来越高涨的今天，基础教育俄语教学依然停留在以教材提供的文本为中心的解读方法上，依然以解题能力的培养为主要目标，将学生当作一种完全被动的对象，忽视了对学生的关注，以及对学生的主体性教育和对学生人文精神的培养。

我国义务教育阶段和普通高中的俄语课程标准都强调了俄语课程内容中人文性与实践性的特征，提出俄语课程坚持以立德树人为根本任务，以培养学生的俄语学科核心素养为目标，充分发挥俄语课程的育人功能，使学生形成良好的语言能力、文化意识、思维品质和学习能力，树立正确的世界观、人生观和价值观，成为具有家国情怀、国际视野和跨文化交际能力的人。由此可见，语言能力和人文素养作为俄语课程目标的两个方面，缺一不可。为了满足国家经济文化建设需要，基础教育俄语课程被赋予了更多的人文意义和社会意义。人文素养是全人类文化所体现出的最根本的精神。它综合了一个人的价值观念、情感态度、理想信念、意志品质等，人文素养的培养是我国基础教育的一项重要任务。俄语作为国际社会中的重要交际语言，其背后承载了深厚的价值观念及思想文化。学生在努力学习俄语的过程中，通过真实语言情境中的言语活动，实现由学习语言知识向获取语言能力转变的同时，逐步形成稳定的思想情感、态度信念和意志品质。思想一般指人对事物的看法、理解和认识，而情感则指人对周围世界的态度。思想情感在人文素养中居于核心位置，决定了一个人的行为方式以及世界观和价值观的形成。因此，教师在教学中应该不断挖掘课程内容的主题意义，采用适当的方法激发学生积极的情感体验。俄语活动课程"情感态度与价值观"目标维度的设计应符合人文素养教育的总体目标，值得进一步探索理论与实践研究的方法和路径。

四　强化学生积极情感体验

我国基础教育俄语课程实施中存在许多"教师无视学生"的现象。教师不关注学生的知识接受情况，忽略学生的情感体验，甚至完全无视学生的存在。苏联著名教育家苏霍姆林斯基十分反对这种无视学生的行为，他认为教育如果没有学生的积极参与，那么知识只能是知识，事实只能是事实，知识和事实本身永远无法转变成信念。俄语活动课程强调学生主体参与活动的积极性，活动课程设计要尊重学生的个性发展，鼓励学生与教师一起积极参与活动课程实施的各个环节。17世纪德国著名哲学家莱布尼茨留下了一句至理名言："世界上没有两片完全相同的树叶。"研究发现，不仅自然界中没有两个完全相同的事物，人类社会中也没有完全相同的个体。活动课程的设计与实施要重视学生的个性发展，尊重学生的身心发展规律和个性差异，这些是进行俄语活动课程研究与设计要遵循的基本原则。研究还发现，有的学生成绩不好，尽管老师们想尽办法，但是收效甚微。即使这些学生有所改变，也往往坚持不了多久，很快又恢复到了原来的状态。这是一项非常值得研究者关注的课题，在现代高度发达的社会经济条件下，学生的问题多半不是智力因素导致的，情感、兴趣、态度等因素对学生学业的影响至关重要。

人类的大量学习行为，可以在没有任何明确学习意向的情况下偶然发生。但是，要想进行长期有意义的学习，学习动机是必要的。动机并不能直接进入认知的相互作用过程，而是通过加强努力、集中注意力来影响认知发展过程。学习兴趣是一种带有情绪色彩的认识倾向，它以认识和探索某种事物的需要为基础，是一种推动人去认识事物、探求真理的重要动机，是学生学习中最活跃的影响因素。有了学习兴趣，学生才会产生主动参与学习活动的积极性，并生成良好的情感体验。在学生的认知过程中，情感、动力以及兴趣等因素作为认知过程的动力－调节系统，虽然不直接介入认知加工过程，但是却以动力的形式存在，调节学习活动的进行，是引起学生学习行为并促使能力发展的内驱力。情感产生兴趣，兴趣决定态度，这些非智力因素往往是推动学生积极参与学习活动的内在原因和动力。学习的心理需求、学习的信念以及学习兴趣等构成了学生主动学习的动力系统。

此外，有研究发现，学生参与活动的成就感也是影响学生学习效果的重要因素。众所周知，行为主义教育家在研究学习过程时曾经提出过许多活动学习规律，如学习的准备律、练习律以及效果律等，直到现在对俄语学习仍然有较高的借鉴价值，这里尤其值得关注的是学习的效果律。效果律类似于人们常说的成就感，成就感是学生不断努力和参与学习活动的最大动力，所以在设计活动课程时，使学生尽可能多地获得成就感是必须要考虑的主要因素。中学阶段正是学生各项心理和生理机能发展的高峰时期，活动课程的设计应充分考虑学生的年龄特征，把俄语的认知学习同各种丰富多彩的活动形式结合起来，以激发学生学习俄语的兴趣，促进正确学习动机的形成和发展。学生参与言语活动时往往带有较强的主观性，所以在进行俄语活动课程设计时，尽可能地避免教师过多的干预，充分调动学生的主观能动性，让他们主动参与活动设计的全部过程，包括活动主题的选择、目标的确立、过程的设计以及活动反馈等。

五　努力完善学生知识结构

华东师范大学钟启泉教授曾经总结了知识习得的三种内涵:"知识习得是学习者的经验合理化,而不是记忆事实;知识习得不是被灌输,而是学习者的主动建构;知识习得是学习者与他人互动和磋商而形成的共识。"① 知识的三种习得路径符合中学俄语活动课程基本理念,也是俄语活动教学设计的出发点。知识的学习不是被动的认知,而是学生积极主动的建构过程。学生语言能力的发展不是依靠对知识的简单记忆,而是在与他人合作交流的实践活动中不断形成和提高的。外语学习是一个复杂的心理认知过程,自20世纪中叶心理语言学这门学科诞生以来,人们越来越关注语言学习者的心理机制问题。从本质上来说,知识的习得过程是心理机制不断完善的过程。

按照皮亚杰的发生认识论,知识习得就是学习者头脑里的动态知识结构不断完善的过程。认知结构在学习过程中通过同化作用,不断扩大并获得改善,学习者认知结构的发展过程就是知识不断积累的过程。认知结构得以改善的主要动力来自学生积极参与学习活动,在学习活动中通过同化与顺应使自身知识结构不断发展。学生参与活动的方式和程度决定了认知结构的形态。俄语学习者语言知识结构的形成在很大程度上取决于参与学习活动的方式,外语学习过程就是建立新旧知识联系的过程。当然,在这种个体意义的建构过程中,同样还存在社会意义上的建构,按照维果茨基的知识获得的文化历史观,在进行外语学习时离不开目的语国家的社会文化背景,学生在建构自己认知结构的同时,不断地接收来自外部社会文化的信息,学生的认知结构正是以此为基础不断向前发展的,无论是哪种形式的建构过程,都离不开人与人之间的互动交流。

研究人员在进行自主-互动教学模式研究以及关于"知识架构"的课堂观察统计时发现:课堂上教师由于过于重视对学生进行俄语"语言形式"方面的训练,而忽略了学生语言能力以及综合素养的培养。学生

---

① 钟启泉:《课程的逻辑》,华东师范大学出版社,2008,第188~189页。

每天都在大量练习俄语动词的变位和名词变格，缺少语言应用的情境，这种学习相当于无意义学习，从长久发展来看，无意义学习不利于学生认知结构的良性发展，无法帮助学生建立起合理和优化的知识结构。在传统的课堂上，即使教师使用了某些"刺激"手段来激发学生学习的兴趣，然而学生在长期的无意义学习中也会慢慢失去兴趣。所以，知识的生成并不是简单的事情，而是要通过学生主体间的交互作用来建构，也就是说，人是在社会文化情景中接受其影响，通过直接跟他人的交互合作，来建构自己的知识结构。

合理的知识结构对于学生未来的发展具有重要意义。要想科学改善学生认知结构，就要改变传统的知识观念。知识是一种动态的、开放的系统，知识的习得是一个互动交流与文化体验的过程，是个体同周围世界的互动过程，在这个互动过程中，学生通过与其他人的沟通合作来促进自己的学习。教师只是课程与教学的管理者，是互动活动的参与者和课程实施效果的反思者。

六 完善课程质量保障体系

当前我国新一轮基础教育课程改革已经开始，如何保证俄语活动课程顺利进行并取得实效已经成为一项重要课题。基础教育活动课程实施的质量保障体系总体上可分为内部保障机制和外部保障体系。内部保障机制主要指教育机构本身的管理体制、教学管理条例、师资队伍建设等。外部保障体系通常指行政主管部门的规章制度保障。1996年全国首次活动课程研讨会召开后，全国12个实验区陆续确定，活动课程研究也取得了一定的发展。然而，直到现在，我国活动课程的理论和实践研究仍处在起步阶段，关于活动课程保障体系的研究更是匮乏。那么，如何制定有效的保障措施和制度，使活动课程实施成为一个良好的运行系统，这是未来教育研究者不可推卸的责任与义务。在这方面，俄罗斯、美国以及日本等教育发达国家的活动课程发展经验是进行本项研究的重要参考，例如俄罗斯基础教育课程实施中的国家、地方和学校三级管理与保障体系，美国中小学生的社区教育管理制度，以及日本的地方课程开发和地方课程标准等。这些课程质量保障的管理经验都值得深入研究。

俄罗斯基础教育中，学校管理权归属于地方教育主管部门。地方教育主管部门每年都要联合当地的师范院校或教育科研部门对中小学校进行联合检查和测评，并定期举行师资培训活动或教学研讨会，教育的地方自治管理规定为基础教育课程改革提供了更加广阔的空间，更有利于课程的管理、监督以及师资培训。我国基础教育课程地方管理在近些年来有所加强，多个省份建有基础教育地区管理与质量监测平台，加大了对课程质量的监督与管理力度，定期举办不同层面的师资培训活动。然而，由于课程监督和管理并没有形成规模与制度，教学实施与管理中遇到的一些实际问题通常无法得到妥善解决。

俄语活动课程实施中的质量保障体系建设，包括基础教育各阶段外语活动课程一体化建设方案，以及基础教育外语活动课程学校、地方和国家的三级保障机制建设和评估方案。俄语活动课程发展规划的制定建立在理论和实践研究基础上，研究的重点在于建构各阶段相互衔接的活动课程体系。完善的课程保障体系是决定课程改革成败的关键因素，深化基础教育课程改革的重要目标就是要把正确的理念贯彻到教育教学实践中，只有这样才能促进课程改革，预期的改革目标才能变成现实。中学俄语活动课程的实施具有系统性和连续性特征，人才的培养是一个连续的过程，加强课程实施管理、构建完善的质量保障体系是课程有效实施的关键。

七　实施优质课程资源开发

在现代外语教学过程中，教育工作者越来越多地使用各种信息化教学手段，以提升学生独立获取信息的能力。收集信息、提出假设、进行推理和得出结论——这是现代基础教育对学生学习能力培养提出的要求。根据现代教育的规律和特点，教师不再局限于传统教育范式下的经典讲授，而是选择合适的方法手段，组织教学活动，最大限度地满足学生个体发展的目的。所以说，现代学校教育应该积极创造条件，促进学生个体发展和自我实现，为终身学习打下基础。课程资源的开发利用

第八章
俄语活动课程研究与教学实践的启示

是我国基础教育课程改革的重要内容之一，也是实施活动课程的必备条件。改变传统的教学观念、突出学生的主体地位是活动课程资源开发的重要原则之一。优秀的俄语课程资源有利于提升学生自主学习能力。中学俄语课程资源开发对教师提出了更高的要求，即教师要改变传统教学中"教师是教学活动中心"的观念，开发出适合学生的课程资源，促进教学目标的实现。

传统意义上的课程资源通常指学校图书馆、资料室、实验室等一系列能够为学生学习提供信息的主要渠道。然而随着社会信息化程度的逐步加深，这些传统形式的信息资源已经远远不能满足现代社会条件下儿童和青少年成长的需要。多媒体技术和网络平台的广泛普及为研究人员进行课程资源开发提供了宝贵的技术支持。然而，调查研究发现，基础教育中学俄语网络课程资源缺失的问题非常明显。研究人员曾经于2021年12月对国家教育资源公共服务平台做过一次调查，统计了平台上的课程资源情况。统计结果显示：在众多的网络课程资源数据中，只有43项与俄语课程相关，而其中基础教育俄语课程更是寥寥无几。[①] 现代课程理念主张改变人们忽略课程资源开发的态度，引导教育工作者走出僵化的思维，转变课程观念。课程资源开发的宗旨是把学科、学生、生活和社会资源进行有机整合，学生的生活及其个人知识、直接经验等都将成为课程资源开发的基础和依据。课程资源由课堂延伸至课外，由学校延伸至社区和所在的地区，学生所处的社会环境和自然环境都开始成为学习探究的对象，成为学习的课堂。为此，应积极引导和调动学生、社会力量参与课程资源开发，尤其要鼓励和发动学生自己动手开发课程资源，培养学生的信息素养，重视利用现代信息技术推进资源建设，努力运用课程资源促使学生改变传统的学习方式。增强学校、地区之间课程资源的共建、共享意识，构建开放、协作的课程资源平台，促进俄语教育的均衡发展。

综上所述，作为一种新的课程实施理念，"活动课程"是中学阶段

---

① 参见国家教育资源公共服务平台，网址为http://www.eduyun.cn。

俄语课程实施的首要方法论原则，是进行此项研究的立足点和出发点。中学俄语课程实施中活动教学设计的普遍缺失，是学生发展过程中自主性、创新精神匮乏的主要原因，而"活动"本身在课程实施中的缺失更多是由于人们的思想背离了现代教育理念，或者说是由于长期受到传统教育思想的禁锢，基于此，本项俄语活动课程研究旨在改变俄语课程研究与实践脱节的局面。在俄语活动课程研究中，研究人员通过调查研究、课堂观察和课堂实录等几种实证研究形式，采用定量分析与质性研究结合的方式，收集数据、分析现象，进一步验证了前面所做的研究假设，同时也发现了不少从前未被关注的中学俄语课程实施中存在的问题，如学生的语言知识结构问题、学生参与活动的主动性问题以及教师课堂上的教学话语类型等。

科学的研究方法是研究获得成功的关键和保障，现代教育与课程研究要求研究者深入被研究对象之中，进行观察研究，以便发现一些现实问题，找到解决问题的途径。希望本项研究在充实我国基础教育俄语活动课程理论研究的同时，能够联系实际，指导中学俄语活动课程的设计与实施。由于研究条件有限，以及研究内容涉及的范围较广，本项研究未能完全呈现一个完整的中学俄语活动课程研究过程，尚缺少实践验证，这将成为今后继续研究的课题。以研究者浅薄的力量很难做到完美，难免会有一些局部研究不够深入和不够细致之处，本项研究权且作为我国基础教育俄语活动课程研究的探路之石，为基础教育课程的有效实施尽一份微薄之力。

参考文献

中文文献：

B.A. 苏霍姆林斯基：《给教师的建议》，周蕖等译，申强校，长江文艺出版社，2014。

L.A. 巴洛赫：《合作课堂：让学生充满活力》，曾守锤、吴华清译，华东师范大学出版社，2005。

曾志：《西方哲学导论》，中国人民大学出版社，2008。

查有梁：《教育建模》，广西教育出版社，1998。

常丽：《从黑龙江省大学俄语教育现状调查结果谈提高学生外语自主学习的迫切性》，《黑龙江教育学院学报》2008年第10期。

常丽：《俄罗斯现代基础教育课程范式研究》，《外国中小学教育》2016年第4期。

常丽、高凤兰：《现代外语学习理论的哲学思考》，《黑龙江高教研究》2015年第9期。

陈厚德：《有效教学》，教学科学出版社，2000。

陈建华：《基础教育哲学》，北京大学出版社，2009。

陈树杰：《综合实践活动课程引论》，首都师范大学出版社，2010。

陈旭远：《课程与教学论》，东北师范大学出版社，2002。

陈佑清：《教育活动论》，江苏教育出版社，2000。

崔允漷、唐江澎主编《普通高中研究性学习案例研究丛书》，华东师范大学出版社，2004。

崔允漷:《有效教学》,华东师范大学出版社,2009。

戴维·拉泽尔:《多元智能教学的艺术——八种教学方式》,吕良环等译,中国轻工业出版社,2004。

但武刚:《活动教育的理论与方法》,华中师范大学出版社,2005。

杜建群:《综合实践活动课程理论与实践》,北京师范大学出版社,2014。

费·瓦·康斯坦丁诺夫:《马克思列宁主义哲学原理》,生活·读书·新知三联书店,1976。

冯锐:《基于案例推理的经验学习》,华东师范大学出版社,2012。

高凤兰、宁悦彤:《论俄罗斯心理语言学的言语活动观》,《东北师大学报》(哲学社会科学版)2010年第5期。

高凤兰:《俄罗斯心理语言学》,东北师范大学出版社,2011。

高凤兰:《俄语学习论》,黑龙江人民出版社,2008。

高凤兰:《论维果茨基心理语言学研究的哲学观》,《东北师大学报》(哲学社会科学版)2009年第6期。

高国翠、高凤兰:《波铁布尼亚的语言哲学观》,《外语学刊》2010年第5期。

高国翠:《俄语(РКи)词汇概念的认知心理分析及教学对策研究》,博士学位论文,东北师范大学,2011。

苟维东:《语文课堂中言语活动的建构——突出语言教学言语化的主体性》,《陕西教育》(教学版)2012年第12期。

谷素萍:《言语活动中的性别差异研究》,《文学教育》2010年第10期。

郭晓明:《关于课程模式的理论探索》,《课程·教材·教法》2001年第2期。

贺善侃:《实践主体论》,学林出版社,2001。

胡杰辉、张文鹏:《外语自主学习效果的形成性评价研究》,《广东外语外贸大学学报》2011年第2期。

黄光雄、蔡清田:《课程设计:理论与实际》,南京师范大学出版社,2005。

霍华德·加德纳:《多元智能》,沈致隆译,新华出版社,1999。

季银泉主编《小学课程设计与评价》,高等教育出版社,2015。

R.M. 加涅:《学习的条件和教学论》,华东师范大学出版社,1999。

贾爱武:《体验学习的理论基础及外语学习体验观》,《浙江工商大学学报》2010年第1期。

贾林祥编著《心理的模拟——认知心理学》,山东教育出版社,2009。

《教育部关于印发〈基础教育课程改革纲要(试行)〉的通知》,2001年6月8日,教育部网站,http://www.moe.gov.cn/srcsite/A26/jcj_kcjcgh/200106/t20010608_167343.html。

李臣之:《活动课程设计之构想》,《教育科学》1996年第4期。

李臣之:《综合实践活动课程开发》,人民教育出版社,2003。

李福印:《认知语言学概论》,北京大学出版社,2008。

李敏:《游戏与学习》,教育科学出版社,2010。

李为善、刘奔主编《主体性和哲学基本问题》,中央文献出版社,2002。

李秀伟:《唤醒情感——情境体验教学研究》,山东教育出版社,2007。

李雁冰:《主体性教育的课程观探讨》,博士学位论文,南京师范大学,1992。

连榕主编《认知心理学》,高等教育出版社,2009。

联合国教科文组织国际教育发展委员会编著《学会生存——教育世界的今天和明天》,教育科学出版社,1996。

梁海英、韩宝成:《整体外语教学中的意义表达活动及实施建议》,《现代外语》2021年第5期。

刘立军:《走向理解的课程评价》,中国社会科学出版社,2004。

刘旭菊:《启迪智慧—问题探究教学研究》,山东教育出版社,2007。

刘志雅:《思维心理学》,暨南大学出版,2005。

刘壮、韩宝成、阎彤:《〈欧洲语言共同参考框架〉的交际语言能力框架和外语教学理念》,《外语教学与研究》2012年第4期。

A.P. 卢利亚:《神经语言学》,赵吉生、卫志强译,北京大学出版社,1987。

卢梭:《爱弥儿:论教育》,李平沤译,商务印书馆,1978。

罗从志:《论康德批判哲学中的主体性思想》,《湘潭大学学报》(哲学社会科学版),1998年第3期。

吕立杰:《国家课程设计过程研究》,教育科学出版社,2008。

麻彦坤、叶浩生:《维果茨基最近发展区思想的当代发展》,《心理发展与教育》2004年第2期。

麻彦坤:《维果茨基对现代西方心理学的影响》,《华东师范大学学报》(教育科学版)2006年第3期。

马治国、孔彦:《教育学课程案例教学的基本理论问题研究》,《教育科学》2006年第2期。

麦克楠:《课程行动研究》,朱细文、苏贵民译,北京师范大学出版社,2004。

年玉萍:《语境:言语活动的型范——从鲁迅对语言的修改谈起》,《宝鸡文理学院学报》(社会科学版)2001年第3期。

彭聃龄、谭力海:《语言心理学》,北京师范大学出版社,1991。

彭文钊:《语言世界图景的知识系统:结构与生成》,《中国俄语教学》2008年第1期。

彭文钊:《语言世界图景和概念世界图景:投射与映现》,《解放军外国语学院学报》2009年第6期。

齐健等:《活动建构—创新教育的教学革新》,山东教育出版社,2004。

齐振海:《认识论探索》,北京师范大学出版社,2008。

布鲁斯·乔伊斯:《教学模式》,荆建华、宋富刚等译,中国轻工业出版社,2002。

秦晓晴:《外语教学研究中的定量数据分析》,华中科技大学出版社,2003。

曲雅静、赵宁、王秋:《论语言世界图景与民族个性》,《长春工业大学学报》(社会科学版)2008年第6期。

任伟伟:《杜威"活动课程"理论评述及启示》,《高等教育研究》2005年第1期。

邵志芳:《认知心理学——理论、实验与应用》,上海教育出版社,2013。

苏联国家教育委员会:《普通中等教育构想(草案)(上)》,杜殿坤译,

《外国教育资料》1988年第6期。

孙德玉:《课程改革与课堂教学》,安徽教育出版社,2007。

孙铜花:《试析语言、文字与文化的关系》,《俄罗斯文艺》2003年第5期。

田慧生、李臣之:《活动教育引论》,教育科学出版社,2000。

王德春:《论范畴化——指导语言学博士生纪实》,《解放军外国语学院学报》2009年第5期。

王光荣:《维果茨基与现代心理科学》,《西北师大学报》(社会科学版)2003年第5期。

王光荣:《文化的诠释——维果茨基学派心理学》,山东教育出版社,2009。

王海啸:《体验式外语学习的教学原则——从理论到实践》,《中国外语》2010年第1期。

王升:《主体参与型教学探索》,教育科学出版社,2003。

王有智:《学习心理学》,中国社会科学出版社,2010。

Л.С.维果茨基:《思维与语言》,李维译,浙江教育出版社,1997。

Л.С.维果茨基:《维果茨基教育论著选》,余震球译,人民教育出版社,2004。

熊梅:《小学综合实践活动设计与开发》,东北师范大学出版社,2006。

徐涛:《莫斯科语义学派的语言世界图景观》,《外语学刊》2011年第3期。

徐颖、高凤兰:《儿童概念形成的过程与语言的发展》,《东北师大学报》2011年第6期。

许高渝、赵秋野、贾旭杰、杜桂枝:《俄罗斯心理语言学和外语教学》,北京大学出版社,2008。

许高渝:《维果茨基和苏俄心理语言学》,《心理学探新》2001年第3期。

颜志科:《论隐喻与语言世界图景的建构》,《中国俄语教学》2010年第3期。

张秉平、郝普耀:《活动课程的评价研究》,东北师范大学出版社,1999。

张晶晶:《哲学转向与语言学转向——兼论现代汉语的取舍构式》,《兰州学刊》2011年第5期。

张萌、张积家:《维果茨基的心理语言学思想述评》,《华南师范大学学报》(社会科学版)2006年第1期。

张天宝:《主体性教育》,教育科学出版社,2001。

张廷凯:《新课程设计的变革》,人民教育出版社,2003。

张卫光:《中小学主体性教育》,人民教育出版社,2009。

赵爱国:《人类中心论视野中语言与世界的关系》,《外语学刊》2011年第5期。

赵爱国:《言语活动论学理形态及其特性浅析》,《中国俄语教学》2010年第3期。

赵秋野:《俄罗斯语言意识核心词研究综述》,《解放军外国语学院学报》2008年第1期。

《中共中央 国务院关于深化教育教学改革全面提高义务教育质量的意见》,中国政府网,2019.年7月8日,http://www.gov.cn/zhengce/2019-07/08/content_5407361.htm。

中华人民共和国教育部制定《普通高中俄语课程标准》(2020年修订版),人民教育出版社,2020。

中华人民共和国教育部制定《义务教育俄语课程标准》(2011年版),北京师范大学出版社,2012。

中华人民共和国教育部制定《义务教育俄语课程标准》(2022年版),北京师范大学出版社,2022。

钟启泉、李其龙、张可创:《研究性学习的国际视野》,上海教育出版社,2003。

张华:《经验课程论》,上海教育出版社,2000。

钟启泉、张华:《世界课程改革趋势研究》,北京师范大学出版社,2001。

钟启泉:《课程的逻辑》,华东师范大学出版社,2019。

朱小蔓、王平:《情感教育视阈下的"情感-交往"型课堂:一种着眼于全局的新人文主义探索》,《全球教育展望》2017 年第 1 期。

邹申、张文星、孔菊芳:《〈欧洲语言共同参考框架〉在中国:研究现状与应用展望》,《中国外语》2015 年第 3 期。

佐斌:《师生互动论——课堂师生互动的心理学研究》,华中师范大学出版社,2002。

外文文献:

Алексеев Н. Г. Проектирование и рефлексивное мышление //Развитие личности,2002(2).

Богуславский М. В. Преемственность и новаторство в развитии основных направлений современной педагогической науки России. М. : Академия, 2012.

Ворожцова И. Б. Личностно-деятельностная модель обучения иностранному языку. Ижевск: Удмуртский университет, 2000.

Выготский Л. С. Педагогическая психология. М.: Педагогика-Пресс, 1996.

Гальскова Н.Д.,Василева А.П.,Акимова Н.В. Методика обучения иностранным языкам. М.:Феникс, 2017.

Гальскова Н.Д.,Гез Н.И. Теория обучения иностранным языкам. М.:Иностранные языки, 2005.

Горлова Н. А. Методика обучения иностранному языку. М. : Академия, 2013.

Давыдов В. В. Концепция экспериментальной работы в сфере образования //Вопросы психологии, 1994(4).

Давыдов В. В. Теория развивающего обучения. М.: ОПЦ "ИНТОР", 1996.

Данилюк А. Я. , и Кондаков А. М. Концепция духовно-нравственного развития и воспитания личности гражданина России в сфере общего образования—Стандарты второго поколения. М. :

Просвещение, 2009.

Зимняя И.А. Компетенция и компетентность в контексте компетентностного подхода // Иностранные языки в школе. 2012(6).

Зимняя И.А. Личностно-деятельностный подход к обучению русскому языку как иностранному // Русский язык за рубежом, 1985(5).

Имакаев В. Р. Образование и ось времени. Философия образования и реформа современной школы. Пермь, 2002.

Имакаев В. Р. Феномен учительства в социально-философском и гуманитарно-проектном измерениях. Пермь, 2005.

Капитонова Т.И., Московкин Л.В., Щукин А.Н. Методы и технологии обучения русскому языку как иностранному / Под ред. А.Н. Щукина. 2-е изд. М., 2009.

Ковалёва Г. С. Состояние российского образования //Педагогика, 2001(1).

Леонтьев А. А. Психолингвистичесие основы обучения неродному языку. МОДЭК, 2001.

Леонтьев А. А. Психологические аспекты личности и деятельности // ИЯШ, 1978(5).

Леонтьев А. А. Язык и речевая деятельность в общей и педагогической психологии. Воронеж: НПО МОДЭК, 2001.

Ольшанский И. Г. Когнитивные аспекты лексической многозначности //Филологические науки, 1996(5) .

Омарова В. К. Современные парадигмы образования. Павлодар:Артест, 2009.

Прохоров Ю.Е. Социокультурные аспекты изучения русского языка: новые условия, новые потребности, новые модели. Русский язык за рубежом, 2012(3).

Рубинштейн С. Л. Основы общей психологии 2-е изд. СПб. :Питер,

2002.

Сорокин П.А. Социальная и культурная динамика: Исследование изменений в больших системах искусства, истины, этики, права и общественных отношений. – СПб.: ЗХГИ, 2000.

Степанова Е. Н. Личностно-ориентированный подход в работе педагога: разработка и использование. М. : Творческий Центр Сфера, 2010.

Тряпицына А.П. Педагогика：Стандарт третьего поколения.Учебник для вузов. СПб. :Питер, 2017.

Феделальный государственный образовательный стандарт основного общего образования，октябрь 2012，http://www.fgos-kurgan.narod.ru/norm_federal.htm.

Щукин А.Н. Компетенция или компетентность // Русский язык за рубежом. 2008(5).

Щукин А.Н. Современные интенсивные методы и технологии обучения иностранным языкам: Учебное пособие. М., 2008.

Эльконин Д. Б. Психологическое развитие в детских возрастах. М.: Институт практической психологии. Воронеж:НПО Модек，1995.

Якиманская И. С. Личностно ориентированное обучение в современной школе. М.：2012.

附　录

附录一　中学俄语活动课程实施情况调查问卷

尊敬的同学：

您好！

本次问卷是基于义务教育俄语课程中活动教学的基本理念，进行的一次初中阶段俄语活动课程实施情况问卷调查。我们拟通过此问卷对初中俄语活动实施现状进行调研，以期更好地推动俄语活动课程的有效实施。请您根据自己的真实情况作答，答案没有对错、好坏之分，您的真实回答具有非常重要的意义。本次调研的数据完全保密，请您放心作答，请勿漏题，谢谢合作！

在开始填写问卷前，请您仔细阅读以下说明：

1. 请按照问卷题目的顺序回答，不要遗漏任何一道题。
2. 请您独立完成问卷，不要与其他人商量。
3. 所有题目均为单选。
4. 回答完毕后请仔细检查，若有误答或漏答的情况，请及时更正。

再次感谢您的合作与支持！

一、基本情况

1. 您的性别：____。

   ○男　　　　　　　　　　○女

2. 您所在学校处于下面哪个位置？____。

   ○省会市　　　　　　　　○地级市

   ○县级市或县　　　　　　○乡镇

3. 您所在年级俄语学生人数是____。

   ○ 50 人以下　　○ 50~80 人　　○ 81~100 人

   ○ 101~120 人　　○ 120 人以上

4. 您所在学校俄语教师数量是____。

   ○ 3 人及以下　　○ 4~5 人

   ○ 6~8 人　　　　○ 9 人及以上

5. 您学习俄语总计时间为____。

   ○ 1 年以下　　○ 1~2 年　　○ 2~3 年

   ○ 3~4 年　　　○ 4 年以上

二、学生利用课外书籍和多媒体学习俄语情况

6. 您利用网络查找俄语学习相关资料的频率是？

   ○总是　　○经常　　○有时　　○没有　　○从未听说

7. 您阅读与俄语或俄罗斯有关的课外书籍的频率是？

   ○总是　　○经常　　○有时　　○没有　　○从未听说

8. 您利用俄语工具书查找俄语学习需要的相关资料的频率是？

   ○总是　　○经常　　○有时　　○没有　　○从未听说

9. 您利用课外书籍查找俄语需要的相关资料的频率是？

   ○总是　　○经常　　○有时　　○没有　　○从未听说

10. 您利用多媒体技术进行与俄语学习相关的制作，如网页制作、幻灯片制作或者图表制作等的频率是？

    ○总是　　○经常　　○有时　　○没有　　○从未听说

三 学生主动利用俄语进行交际运用情况

11. 您主动参加学校或班级组织的与俄罗斯学校学生进行的交流活动的频率是？
○总是　　○经常　　○有时　　○没有　　○从未听说

12. 您主动与俄罗斯学生进行电子邮件交流的频率是？
○总是　　○经常　　○有时　　○没有　　○从未听说

13. 俄罗斯学校的学生来你们学校或班级与同学进行交流活动的频率是？
○总是　　○经常　　○有时　　○没有　　○从未听说

14. 您与别人用俄语进行简单交流的频率是？
○总是　　○经常　　○有时　　○没有　　○从未听说

四 学生对待俄语课程的情感态度情况

15. 我非常喜欢学习俄语。
○非常符合　　　　○符合　　　　　　○不符合
○完全不符合　　　○不确定

16. 我希望每周能多上几次俄语课。
○非常符合　　　　○符合　　　　　　○不符合
○完全不符合　　　○不确定

17. 我不喜欢俄语课的课外作业。
○非常符合　　　　○符合　　　　　　○不符合
○完全不符合　　　○不确定

18. 俄语课的学习让我感到非常厌恶。
○非常符合　　　　○符合　　　　　　○不符合
○完全不符合　　　○不确定

19. 俄语课的学习与我的生活无关。
○非常符合　　　　○符合　　　　　　○不符合
○完全不符合　　　○不确定

20. 我希望将来能继续学习俄语。
○非常符合　　　　　○符合　　　　　　　　○不符合
○完全不符合　　　　○不确定

21. 俄语课的学习材料让我非常感兴趣。
○非常符合　　　　　○符合　　　　　　　　○不符合
○完全不符合　　　　○不确定

22. 俄语课堂上老师经常组织一些游戏活动。
○非常符合　　　　　○符合　　　　　　　　○不符合
○完全不符合　　　　○不确定

五　学生主动参与课内外教学活动情况

23. 在俄语课堂上你主动参加与俄语学习相关的游戏活动的频率是？
○总是　　○经常　　○有时　　○没有　　○从未听说

24. 你们学校或班级组织与俄语学习有关的话剧表演的频率是？
○总是　　○经常　　○有时　　○没有　　○从未听说

25. 您在学校或班级主动参加俄语歌曲、俄罗斯舞蹈等表演的频率是？
○总是　　○经常　　○有时　　○没有　　○从未听说

26. 您主动参加学校或班级组织的诗歌或其他形式的朗诵比赛的频率是？
○总是　　○经常　　○有时　　○没有　　○从未听说

27. 您主动参加学校或班级组织的与大自然或社会相关的调查活动的频率是？
○总是　　○经常　　○有时　　○没有　　○从未听说

28. 您主动参加学校或班级组织的与俄语相关的参观活动的频率是？
○总是　　○经常　　○有时　　○没有　　○从未听说

29. 您在俄语课堂上或者在课后按照教师要求进行画图或卡片制作的频率是？
○总是　　○经常　　○有时　　○没有　　○从未听说

30. 您参加学校或班级组织的俄语活动的频率是？
○总是　　○经常　　○有时　　○没有　　○从未听说

五　扩展开放题

请根据实际情况回答问题，把您的想法详细地写下来，我们非常感谢您的意见和建议。

31. 您是否喜欢老师在俄语课堂上进行的游戏、表演、朗诵等活动？老师经常进行哪些活动安排？请举例说明。

_____

_____

32. 您喜欢现在俄语老师上课的方式吗？为什么？

_____

_____

33. 您更喜欢什么样的课堂教学形式？请详细谈谈。

_____

_____

附 录

附录二 《外语课堂教学系统观察量表》

日期:（日月年）	观察者：	开始时间：	结束时间：
课程类型：	话题或任务：		
课段数：　　/	课节数：		
活动顺序：		小组活动录音：	（是/否）
班级人数：	年级：	学校名称：	
教师年龄：	性别：	教学年限：	受教育程度：

课堂架构	学生座位安排选项	1.单行排列 2.双行排列 3.席地环绕 4.圆桌形式 5.其他			
	课段	1.独白讲授		8.座位上的个人活动	
		2.三话轮互动		9.教师主导全班演示	
		3.全班提问与讨论		10.学生个人演示	
		4.配对活动		11.配对演示	
		5.小组活动		12.测验	
		6.小组演示		13.语言实验室	
		7.齐声重复朗诵		14.其他	
	课堂话语类型选项赋值	1.课堂组织话语（　）%			
		2.课堂规约话语（　）%			
		3.应试技巧话语（　）%			
		4.课堂教学话语（　）%			
		5.课堂闲话（　）%			
	学生参与程度选项赋值	1=25%	2=50%	3=75%	4=100%
	课堂氛围选项赋值	1=不活跃	2=比较活跃	3=活跃	4=很活跃

续表

课堂架构	互动空间选项赋值	1=无	2=比较大/多	3=大/多	4=很大/多
知识架构	话语控制选项	1.教师控制　2.学生控制　3.师生共同控制			
	教师工具选项	1.课本　2.练习册/题集　3.课外读物/视听材料　4.黑/白板　5.实物　6.幻灯片　7.投影仪　8.互联网　9.多媒体设备　10.其他			
	学生工具选项	1.课本　2.练习册/题集　3.课外读物/视听材料　4.黑/白板　5.实物　6.幻灯片　7.投影仪　8.互联网　9.多媒体设备　10.其他			
	语言教学焦点选项赋值	1.语言形式（　）% 2.语言功能（　）% 3.语言使用（　）% 4.交际策略（　）%			
	学生语言技能选项	1.听 2.说 3.读 4.写 5.译 6.听说 7.听写 8.听读 9.听译 10.读写 11.读译			
知识架构	学生话语产出选项	1.简短口语应答　2.持续连贯口语表达（包括口头作文）3.口头选择题填空　4.口头造句　5.书面选择题填空　6.书面造句　7.持续连贯书面语表达（包括作文）8.口头翻译　9.书面翻译　10.多语码作文　11.其他			
	知识深度选项赋值	1.基本知识（　）%	2.过程知识（　）%	3.高级概念（　）%	4.语言运用（　）%
	语码转换选项赋值	1=从不	2=有时	3=经常	4=总是

后　记

　　几经艰辛与磨砺，今天终于到了给本书写后记的时候了，可是却不知从何说起。回想自己几年来艰苦的研究历程，心中充满了感慨，所幸的是，我坚持下来了，从一个起点终于到达了终点。2016年春天，毕业论文顺利通过答辩，获得了教育学博士学位，我从东北师范大学毕业。谈起基础教育俄语活动课程研究，还要从我博士论文选题说起。

　　我的博士论文选题源于一次调研活动。记得那是我刚开始读博士的第一年，在东北师范大学外语学院高凤兰导师的带领下，我们来到了黑龙江省绥芬河市进行调研，参观了那里的几所中学，并近距离地接触了绥芬河第二中学的孩子们。踏入这所学校的那一刻，我们立刻感觉到了这所学校和学生的与众不同。在随后一个多月的调研期间，我一直被这里进行的课程改革气氛包围着。在绥芬河第二中学领导和教师们的改革热情感染下，回到长春以后，经过导师同意选取了博士学习期间的研究项目——中学俄语活动课程。为了深入研究基础教育活动课程的实施状况，我带着研究任务，申请赴俄罗斯远东地区工作。在俄罗斯孔子学院两年的工作时间里，先后走访了多所俄罗斯语言学校和中小学外语课堂，实地考察和记录了俄罗斯中学外语活动课程的实施状况，并留下了大量宝贵的课堂观察音像资料。为了完成研究工作，几年的时间里我从未轻松过，包括在国外工作与学习的两年期间，一直忙碌于研究课题的调研和信息资料的收集与整理，这就是我选择这个研究问题的开始。在随后一段时间里，我在博士论文的基础上进一步完善理论研究和活动课程设计实践，在研究中不断进行比较分析，寻找解决问题的途径。2019年年初义务教育课程标准修订工作开始，我跟随着导师高凤兰一起走进了义务教育俄语课程标准修订组，由于课标修订工作繁忙，著作出版事宜被暂时搁浅。在课程标准修订终于完成后，我又重新开始整理书稿，准备出版。

望着眼前这一本厚厚的经博士论文修改而成的书稿，说不清这里面凝聚了我多少汗水和心血，同时心中又升起了无限的感恩之情。在导师的引领下开始了基础教育俄语活动课程的研究，又在导师的带领下与修订组的成员们共同完成了俄语课标的修订工作，从此我更加深刻地领悟了基础教育活动课程的丰富内涵及理论与实践价值。

我要深深感谢我工作的哈尔滨师范大学斯拉夫语学院，是学院的经费资助，让我著作出版的梦想变成了现实。在此，我还要衷心感谢绥芬河市教师进修学校的姜玉莲老师以及绥芬河第二中学的领导和老师们，感谢他们在百忙之中为本项研究提供了宝贵的数据信息。

感谢我的丈夫安先生和女儿这几年给予我的理解与包容，更要感谢我年过八旬的老母亲吕女士，她总记挂着我出书的事情，每次来电话都要问起出书的事情。正是亲人和朋友们的支持与关怀，让我在困难中坚定信念、锲而不舍，为实现梦想去努力拼搏。

常　丽
2021 年 12 月 30 日
于哈尔滨师范大学

图书在版编目（CIP）数据

俄语活动课程研究与教学设计 / 常丽著 . -- 北京：社会科学文献出版社，2022.7
ISBN 978-7-5228-0026-4

Ⅰ.①俄… Ⅱ.①常… Ⅲ.①俄语－教学研究 Ⅳ.
①H359.3

中国版本图书馆 CIP 数据核字（2022）第 071058 号

俄语活动课程研究与教学设计

著　　者 / 常　丽

出 版 人 / 王利民
责任编辑 / 胡庆英
文稿编辑 / 李艳璐
责任印制 / 王京美

出　　版 / 社会科学文献出版社·群学出版分社（010）59366453
　　　　　 地址：北京市北三环中路甲29号院华龙大厦　邮编：100029
　　　　　 网址：www.ssap.com.cn

发　　行 / 社会科学文献出版社（010）59367028
印　　装 / 唐山玺诚印务有限公司

规　　格 / 开本：787mm×1092mm　1/16
　　　　　 印张：17.25　字数：256千字
版　　次 / 2022年7月第1版　2022年7月第1次印刷
书　　号 / ISBN 978-7-5228-0026-4
定　　价 / 128.00元

读者服务电话：4008918866

版权所有　翻印必究